Robert H. Schuller

Erfolg kennt
keine Grenzen

Von Robert H. Schuller sind folgende Titel im Programm der Modernen Verlagsgesellschaft erschienen:

– Aufwärts zum Erfolg *ISBN 3-478-03190-7*

– Es gibt eine Lösung für jedes Problem *ISBN 3-478-03200-8*

– Der Weg zur inneren Ruhe *ISBN 3-478-03010-2*

Robert H. Schuller

Erfolg kennt keine Grenzen

Fehlschläge sind niemals endgültig
Mit einem Vorwort von Nikolaus B. Enkelmann

CIP-Titelaufnahme der Deutschen Bibliothek

Schuller, Robert H.:
Erfolg kennt keine Grenzen, Fehlschläge sind niemals
endgültig / Robert H. Schuller. Mit einem Vorw. von Nikolaus
B. Enkelmann. [Aus dem Amerikan. übertr. von Ursula
Bischoff]. – München : mvg-Verl., 1991
  (mvg-Paperbacks ; 438)
  Einheitssacht.: Succes is never ending – failure is never final < dt. >
  ISBN 3-478-08438-5
NE: GT

Meiner Frau Arvella, die mehr als jeder andere Mensch
zu meinem Erfolg beiträgt und mir dabei stets eine
treue Begleiterin ist.

Dank

Ich möchte allen danken, deren Geschichte in diesem Buch
aufgezeichnet ist; auf daß es uns inspiriert und zum
Nachdenken anregt.

Aus dem Amerikanischen übertragen von Ursula Bischoff.

© Alle deutschsprachigen Rechte bei mvg – Moderne Verlagsgesellschaft mbH,
München
Umschlaggestaltung: Gruber & König, Augsburg
Druck- und Bindearbeiten: Ebner Ulm
Printed in Germany 080 438/291402
ISBN 3-478-08438-5

Inhalt

Planen Sie Ihre Zeit!
Halten Sie sich Ihre Ziele vor Augen!
Mobilisieren Sie Ihre Ressourcen!
Aktivieren Sie Ihr Denken!
Knüpfen Sie ein weitläufiges Beziehungsnetz!
Streben Sie nach innerer Harmonie!
Söhnen Sie sich mit Gegnern aus!
Reduzieren Sie Risiken auf das notwendige Maß!
Entwickeln Sie positive Gewohnheiten!
Geben Sie Ihren Plänen den letzten Schliff!
Formulieren Sie Ihre Erwartungen!
Bringen Sie Ihre Träume auf den neuesten Stand!
Maximieren Sie Ihre Ergebnisse!
Vernetzen Sie Ihren Erfolg!
Entzünden Sie Ihre Vorstellungskraft!

Vorwort

Dr. Robert Schuller gehört zu den großen Persönlichkeiten, die sich durch ihr klares Denken hervorheben; er ist ein positiver Realist. Sein Leben ist der Beweis dafür, daß es möglich ist, positives Denken in unsrer täglichen Wirklichkeit zu praktizieren.

Ich schreibe dieses Vorwort mit Freude und Begeisterung, weil ich weiß, daß die Erkenntnisse dieses Buches Sie alle weiterbringen wird:

Dr. Robert Schuller glaubt an die Kraft des Guten, er verkörpert diese Kraft, und er beherrscht die Fähigkeit, diese Kraft auch in Ihnen zu wecken.

Er bezieht seine persönliche Energie aus dem christlichen Glauben. Er gehört zu den Menschen, die noch glauben können; Frömmelei aber ist ihm fremd – auf keiner Seite werden Sie ihr begegnen.

Er kennt nicht nur die Theorie Sigmund Freuds und Alfred Adlers, er bejaht vor allem die Überzeugungen von Viktor E. Frankl.

Dem Leben einen Sinn zu geben ist für jeden Menschen wohl das Wichtigste und Schwierigste. Hinzukommen müssen die Fähigkeiten, diesen Lebenssinn zu verwirklichen, und dazu wiederum gehören Gelingen und Erfolg. Dr. Schuller erklärt deshalb die positiven Seiten des Erfolges und nimmt damit vielen Menschen das Vorurteil, daß Erfolg und erfolgreiche Menschen etwas Negatives seien.

Verankern Sie – zu Ihrem Vorteil – den Begriff des ,,konstruktiven Denkens'' in Ihrem Unterbewußtsein (Kapitel 6), damit Sie auf alle Entscheidungen des Lebens konstruktiv reagieren.

Sie werden dieses Buch nicht nur mit Freude lesen, sondern auch mit persönlichem Gewinn. Es wird Ihnen helfen, Ihr Leben noch glücklicher und erfolgreicher zu gestalten.

Jedes Kapitel ist eine Herausforderung für Sie. Nehmen Sie diese Herausforderung an.

Viele Menschen schauen durch die Brille der Angst in die Zukunft. Dr. Robert Schuller aber hat Mut, und er macht Mut, Probleme als das zu sehen, was sie tatsächlich sind: ,,Chancen". Lassen Sie sich vom Inhalt dieses Buches inspirieren; nutzen Sie Ihre Chancen!

Von ganzem Herzen wünsche ich Ihnen, daß Sie noch erfolgreicher werden und die Fähigkeit entwickeln, Ihre Erfolge mit anderen zu teilen.

Nikolaus B. Enkelmann
Königstein im Taunus

TEIL I

ERFOLG KENNT KEINE GRENZEN . . .

Kapitel 1
Erfolg oder Versagen –
Sie haben die Wahl!

Vor zwanzig Jahren habe ich eine Philosophie entwickelt, die ein erfülltes Leben ermöglicht. Ich habe sie die ,,Kunst des konstruktiven Denkens'' genannt. Rückblickend kann ich sagen, daß sie mir geholfen hat, mein Leben zu meistern. Sie war mir in vielen Situationen eine wertvolle Hilfe. Ich weiß, daß sie auch Ihr Leben bereichern wird.

In den letzten beiden Jahrzehnten ist meine Familie gewachsen. Ich habe fünf phantastische, erfolgreiche Kinder und zehn Enkelkinder, die schon jetzt beginnen, sich in der Kunst des konstruktiven Denkens zu üben. Meine Arbeit im Dienst der Kirche war stets erfüllend, anregend und eine persönliche Herausforderung.

Die Kunst des konstruktiven Denkens vermag Wunder zu wirken. Wer sie bisher praktiziert hat, konnte Ziele verwirklichen, die unerreichbar schienen, und Hindernisse und innere Barrieren bewältigen, die als unüberwindbar galten. Zu denen, die diese Hürden genommen haben, gehören zum Beispiel:

– David Leestma, ein Mitglied unserer Gemeinde; er erklärte schon als Junge: ,,Wenn ich groß bin, werde ich Astronaut.'' Die Eltern, Reverend Harold Leestma und seine Frau, ebenfalls im Dienst unserer Kirche tätig, haben diesen Wunschtraum immer unterstützt. David legte das Examen an der Marineakademie in Annapolis als Jahrgangsbester ab und machte sich daran, seinen Kindheitstraum zu verwirklichen. Er wurde tatsächlich Astronaut und spazierte durch den Weltraum!

– Bert Blyleven und Lenny Dykstra träumten davon, Footballstars zu werden und in der Ersten Liga zu spielen.

Sie lernten die Kunst des konstruktiven Denkens in meiner Kirche. Im letzten Herbst nahmen sie an den Ausscheidungskämpfen für die amerikanische Meisterschaft teil – und gewannen mit ihrem Team!

Ich erhalte jedes Jahr rund zwei Millionen Briefe von Menschen, die mir schreiben, die Kunst des konstruktiven Denkens habe ihr Leben unendlich bereichert. Sie hatten meine Sendung „Hour of Power" (‚Stunde der seelischen Stärkung') im Fernsehen Woche für Woche verfolgt und mein Rezept erprobt – mit großem Erfolg!

Ich könnte zahllose Geschichten von Leuten anführen, die gelernt haben, konstruktiv zu denken und ihre Träume zu verwirklichen. Sie haben beispiellose Erfolge in allen Bereichen des Lebens errungen und sich in der Gesellschaft, als Geschäftsleute, im Erziehungswesen, in der Industrie, in der Politik und als Angehörige des Militärs einen Namen gemacht. Die Kunst des konstruktiven Denkens hat sich für sie ausgezahlt. Auch Sie können davon profitieren. Auch auf Sie wartet der Erfolg!

Wichtig ist zunächst, daß Sie erfolgreich sein wollen. Manchen Menschen macht dieser Gedanke angst. Sie meiden das Thema „Erfolg", weil es – oft zu Unrecht – negative Assoziationen wecken und Kritik herausfordern könnte.

Erfolg ist in meinen Augen nur dann abzulehnen, wenn er auf Kosten anderer, durch Ausbeutung der Armen und sozial Benachteiligten erreicht wird oder dazu dient, Geldgier und Machthunger zu befriedigen.

Ein international bekannter Filmproduzent und Regisseur lud einen meiner Freunde ein, ihn nach Genf zu seiner Schweizer Bank zu begleiten. Sie wurden dort in ein Kellergewölbe geführt, in dem sich sein Safe befand. Als der Produzent ihn öffnete, kam ein riesiger Stapel Goldbarren im Wert von mehreren Millionen zum Vorschein.

Mein Freund beschrieb mir die makabre Szene: „Mit glitzernden Augen fragte er mich: ,Ist das nicht der schönste Anblick, den man sich vorstellen kann?' Ich schaute ihn an, und mir wurde fast übel. In diesem Augenblick wurde seine Miene von nackter Besitzgier verzerrt, und er sah unbeschreiblich häßlich, abstoßend und gemein aus!"

Hat der Erfolg ein solches Gesicht, ist er zu verurteilen!

Mein Freund Armand Hammer gehört zu denen, die die Kunst des konstruktiven Denkens beherrschen. Er hat sich später als Autor[1] einen Namen gemacht, ein Unbekannter war er damals längst nicht mehr: Schon mit 21 Jahren war er ein außerordentlich erfolgreicher und wohlhabender Mann. Aber er hat sein Vermögen mit den Bedürftigen geteilt und sich an zahllosen Forschungs- und Entwicklungsprojekten beteiligt, die dem Wohl der Menschheit dienten. Nur Gott weiß, wie vielen Initiativen, Projekten, Institutionen und Einzelpersonen dieser Philanthrop durch seine großzügigen Spenden geholfen hat. Gegen Erfolge, die sich in einer solch lobenswerten Form äußern, kann niemand etwas einwenden!

Auch mein verstorbener Freund Foster McGaw gehörte zu diesen untadeligen Erfolgreichen. Er begann seine Karriere als Vertreter und stellte dabei fest, daß nur wenige Krankenhäuser über ein eigenes Depot an Medikamenten und Verbandsmaterial verfügten. Die Ärzte schickten die Krankenschwestern zu Apotheken und Drogerien, um das Allernotwendigste möglichst schnell zu besorgen.

Das brachte ihn auf die Idee, die Krankenhäuser regelmäßig mit allem, was sie an Materialien brauchen, zu beliefern. So wurde die American Hospital Supply Corporation geboren!

Foster McGaw verschenkte in seinem Leben mehr als 150 Millionen Dollar. Dreißig Colleges in den USA erhielten Spenden in Millionenhöhe. Auch unsere Crystal Cathedral wurde zweimal großzügig unterstützt.

Wahrer Erfolg ist ein aufregendes Erlebnis!

---

1 Armand Hammer/Neil Lyndon, *Hammer: A Witness to History* (New York: Putnam, 1987).

Mein Freund George Petty nutzte seinen Erfolg, um Arbeitsplätze und somit eine ganze Stadt zu retten.

„Ich möchte Sie als Gastredner verpflichten, Dr. Schuller", erklärte er mir eines Tages mit fester Stimme und entschlossener Miene. „Sie können nicht ablehnen. Sie sollen mein neues Werk in Wisconsin mit einem Segen feierlich eröffnen. Schließlich verdankt es seine Gründung der von Ihnen propagierten Kunst des konstruktiven Denkens."

Er erzählte mir die Entstehungsgeschichte: „Ich las im *Wall Street Journal*, daß die Stadt Kimberley in Wisconsin Gefahr lief, sich zu einer Geisterstadt zu entwickeln. Sie war vor 75 Jahren gegründet worden, als sich die ersten Bewohner im Umkreis einer Papierfabrik anzusiedeln begannen. Sie war der einzige Arbeitgeber am Ort. Aber die Zeiten haben sich geändert, und das Unternehmen war nicht länger rentabel. Ich las die traurige Geschichte, und am nächsten Morgen sah ich Ihre Fernsehsendung, in der Sie zum konstruktiven Denken anregten. Sie haben gesagt: ‚Niemandem fehlt es an Geld — sondern lediglich an guten Ideen.' Deshalb beriet ich mich mit meinem Geschäftspartner, der viel von Finanzplanung versteht, und fragte ihn, was wir investieren müßten, um das Werk zu sanieren und Gewinne zu erwirtschaften.

Einige Tage später zeigte er mir seine Aufstellung. Sie war niederschmetternd. Sein Sanierungsplan sah den Bau einer modernen Maschine vor, die pro Minute imprägniertes Papier von rund einem Kilometer Länge und fünfzig Zentimeter Breite herstellen konnte. Die Entwicklung war kein Problem, aber das Gerät hatte das gigantische Ausmaß von fünfzehn Meter Länge und würde mehr als 50 Millionen Dollar kosten. Bei geschicktem Marketing der Papierprodukte und einer annehmbaren Finanzierung hätte man damit beachtliche Gewinne erwirtschaften können."

George Petty beschloß, „aufs Ganze zu gehen". Er suchte Hersteller und Regierungsvertreter in seinem Geburtsland Kanada auf und erkundigte sich, ob sie bereit seien, die Maschine anzufertigen beziehungsweise die Herstellungskosten zu übernehmen. Er erhielt ihre Zusage.

Als nächstes wandte er sich an die größten, weltweit bekannten Zeitschriften. ,,Wir garantieren Ihnen langfristig regelmäßige und zuverlässige Papierbelieferung. Sie müssen in Zukunft nicht mehr befürchten, Ihr Vorrat könnte ausgehen. Sollten Sie interessiert sein, bitten wir Sie, im voraus zu bestellen und bar zu zahlen. Als Gegenleistung erhalten Sie die feste Zusage, daß wir Sie absolut pünktlich beliefern.'' – Das Angebot kam an!

Und so entwickelte George Petty Schritt für Schritt ein Geschäft, das viele für unmöglich gehalten hätten. Danach rief er mich an. ,,Dr. Schuller, die Maschine ist einsatzbereit. Wir möchten sie nächsten Monat in Betrieb nehmen. Wir haben Kimberley gerettet und 600 neue Arbeitsplätze geschaffen. Sie müssen zur Einweihung kommen!'' Bei der Eröffnungsfeier wurde ein riesiges Zelt aufgestellt. Tausende von Prominenten flogen im Privatjet von New York nach Kanada, um an dem Ereignis teilzunehmen.

George Petty hatte sein gesamtes Vermögen aufs Spiel gesetzt. Tausende sollten vom Engagement dieses risikofreudigen Unternehmers profitieren. Er verfolgte unbeirrt sein Ziel, auch als die Zinsen zwei Jahre später in schwindelnde Höhen kletterten: auf sage und schreibe 22 Prozent! Er kämpfte verbissen – und gewann.

Erfolg ist ein Potential, das man nicht anprangern oder blockieren, sondern freisetzen sollte! Aber zunächst müssen wir uns klarmachen, wie man Erfolg beziehungsweise Mißerfolg definiert.

Erfolg/Mißerfolg: Geht es hier um mehr als gewinnen und verlieren? Die Antwort lautet eindeutig: Ja. Erfolg ist ein Prozeß und beinhaltet nicht nur den Sieg nach Punkten. Erfolg und Mißerfolg wirken weiter, auch wenn das Spiel zu Ende und die Zuschauermenge gegangen ist. Wir alle kennen Sieger, denen der Erfolg nicht bekam. Die Stunde des

Triumphs leitete zugleich ihre größte menschliche Niederlage ein. Und es gibt Verlierer, die durch ihre außergewöhnliche Fairneß auffallen und die Niederlage mit soviel Würde und Gelassenheit hinnehmen, daß sie in einen persönlichen Sieg verwandelt wird.

Erfolg/Mißerfolg: Geht es darum, ein gesetztes Ziel mit Mut und Entschlossenheit zu erreichen? Ja, aber es beinhaltet mehr, als aus Geschäftsberichten oder Schlagzeilen in der Presse hervorgeht. Wahrer Erfolg setzt voraus, daß man die von Gott geschaffenen Chancen und Möglichkeiten wahrnimmt und sein Bestes gibt, um Seine Wege bis zum Ziel zu verfolgen!

Oft stellt sich der Erfolg erst dann ein, wenn ein Mensch versagt. Viele Bergsteiger sind nicht eher mit ihrer Leistung zufrieden oder haben einen Berg wahrhaft bezwungen, bis sie an ihre eigenen Grenzen stoßen und bevor sie den Gipfel erreichen, aufgeben müssen. Erst in ihrem Versagen liegt der Sieg.

Erfolg beinhaltet, daß man seine eigenen Möglichkeiten und Fähigkeiten entdeckt und entwickelt, daß man die zahllosen Chancen erkennt, die sich jedem von uns im Alltag bieten!

Erfolg/Mißerfolg: Bedeutet das, Probleme zu lösen und Schwierigkeiten zu überwinden? Ja, aber bedenken Sie, Erfolg ist ein Prozeß, der keine Grenzen kennt. Sobald Sie ein Problem gelöst haben, stehen Sie vor einem neuen. Wenn Sie eine Barriere überwinden, richtet sich bereits die nächste auf. Wahrer Erfolg wird nicht zuletzt daran gemessen, ob Sie diesen Prozeß der persönlichen Entwicklung mit Liebenswürdigkeit, Lebensart, Höflichkeit und einer positiven Lebenseinstellung bewältigt haben.

Erfolg/Mißerfolg: Geht es um Ruhm und Reichtum? Ja – und nein. In allen Ländern und zu allen Zeiten hat es Menschen gegeben, die mit Macht und Reichtum ausgestattet und wahrhaft bewundernswert waren, während andere zum Nachteil der Menschheit am Rad der Geschichte zu drehen versuchten. Ruhm und Reichtum sind ein hohles Ziel, solange sie nicht einem noblen Zweck dienen, das heißt zum Wohl der Menschen eingesetzt werden.

Ich hoffe, daß sich mit Ihrem Erfolg auch ein gewisses Maß an finanzieller Sicherheit einstellt. Das Gegenteil von Wohlstand ist Armut, und wer arm ist, wird leicht unterdrückt und zum Spielball der Mächtigen. Wie viele Arme gibt es in den Elendsgebieten unserer Welt, die sich von einer Diktatur eine Verbesserung ihrer Lage versprachen? Für verzweifelte, hungrige Menschen, die am Rande des Existenzminimums dahinvegetieren, ist die Versuchung groß, ihre Freiheit gegen ein Stück Brot einzutauschen. Die Armut macht Menschen ohne Hoffnung und Mut, die vom Leben besiegt wurden, zur willigen Beute jedes machthungrigen Despoten, der ihnen mit dem Versprechen auf ein besseres Leben winkt, auch wenn er es nicht einzuhalten gedenkt. Wenn wir helfen, die Armut zu überwinden, befreien wir die Menschen auch von der Unterdrückung. Je mehr wir dazu beitragen, daß sie ein gewisses Maß an finanzieller Unabhängigkeit erreichen, und je stärker wir uns dafür einsetzen, daß den Diktatoren der Nährboden entzogen wird, desto gesicherter ist das Fundament, auf dem sich eine demokratische Gesellschaftsordnung entwickeln kann. Menschen, die nicht von finanziellen Sorgen erdrückt werden, fallen nicht so leicht auf die falschen und eigennützigen Versprechungen machthungriger Politiker herein, die die Armen mit der Verheißung eines besseren Lebens manipulieren und ausbeuten.

Was ist Erfolg dann?

Erfolg in der Ehe bedeutet Hoffnung auf eine harmonische Partnerschaft, die über die goldene Hochzeit hinaus dauert, und auf eine intakte Familie, die miteinander redet und füreinander da ist.

Erfolg für einen Schüler oder Studenten bedeutet, gute Noten in den Prüfungen zu erzielen, die geistigen Fähigkeiten und Talente zu entwickeln, um einen wertvollen Beitrag zum Wohl der menschlichen Gesellschaft zu leisten.

Erfolg für einen Chirurgen bedeutet, Leben zu retten.

Erfolg für einen Anwalt bedeutet, Menschen zu helfen, die mit dem Gesetz in Konflikt geraten sind, ihnen den rechten Weg zu weisen oder ihnen die Freiheit wiederzugeben.

Erfolg für einen Lehrer bedeutet, die Schüler zu motivieren und ihnen das Wissen zu vermitteln, daß sie lernfähig und nicht geistig beschränkt macht, sie bei ihrer Selbstverwirklichung und in dem Bemühen zu unterstützen, ihre Vorstellungen von der Zukunft zu verwirklichen.

Erfolg für einen Geschäftsmann bedeutet, die richtigen Zielgruppen zu entdecken und anzusprechen, deren Probleme sich mit Hilfe seiner Dienstleistung oder seines Produktes lösen lassen.

Erfolg für einen Polizisten, Vollzugsbeamten oder Soldaten bedeutet, Recht und Ordnung aufrechtzuerhalten und sich für den Frieden einzusetzen.

Erfolg für einen Geistlichen bedeutet, im Dienst der Kirche die spirituellen Bedürfnisse seiner Glaubensgemeinschaft zu befriedigen und die Frohe Botschaft des Evangeliums den Menschen nahezubringen, die ohne Hoffnung sind.

Erfolg für einen kranken Menschen bedeutet, gesund zu werden oder zumindest sein Schicksal auf eine Weise zu ertragen, die anderen Leidenden Mut macht.

Erfolg kann bedeuten, mit außergewöhnlichen Problemen fertigzuwerden. Meine Tochter Carol beispielsweise verlor bei einem Motorradunfall ein Bein. Für sie bedeutet Erfolg heute, trotz Prothese mit ihrer kleinen Tochter spazierenzugehen. Als sie einmal mit ihrem Mann und dem Baby das Haus verließ, verlor sie auf dem Gehweg das Gleichgewicht. Ihr damals acht Wochen altes Kind rutschte ihr aus dem Arm und fiel auf den Rasen — nur knapp am harten Pflaster vorbei.

Am nächsten Abend besuchte meine Frau unsere Tochter,

und zu beider Entsetzen passierte es wieder! Dieses Mal landeten Carol und ihr Baby zum Glück weich auf dem Teppich. Dieses Problem stellt für Carol eine echte Herausforderung dar. Für sie bedeutet Erfolg, die kleine Rebecca selbst versorgen zu können und sie nie wieder fallen zu lassen.

Erfolg kann bedeuten, seinen Besitz zu vergrößern. Wenn man von Erfolg redet, sollte man den materiellen Aspekt nicht ausklammern. Als Christen lehnen wir Wohlstand nicht ab, wenn er der Erziehung und Bildung, der Erhaltung der Gesundheit oder der Entfaltung der Persönlichkeit dient, indem man beispielsweise ein für die Gesellschaft nützliches Produkt entwickelt oder verkauft, oder Dienstleistungen bietet. Wir lehnen Wohlstand nicht ab, wenn er die Freude des Gebens lehrt, die uns durch die finanzielle Unterstützung einer sozialen Initiative, einer guten Sache, einer Glaubensgemeinschaft oder solcher Institutionen zuteil wird, die sich die Linderung von Hunger und Not zur Aufgabe gemacht haben.

Meine Familie war arm, aber wir hatten jeden Sonntag ein wenig Geld für die Kollekte in der Kirche übrig. Solange Sie in der Lage sind, ein paar Pfennige für einen gemeinnützigen Zweck zu spenden, werden Sie sich nicht arm, sondern reich fühlen. Deshalb habe ich mich immer für einen wohlhabenden Mann gehalten.

Erfolg kann bedeuten, daß sich Ihr materieller Besitz vergrößert hat. Aber wahrer Erfolg beinhaltet stets die Bereitschaft, das Erworbene mit anderen großzügig zu teilen.

Zu den weltweit bekanntesten Gastronomen gehört Keo Sananikone, der in Honululu, Hawaii, lebt. Er flüchtete aus Laos und nahm in der Fast Food-Kette „Pizza Hut" einen Gelegenheitsjob als Tellerwäscher und Küchenhilfe für die Nachtschicht an. „Ich hatte nicht genug Erfahrung, um mein eigenes Restaurant aufzumachen", erklärte er. Da er zweisprachig aufgewachsen ist, arbeitete er tagsüber noch als Mathematiklehrer an der McKinley Highschool.

1977 investierte Keo 26 000 Dollar in sein erstes eigenes Restaurant, das „Mekong". Obwohl das Lokal winzig war und Keo keine Lizenz für den Ausschank alkoholischer Getränke besaß, machte er sich bald einen Namen, weil das Essen hervorragend, die Preise niedrig und der Service vorbildlich waren. „Das ‚Mekong' war zwar nicht größer als eine Abstellkammer, aber ich versuchte – zum Beispiel mit gedämpftem Licht – eine Atmosphäre zu schaffen, in der man sich wohl fühlt. So mag ich es selbst, wenn ich essen gehe", erklärte mir Keo.

„Wir hatten keine Angestellten", erinnerte er sich. „Wir waren ein reiner Familienbetrieb. Jeder von uns arbeitete auch noch woanders. Wir wechselten uns ab, so daß diejenigen, die tagsüber außer Haus waren, die Abendschicht, und diejenigen, die nachts arbeiteten, die Frühschicht übernehmen konnten."

Nach acht Monaten stellte Keo seine ersten beiden Mitarbeiter ein. Zehn Jahre später beschäftigte er in seinen vier Restaurants 142 Angestellte. Ungefähr 300 Bewerber stehen auf der Warteliste und möchten Mitarbeiter des beliebten Thai-Restaurants werden.

„Ich bin gerne mit Menschen zusammen und mag meine Gäste", erklärte Keo. „Ich habe das Gefühl, als gäbe ich jeden Abend eine Party. Ich wußte immer, daß ich Erfolg haben würde. Nicht, daß ich reich wäre, aber ich bin glücklich und lache gerne. Das ist für mich Erfolg. Einmal hat mich eine Dame gefragt: ‚Wie fühlt man sich als erfolgreicher, wohlhabender Mann?' Ich habe ihr gesagt, daß Erfolg nichts mit Geld zu tun hat. Ich glaube, ich bin erfolgreich, weil ich eine gründliche Ausbildung und gute Freunde habe, und weil ich rundum glücklich bin."

Was also ist letztlich Erfolg? Ein Diplom an der Wand? Eine Trophäe im Regal? Ja, aber Erfolg ist mehr als das. Erfolg bedeutet, daß Sie im Spiegel Ihr Gesicht betrachten und stolz auf das sein können, was Sie geworden sind! Wenn Sie verstanden haben, das Beste aus sich zu machen!

Erfolg ist erstrebenswert, wenn Sie sich selbst achten und sagen können, daß Sie das Leben, die Freiheit und die Möglichkeiten, die Gott Ihnen gegeben hat, nach bestem Vermögen genutzt haben.

Erfolg bedeutet Selbstachtung, die Sie durch die Achtung der Würde Ihrer Mitmenschen gewinnen. Deshalb gehören viele Erfolgreiche – wann immer sie auch leben oder gelebt haben – zu den Zeitgenossen, denen man besondere Verehrung und Achtung entgegenbringt, auch wenn sie nicht mit irdischen Gütern gesegnet sind (waren). Ihre Herzensgröße allein zeichnet sie aus. Sie sind menschlich wertvoll, ungeachtet ihres Ruhms, ihres Reichtums oder ihres Lebensstils. Meinem Vater gebührt ein Platz unter diesen wahrhaft Großen der Welt. Er war Farmer und hatte hart zu kämpfen. Aber er bezwang sein Schicksal und wurde von seinen Nachbarn und seiner Familie bewundert, respektiert und geliebt. Und er besaß Selbstachtung!

Das ist Erfolg!

Mein Vater kaufte eine Farm und zahlte sie ab. Sie ernährte ihn, bis er starb. War der Tod das Ende seines erfolgreichen Lebens? Nein. Seine Kinder erbten das Land, und ich selbst kaufte noch eine weitere Parzelle hinzu. Ein paar Jahre später war es enorm im Wert gestiegen. Als wir zu Spenden aufriefen, um die Chrystal Cathedral errichten zu können, leistete auch ich meinen finanziellen Beitrag zum Bau des Gotteshauses. Heute dient es vielen Menschen, die den wahren Glauben suchen, als Gebets- und Zufluchtsstätte. Der Erfolg meines Vaters war mit seinem Tod nicht zu Ende, sondern setzt sich bis in alle Ewigkeit fort.

Erfolg hat kein Ende –
Erfolg ist ein unaufhörlicher Prozeß

Auch Sie werden nicht all das Gute, was Sie tun, ermessen können. Es plätschert und fließt dahin, endlos wie ein Bach, der sich aus einem Fels ergießt, zu einem Fluß verbreitert und ins Meer mündet.

Wahrer Erfolg ist demjenigen beschieden, der nach Vollkommenheit strebt, der sich der oft unerfreulichen Wirklichkeit stellt, ohne sie durch eine rosarote Brille zu betrachten oder gar zu ignorieren. Ein Beispiel ist der Alkoholiker, der aufhört, sich selbst über seinen Zustand zu täuschen. Er sucht Hilfe bei den Anonymen Alkoholikern und wird von seiner Sucht geheilt. Er kann damit einen Erfolg verbuchen.

„Aber er hat ja wieder angefangen zu trinken", wenden die ewigen Zyniker ein. Stellt der erneute Griff zur Flasche das Ende des Erfolges dar? Nein! Sind die Wochen, Monate oder Jahre, in denen er „trocken" war, nicht ein einmaliges Erlebnis gewesen? In dieser Zeit, in der er die Sucht besiegt hatte, fand ein positiver Wandel statt. Der Alkoholabhängige konnte Erfahrungen sammeln und in seinem Gedächtnis speichern, die es wert sind, erinnert zu werden. Er diente anderen Suchtkranken als Vorbild. Er war ein Mensch, der sich selbst und sein größtes Problem überwunden hatte. Wer kann schon ermessen, welche langfristigen Auswirkungen auch nur eine einzige beglückende Erinnerung zu haben vermag?

In der Zeit, in der er als geheilt galt, bewies er seinen Leidensgefährten, daß jeder sein Leben zu ändern vermag. Er war für sie genügend Motivation, ihre Abhängigkeit in der gleichen Weise zu bekämpfen. Manche haben es endgültig geschafft. Sie gingen wiederum anderen mit gutem Beispiel voran. Deshalb kann selbst ein Alkoholiker, der rückfällig wird, durch seinen wenn auch noch so kurzlebigen Erfolg das Leben seiner Mitmenschen bereichern.

Später gab es in seinem Leben vielleicht Augenblicke, in denen die Erinnerung an den Sieg stärker wog als die Scham über die eigene Schwäche. Der Alkoholiker, dessen Glückssträhne augenscheinlich zu Ende war, wagt möglicherweise einen zweiten Anlauf. Wie von einem Scheinwerfer angestrahlt, tauchen bruchstückhaft positive Erinnerungen auf, die wie in Zeitlupe vor seinem inneren Auge ablaufen. Er nimmt erneut Kontakt zu den Anonymen Alkoholikern oder Menschen auf, die ihn stützen. Er macht sich ein zweites Mal auf den Weg.

Sein Erfolg läßt sich nicht aufhalten. Er mag zwar stolpern, aber er steht wieder auf.

Erfolg ist ein Prozeß, der keine Grenzen kennt – auch wenn Sie nach einer Diät wieder ein paar Pfunde zunehmen. Ich erinnere mich an eine Frau, die in meine Beratung kam. Sie war sehr dick, hatte immer mehr Gewicht zugelegt und ihre Körperfülle ignoriert. Aber eines Tages war die Stunde der Wahrheit gekommen. Sie sah, wie sie war (fett), und stellte sich vor, wie sie gerne sein wollte (schlank). Sie beschloß, eine Schlankheitkur zu machen, die von Fachleuten ausgearbeitet worden war und ihrer Gesundheit nicht schadete. Sie verlor fünfundvierzig Kilo – ein großartiger Erfolg!

Zwei Jahre später hatte sie wieder fünfzehn Kilo zugenommen, und sie unterzog sich ein zweites Mal der strikten Diät. Wieder verlor sie an Gewicht – nur um bald darauf festzustellen, daß der Sieg über die Pfunde von kurzer Dauer war. Fünfzehn Jahre lang ertrug sie dieses Auf und Ab, das die Waage anzeigte. Schließlich war sie so deprimiert, daß sie aufgeben wollte. ,,Ich habe all die Jahre umsonst gekämpft'', klagte sie.

,,Das ist nicht wahr,'' erwiderte ich. ,,Denken Sie doch einmal daran, wie viele Pfunde Sie insgesamt bei all Ihren Diäten verloren haben. Addieren Sie sie zu Ihrem heutigen Gewicht und sagen Sie mir, was Sie jetzt wiegen würden.''

Sie dachte nach. Ihre Augen weiteten sich vor Schreck: ,,Oh Gott, das wären mehr als zweihundert Kilo,'' anwortete sie. ,,So gesehen habe ich doch einiges geschafft!''

,,Natürlich hatten Sie Erfolg,'' sagte ich. ,,Jedes Pfund, das Sie verloren haben, fehlt Ihrem jetzigen Gewicht.''

Erfolg ist ein Prozeß, der keine Grenzen kennt – selbst

wenn eine Ehe kein Leben lang dauert. Am Tag der Hochzeit hing der Himmel noch voller Geigen, und auch die Monate danach glichen einem Traum. Aber dann zogen die ersten Wolken auf und kündigten einen Sturm an. Unter der glatten Oberfläche des Meeres tauchten Felsen auf, die nur darauf gewartet zu haben schienen, daß sich die Gezeiten änderten. Das junge Paar kam in meine Beratung, aber das Unvermeidliche ließ sich nicht mehr aufhalten: Das zerbrechliche Boot zerschellte an einer Klippe. Trotz des Versuchs, die Ehe zu retten, landeten die beiden vor dem Scheidungsrichter. Aber die Trennung konnte nicht verhindern, daß sie sich noch immer zueinander hingezogen fühlten. Sie versuchten es ein zweites Mal. Eines Tages standen sie vor mir und baten mich: „Dr. Schuller, würden Sie uns wieder trauen?" In diesem Fall bedeutete Erfolg Versöhnung und eine neue Basis für das gemeinsame Leben.

Das Paar war nämlich bereit, auf eine Vereinbarung zu verzichten, die es vor der ersten Eheschließung getroffen hatte: den Verzicht auf Kinder. Zehn Monate nach der Trauung wurde ihre Tochter geboren. Die Taufe stellte die Krönung ihres gemeinsamen Erfolges dar. Zehn Jahre danach bahnte sich die nächste schwere Krise an: Der Mann hatte eine Freundin und verließ Frau und Tochter. Dieses Mal war die Trennung endgültig.

„Zu schade, daß sie eine Tochter haben", erklärte einer ihrer Freunde, der für seine negative Einstellung bekannt war. „Ohne Kind wäre es für beide einfacher gewesen."

„Das ist reichlich kurzsichtig", protestierte ich. „Die Ehe war eine Zeitlang sehr glücklich, und die Erinnerung an diese Zeit geht nicht verloren, sondern wirkt weiter." Damals wußte ich nicht, wie recht ich behalten sollte. Zweiundzwanzig Jahre später konnte ich erleben, wie aus dem „kleinen Mädchen, das ich getauft hatte", eine hervorragende Kindergärtnerin geworden war.

Auch ein kurzfristiger Erfolg ist wie ein Samenkorn, das an einem sichtbaren oder unbemerkten Fleckchen Erde zu

Boden fällt und dort anwächst, gedeiht und sich vermehrt. Er kennt keine Grenzen und kein Ende, sondern entwickelt sich und wirkt weiter!

Ich habe Richard Nixons Aufstieg und Fall hautnah miterlebt. Er lebte schließlich in meiner Nachbarschaft, in Orange County, Kalifornien. Keinem seiner Vorgänger war ein so würdeloser Abgang beschieden. Seine Amtszeit galt als Skandal und als Zeugnis menschlichen Versagens. Aber man sollte auch nicht vergessen, daß es Nixon war, der eine Brücke zwischen China und Amerika geschaffen hat. Auch seine schärfsten Kritiker können nicht leugnen, daß er damit eine wahre Glanzleistung auf dem internationalen diplomatischen Parkett vollbracht hat. Dieser Erfolg des einstigen amerikanischen Präsidenten ist ein Prozeß, der bis in die Gegenwart hineinwirkt. Erfolg hat kein Ende, wie man sieht!

Auch das ist Erfolg – Gutes zu tun, wenn man kann, wo man kann und solange man kann! Wenn man auf diesem Weg auf ein Hindernis stößt, das alle Mühen „zunichte" zu machen droht, sollte man sich daran erinnern, daß nichts und niemand den Weg zum Erfolg endgültig zu blockieren vermag.

Ist Ihr Weg zum Erfolg zu Ende, wenn Sie stolpern oder vom rechten Pfad abweichen? Haben Sie nicht doch dann und wann ein Saatkorn verloren, das auf fruchtbaren Boden fiel und nun gedeiht und Früchte trägt? Viele werden sich noch an ein trauriges und beschämendes Ereignis erinnern, das in den frühen achtziger Jahren für Schlagzeilen sorgte. Jim und Tammy Baker, die eine Sekte namens PTL gegründet und Millionen Fernsehzuschauern Moralpredigten gehalten hatten, bekannten sich öffentlich zu ihren Verfehlungen. Die Machenschaften dieses Paares boten den Zynikern und Atheisten eine willkommene Gelegenheit, alle Religionsgemeinschaften, die sich zur Verbreitung ihres Glaubens der Medien bedienen, über einen Kamm zu scheren und an den Pranger zu stellen. Auch unsere Kirche wurde pauschal verurteilt. Ich kann mich nicht erinnern, je zuvor schlimmere Jahre als nach diesem Skandal erlebt zu haben. Der Schaden, der allen anständigen Christen aus dem „Baker-Sündenfall" erwuchs, läßt sich nicht ermessen. Der Erfolg der PTL fand nur scheinbar ein abruptes und häßliches Ende. Als die weitläufigen Besitztümer des skrupellosen Pärchens öffentlich versteigert wurden, erklärte ein Ehepaar in einer Fernsehsendung, warum es Tammy Bakers Schreibtisch erworben hatte. „Wir wurden durch sie gerettet. Daran kann nichts und niemand etwas ändern. Wir werden immer dankbar sein für das Gute, das sie in unser und vermutlich in das Leben Millionen anderer gebracht haben. Sie haben uns zu Gott geführt, und Jesus hat uns nicht enttäuscht." Selbst hier zeigt sich, daß Erfolg eine Straße ohne Ende und Versagen keine Sackgasse ist.

Für einen der erfolgreichsten „Baulöwen" Kaliforniens kündigten sich vor einigen Jahren harte Zeiten an. Der Immobilienmarkt erlitt große Einbrüche. Der Mann hatte sich gewaltig verspekuliert und stand vor dem Bankrott: Er hatte zehntausend Ferienwohnungen an der Küste Kaliforniens gebaut, für die sich keine Käufer fanden. Damit war er aus dem Geschäft. Da er zu meiner Gemeinde gehörte, betrachtete ich es als meine Aufgabe, ihn aus seiner Verzweiflung über die ausweglose Situation zu reißen.

„Der Erfolg ist nicht zu Ende, weil Sie Bankrott anmelden müssen", erklärte ich ihm. „Sie wurden dazu gezwungen, weil Immobilien an Wert verloren haben. Aber sehen Sie sich doch einmal die Häuser an, die Sie gebaut haben. Sie besitzen heute noch eine hohe Wohnqualität. Überlegen Sie nur, wie viele Gehälter Sie den Vertragsfirmen und Arbeitern im Lauf der letzten zwanzig Jahre gezahlt haben. Mit diesem Geld werden − ohne daß Sie es wissen − Institutionen und Pläne finanziert. Ein Teil ist möglicherweise noch heute auf Sparkonten deponiert. Vielleicht dient es in zwanzig Jahren dazu, einem jungen Menschen das Studium zu sichern. Ärzte, Lehrer und prominente Mitglieder der

Gesellschaft verdanken ihre schulische und berufliche Ausbildung unter Umständen den Gehaltsschecks, die Sie aus-
gestellt haben.''

Und ich fuhr fort: ,,Wieviel von diesem Geld ist in Form
von Steuern an den Staat geflossen und wird in zehn, zwanzig oder dreißig Jahren als Rente ausgezahlt werden? Ihre
Firma müssen Sie auflösen, aber Ihr Erfolg ist deshalb nicht
zu Ende. Ein Teil der Löhne und Gehälter wurde vielleicht
in Aktien oder Immobilien angelegt, die weitervererbt werden und nachfolgenden Generationen noch eine gute Divi-
dende bringen. Auch wenn Ihre Firma Konkurs anmelden
muß, der Lauf der Welt geht weiter. Erfolg ist ein Prozeß,
der keine Grenzen kennt. Er verändert lediglich sein Gesicht, indem er unser Leben beeinflußt!''

Ähnlich erging es einem Pastor. Seine Glaubensgemein-
schaft wurde immer kleiner, bis die Kirche eines Tages ihre
Pforten schließen mußte. Das Grundstück wurde verkauft,
und das religiöse Leben der kleinen Gemeinde erlosch. Mein
Amtsbruder war zutiefst niedergeschlagen. ,,Aber Ihr Erfolg ist damit doch nicht zu Ende'', ermunterte ich ihn.
,,Die Türen sind zwar verbarrikadiert, und das Anwesen hat
den Besitzer gewechselt, aber deshalb gibt es nach wie vor
Gemeindemitglieder, deren Leben Sie durch die christliche
Lehre unendlich bereichert haben. Diese Menschen besitzen
nach wie vor ihre unsterbliche Seele und die Gewißheit, daß
das ewige Leben ihnen sicher ist! Nichts und niemand kann
ihnen diesen kostbaren Besitz nehmen. Denken Sie nur an
das Gute, das Sie und Ihre Glaubensbrüder bewirkt haben,
indem Sie einander Mut zusprachen und den Menschen halfen, die vom rechten Weg abgewichen, die von Kummer,
Einsamkeit und inneren Nöten und Zweifeln geplagt waren!''

Erfolg hat kein Ende, denn er gleicht einem Bauern, der
sein Feld bestellt. Wer eine gute Tat vollbringt und löbliche
Absichten hegt, sät ein Samenkorn, das aufgeht. Jeder
schöpferische Beitrag zum Wohl der Menschen trägt Früch-

te. Gott allein weiß, wie reich die Ernte sein wird. Der Bauer muß seinen Hof wegen widriger Umstände vielleicht aufgeben oder seinen Besitz an eine Baugesellschaft verkaufen, aber das Land zerfällt nicht zu Staub. Es bleibt erhalten und dient irgend jemandem als Fundament für sein weiteres Schaffen. Es konnte, wenn auch nur für kurze Zeit, seinen Besitzer ernähren. Es hat dazu beigetragen, daß dieser seinen Lebensunterhalt verdiente und eine Familie gründete, die ihrerseits wieder Nachkommen zeugte, und so trägt die Saat reichlich Früchte.

Vergesssen Sie nicht, wir alle verdanken unser Leben erfolgreichen Menschen, denen wir kaum jeweils persönlich danken können:

Denken Sie daran, daß wir in Freiheit leben dürfen. Ein unbekannter Soldat hat dafür sein Leben geopfert. Sein Erfolg kennt kein Ende, und dafür danken wir ihm!

Eine unbekannte Forscherin hat vor Jahren ein Mittel gegen eine tödliche Krankheit entdeckt. Dafür danken wir ihr!

Uns nicht bekannte Gläubige haben in den Jahren der Christenverfolgung an ihrem Glauben festgehalten. Ihr Erfolg wirkt bis in die Gegenwart. Dafür danken wir ihnen!

Deshalb kann ich allen rechtschaffenen Menschen mit absoluter Gewißheit sagen: Unser größter Erfolg wird vielleicht auf immer ein Geheimnis bleiben, das nur Gott kennt. Er allein weiß, wieviel Gutes wir wirklich getan haben. Auch mit weniger spektakulären Leistungen können wir oft mehr bewirken, als wir ahnen. Ein Mensch, dem wir geholfen haben, ist vielleicht eher geneigt, anderen Hilfe zuteil werden zu lassen. Der Tod einer Raupe ist kein endgültiger Zustand, sondern leitet die Geburt eines Schmetterlings ein. Geburt und Tod stellen in unserem Universum Prinzipien dar, die einander bedingen. Das Leben geht mit dem Tod nicht zu Ende, sondern setzt sich in einer anderen Form fort.

Selbst die Erkenntnis, einen Kampf verloren zu haben, kann ein unerläßlicher Schritt auf dem Weg zum Erfolg sein. Angenommen, ein Patient stirbt, obwohl der Arzt alles in seiner Macht Stehende getan hat, um dieses Leben zu retten. Hat der Arzt deshalb versagt? Nicht ganz. Der Tod des Patienten hat ihm vielleicht neue Erkenntnisse und Einsichten ermöglicht. Sein Versagen war ein wichtiger Beitrag in einem Lernprozeß, ein erster Schritt auf dem Weg zu künftigen Erfolgen. Vielleicht verbirgt sich hinter diesem Todesfall die noch fehlende Information auf der Suche nach einer Methode, mit der man Krebs oder eine andere tödlich verlaufende Krankheit bekämpfen kann.

Diese konstruktive Einstellung zu den Fehlschlägen, die jeder von uns hinnehmen muß, ist von zentraler Bedeutung. Ohne sie schwindet jeder Lebensmut. Depressionen und Desillusionierung gewinnen leicht die Oberhand und führen in einen Teufelskreis, dem man sich nur schwer wieder entziehen kann. Sie sorgen dafür, daß Energie und Dynamik schwinden, das vorhandene Potential brachliegt und die Antriebskraft nachläßt.

Wenn man den Erfolg so definiert, stellt sich die Frage: Was ist dann Versagen? – Ein echtes Versagen liegt vor, wenn jemand

- als Mensch, nicht aber in seinem Beruf scheitert;
- sich aus Feigheit scheut, ein Risiko einzugehen und sich für eine gute und dringliche Sache einzusetzen;
- vor den Aufgaben zurückweicht, die ihm auferlegt wurden, aus Furcht, den hohen Ansprüchen nicht gerecht zu werden;
- Angst hat, sein berufliches Ansehen einzubüßen, wenn er sich für eine gute und gerechte Sache stark macht;
- die Hoffnung als oberstes Gebot aus seinem Leben streicht und zuläßt, daß Angst sein Handeln diktiert.

Ein solcher Mensch ist ein Versager. Aber fassen Sie Mut: Auch wenn Sie auf dem einen oder anderen Gebiet tatsächlich versagt haben – Ihr Fehlverhalten hat nichts Endgültiges. Sie können Ihrem Leben und Ihrer Zukunft immer eine Wende geben und Ihre Einstellung ändern.

Dieses Buch soll Sie motivieren, an sich selbst zu glauben, und Ihnen die Fähigkeiten vermitteln, die man zum Erfolg braucht. Sie werden sehen, daß Erfolg ein Prozeß ist, der den richtigen Umgang mit Ihrem kostbarsten Gut voraussetzt – und das sind Sie selbst. Dieses Buch soll Sie

- inspirieren, immer wieder zu träumen!
- ermutigen, nach dem Erfolg zu greifen!
- anleiten, konstruktiv zu denken und fest daran zu glauben, daß nichts unmöglich ist!

Ja, das ist Erfolg: mit Gottes Hilfe nach den Sternen zu greifen und Ihm und sich selbst eine Chance zu geben, den Traum zu verwirklichen.

Ist Erfolg nicht etwas Phantastisches? Ja, und er liegt in Ihren Händen.

Entscheiden Sie sich für den Erfolg. Suchen Sie ihn. Erfolg bedeutet auch, ein Bedürfnis zu erkennen und es zu befriedigen, ein Leiden zu erkennen und es zu heilen, ein Problem zu erkennen und es zu lösen.

Aber wir müssen uns darüber hinaus stets vor Augen halten, daß uns der Erfolg persönliche Opfer abverlangt. Jesus hat gesagt: „Und wer sein Leben verliert um meinetwillen, der wird's finden." (Matthäus 10.39) Das Bedürfnis nach Erfolg kann niemals bei einem Menschen gestillt werden, der den Erfolg um des Erfolges willen sucht oder glaubt, der Erfolg müsse ihm in den Schoß fallen. Nur wer sich nach besten Kräften darum bemüht und bereit ist, Opfer zu bringen, gibt dem Erfolg seinen Sinn, hält ihn fest und läßt ihn auch vor Gott gerechtfertigt erscheinen.

Ich kenne einen jungen Mann, der im Alter von etwa 30 Jahren starb. Er stand im Blickpunkt der Öffentlichkeit und hatte es in seinem Wirkungskreis zu Ruhm und Ansehen gebracht. Sein Leben endete jedoch tragisch: Man bezichtigte ihn eines Verbrechens, sperrte ihn ins Gefängnis und verurteilte ihn. Das Todesurteil wurde vollstreckt. Seine letzten Tage waren entwürdigend, demütigend und beschämend. Es stimmt mich noch heute traurig, wenn ich an dieses Beispiel einer eklatanten sozialen Ungerechtigkeit denke. Ich glaube, es gibt in der Geschichte keinen ähnlichen Fall, nicht einen Menschen, der aufgrund seiner Klugheit und Warmherzigkeit den Gipfel des Ruhms erreichte und dann in den Augen der Öffentlichkeit so tief stürzte.

Also sind dem Erfolg doch Grenzen gesetzt – oder? Hat dieser Mann versagt? Keineswegs, denn er feierte eine triumphale Wiederauferstehung. Das Urteil, das man über ihn fällte, war nicht endgültig. Sein Name wurde rehabilitiert. Menschen mit einem ausgeprägten Bewußtsein für Recht, Gesetz und menschliche Würde sorgten dafür, daß seine Ehre wiederhergestellt wurde. Heute kennt und achtet man sein Leben und Wirken in allen Teilen der Welt. Er wurde mein bester Freund, meine Inspiration. Sein Name ist Jesus Christus.

Denken Sie über sein Wesen, seinen beispiellosen Lebens- und Leidensweg, seinen Triumph über das Böse in der Welt und seinen Sieg über den Tod nach, und Sie werden erkennen: Erfolg kennt keine Grenzen, Fehlschläge sind niemals endgültig.

Kapitel 2
Erträumen Sie sich Ihren
Weg zu immerwährendem Erfolg!

Jetzt wissen Sie es: In diesem Buch geht es um
- Erfolg und Versagen,
- innere Leere und Inspiration,
- Frustration und Erfüllung,
- Enttäuschung und Hoffnung.

Dieses Buch wurde auch für Sie geschrieben! Es zeigt Ihnen,
wie Sie Ihre Träume verwirklichen können.

Die meisten Leute begrüßen mich mit der üblichen Floskel: ,,Hallo, Dr. Schuller! Wie geht's?"

,,Ausgezeichnet." Meistens mache ich dann eine Pause,
lächle und füge hinzu: ,,Und ich sorge dafür, daß es so
bleibt. Erfolg fällt einem nicht über Nacht in den Schoß.
Man muß darum kämpfen und ihn planen."

Das habe ich schon als kleiner Junge gelernt. Kurz vor
meinem fünften Geburtstag erwarteten wir den Bruder meiner Mutter, der in Princeton studiert hatte und in China als
Missionar tätig war. Er wollte seinen Urlaub in Amerika
verbringen. Schon Monate vor seiner Ankunft herrschte
große Aufregung in unserer Familie. Wir waren einfache
Leute vom Lande, und Onkel Henry war eine Art Vorbild
für mich. Er war George Washington, Abraham Lincoln
und Theodore Roosevelt in einer Person. Er ähnelte den edlen Rittern in den Heldensagen.

Meine Mutter und ihr jüngerer Bruder standen sich sehr
nahe. Sie war stolz auf seine Leistungen im privaten Bereich
und als Mitglied des Klerus. Er hatte sein Elternhaus, eine
kleine Farm in Iowa, verlassen und in Princeton Theologie
studiert. In den zwanziger Jahren war er nach China gegangen, in dieses nahezu mystische, geheimnisumwitterte und

wundervolle Land auf der anderen Seite des Globus. Er hatte mit seiner zukünftigen Frau die dürftige Habe in einem Schrankkoffer verstaut und den Zug nach Kalifornien bestiegen. Dort gingen sie an Bord eines Frachters, der sie nach China bringen sollte. Drei Wochen dauerte die Reise, bis sie das Reich der Mitte erreichten, bis sie das geschäftige, einem Ameisenhaufen gleichende, um sein Überleben kämpfende, leidende und nie den Mut verlierende Volk der Chinesen hautnah erlebten: in seiner schwarzen, uniformähnlichen Kleidung, mit den spitzen Strohhüten auf dem Kopf und Sandalen aus Stroh an den Füßen.

Onkel Henry war ein Träumer – und ein Mann der Tat! Er verfolgte unbeirrt sein Ziel. Er verstand es, zu planen und seine Vorstellungen in die Praxis umzusetzen. Seine Gedanken, Worte und Werke zeugten von menschlicher Größe. Er besaß die Gabe, seine Mitmenschen zu überzeugen und sie zum Zuhören zu veranlassen. Er war ihnen Führer und Vorbild, ein Mann, der genau wußte, was er wollte und wie sein Weg aussah.

Onkel Henry hatte uns regelmäßig Ansichtskarten geschrieben. Die Abbildungen mußten fremd und exotisch auf einen kleinen Jungen wirken, dessen Welt sich auf eine kleine Farm in Iowa beschränkte, bestehend aus einem Heuschober, dem Hühnerstall, einem Schweinekoben und dem Maissilo. Für mich war dieses Anwesen damals nicht mehr als ein entlegenes Fleckchen Erde am Ende der Welt. Kein Wunder, daß ich Onkel Henrys Besuch kaum mehr erwarten konnte.

,,In spätestens einer Stunde könnte er hiersein'', kündigte meine Mutter an. ,,Harold, hol' frisches Wasser!'' (Sie nannte mich immer bei meinem zweiten Vornamen, der ihr besser gefiel. Den Namen Robert habe ich meiner Großmutter mütterlicherseits zu verdanken, die eine außerordentlich willensstarke Frau war. Auf ihren Wunsch hin nannte man mich Robert Harold. Großmutter verstand es, sich durchzusetzen. Aber meine Mutter war nicht minder willensstark.

Sie ignorierte einfach meinen ersten Vornamen, und Großmutter erhob meines Wissens keine Einwände.)

Ich ging mit meinem Wassereimer über den Hof zur Pum-
pe, die doppelt so groß war wie ich. Die Silhouette zeichnete
sich vor dem Hintergrund der flachen Ebene wie ein eisernes
Ungetüm ab, das einen Körper und ein Eigenleben besaß.
Der Schwengel glich einem menschlichen Arm, das Wasser-
rohr war der Kopf. Nachdem ich den Schwengel einige Male
kräftig hin- und herbewegt hatte, floß mit einem Schwall
das reine, klare und eiskalte Wasser heraus. Der Brunnen
war wie ein Freund. Er schenkte uns das erfrischende Ge-
tränk, das wir unserem mit Spannung erwarteten Gast anbieten konnten.

Als ich mit dem köstlichen Wasser zum Haus zurückging,
blickte ich die lange, verlassene, einspurige, trockene und
staubige Straße entlang, die unser Anwesen mit der Außen-
welt verband. In weiter Ferne, am Horizont, tauchte eine
Staubwolke auf, die zunehmend größer und länger wurde.
Sie näherte sich unserem Hof. Dann tauchte ein schwarzer
Wagen aus dem Dunst auf.

„Er kommt, Mutter, er ist da!" schrie ich aufgeregt. Ich
rannte die morschen, ungestrichenen Holzstufen hinauf und
verschüttete dabei das Wasser. Ich riß die mit einem Fliegengitter versehene Eingangstür auf und lief über den abge-
nutzten, rissigen Linoleumbelag, der den Küchenboden be-
deckte.

„Onkel Henry ist da!" rief ich meiner Mutter zu, die —
wie es mir schien — morgens, mittags und abends in der Küche stand und immer irgend etwas zu tun hatte.

Ich stürmte zur Hintertür. Unser kleines, weißes, zwei-
stöckiges Haus war von einem schmalen Grünstreifen umgeben, auf dem in kunterbuntem Durcheinander wilde Gräser
und Blumen blühten. Ein einfacher Holzzaun grenzte die
kleine Koppel ein, auf der ein Pferd oder eine Kuh weidete.
Meine bloßen Füße flogen über den zementierten Weg, aus
dessen Rissen Unkraut wuchs. Hier befand sich der Eingang

zu den ungezählten unterirdischen Gängen und Kammern, in denen Millionen von Ameisen hausten und unermüdlich arbeiteten.

Jetzt hatte ich endlich das Tor erreicht und wartete. Ich konnte das Auto schon hören. Es war Großvaters neuer schwarzer Chevrolet, Baujahr 1926. Alle Leute, die ich in unserem kleinen Weiler kannte, fuhren einen Chevrolet oder Ford. Bei unseren Familienfesten gab es immer erhitzte Debatten darüber, welches Modell das bessere sei.

Nun fuhr Großvater stolz seinen ältesten Sohn darin nach Hause – Henry, der Gebildete, Außergewöhnliche, der Weltenbummler, der seinem inneren Ruf gefolgt war. Der Wagen hielt. Staubwolken hüllten die viertürige Limousine ein. Nervös zupfte ich an meinem Overall. (In den Taschen hütete ich meinen kostbarsten Besitz... ein paar Glasmurmeln. Aber für mich waren es Diamanten, Smaragde, Juwelen!)

Die Autotür öffnete sich. Ich riß die Augen auf. Endlich sollte ich mein Vorbild kennenlernen, einen weithin berühmten Mann, der sensationelle Erfolge vorweisen konnte. Für mich war er größer als heutzutage Michael Jackson, Lionel Richie, Mohammed Ali, Bob Hope, Frank Sinatra, Ronald Reagan oder der Verwandlungskünstler Magic Johnson! Ich war damals genau vier Jahre und elf Monate alt und Onkel Henry in meinen Augen der wichtigste und berühmteste Mensch auf der ganzen Welt.

Und ich sollte ihn als erster aus der Familie zu Gesicht bekommen, noch vor meiner Mutter oder Schwester, die in der Schule war. Er sah phantastisch aus. Er trug einen Anzug, ein weißes Hemd und eine Krawatte. Er war gekleidet, wie es meiner Vorstellung von einem gebildeten, weitgereisten Mann entsprach. Er strahlte Energie aus. Ich war vor Ehrfurcht wie gelähmt. Er sprang aus dem Auto und lief auf mich zu.

Als ich dem Helden meiner Träume von Angesicht zu Angesicht gegenüberstand, fand ich keine Worte und rang nach Luft. Da sprach er mich mit lauter, wohltönender Stimme an: ,,Du mußt Robert sein. Ja natürlich, jetzt sehe ich es, du bist Robert Harold!"

Ich nickte stumm und wartete.

,,Du bist also Robert − " sagte er noch einmal. Seine Hand lag auf meinem Kopf. Er sah mich an und beugte sich herunter, so daß seine Augen dicht vor meinem Gesicht waren. Ich war in diesem Augenblick der einzige Mensch, der für ihn zählte. Dann sprach er weiter, mit starker, klarer Stimme. Seine Worte waren eine Verkündigung, eine Bestätigung, eine Prophezeiung: ,,Robert, Du wirst ein Diener des Herrn sein, wenn du erwachsen bist."

Das war das Zeichen. Diese wenigen Sekunden waren für mein weiteres Schicksal entscheidend. Sie bestimmten meinen Lebensweg. Ich stand dort und starrte ihm nach, hielt den Traum in meinem Herzen fest, als Onkel Henry seine Schwester umarmte, die aus dem Haus und ihm entgegenstürmte.

Er hinterließ einen tiefen, unauslöschlichen Eindruck in mir. Er hatte mir etwas gegeben, was kostbarer war als die ,,Diamanten und Smaragde" in meinen Hosentaschen. Onkel Henry war aus China gekommen und hatte mir das größte Geschenk gemacht, das ein Mensch erhalten kann: Er hatte mir einen Traum gebracht, eine Zukunftsvision! Für mich gab es nicht den geringsten Zweifel darüber, in welchen Bahnen mein Leben verlaufen würde. Schließlich hatte Onkel Henry es mir vorausgesagt.

An diesem Abend sprach ich wie gewöhnlich die Worte des Gebets, das mir in meiner Kindheit das liebste war: ,,Müde bin ich, geh zur Ruh, schließe beide Äuglein zu. Vater, laß die Augen Dein über meinem Bettchen sein." Aber heute fügte ich noch die Zeile hinzu: ,,Und mach, daß ich Pfarrer werde, wenn ich groß bin. Amen."

Am nächsten Morgen verkündete ich meinen Eltern am Frühstückstisch meinen Traum. Ich verstand damals nicht, warum Vater weinte.

Wie gelang es mir, nach den Sternen zu greifen? Warum haben sich meine Träume erfüllt? Spielt diese Frage überhaupt eine Rolle? Ja, natürlich. Hat sich dadurch etwas geändert? Sie können darauf wetten. Für wen? Gott allein vermag diese Frage zu beantworten. Es hat sich in der Tat etwas geändert, in meiner Ehe, meiner Familie – und im Leben der Menschen, denen ich begegnet bin, die durch meine Anstrengung und hart errungenen Erfolge motiviert wurden, ihrem Leben einen Sinn zu geben, es zu bereichern und kreativer zu gestalten.

Heute kann ich auf viele Erfolge zurückblicken. Aber wie kam es dazu? Welche Kräfte waren am Werk? Was habe ich dabei gelernt, das ich Ihnen weitergeben könnte?

Ich weiß, daß manche Menschen in den Erfolg geradezu „hineinstolpern". Er wurde nicht bewußt herbeigeführt oder erkämpft, er stellte kein heißersehntes Ziel oder einen Traum dar. Die Umstände drängten ihn nahezu auf. Aber die Zahl derer, denen der Erfolg ohne Anstrengung zufällt, ist relativ klein. Von ihnen können wir wenig lernen.

Die meisten Menschen haben Erfolg, weil sie den festen Willen dazu mitbringen. Das überwältigende Bedürfnis, ihr Ziel zu erreichen, ist die Triebfeder ihres Lebens. Ich habe sie beobachtet und festgestellt, daß in ihrem Vokabular immer wieder Worte wie „mein Traum", „mein größtes Bedürfnis", „eine alles verzehrende Leidenschaft", „mein vordringlichstes Ziel" oder „Gespür für das Schicksal" auftauchen.

Ich kann diese Leute verstehen. Ich fühle mich ihnen verwandt, denn ich bin einer von ihnen. Auch Sie können von ihnen lernen, desungeachtet, wer oder was Sie sind! Deshalb teile ich gerne mit Ihnen das Wissen, das ich in 60 Jahren erwerben durfte. Gott ist mein Zeuge und kann der Welt bestätigen, daß sich meine Träume erfüllt haben und noch immer erfüllen. Träume sind wundervoll, ein Geschenk des Himmels, eine wunderbare Gabe der Natur und ein Quell der Freude. Sie gleichen den Blumen, die aus einem Samenkorn wachsen, den Stengel zum Licht emporstrecken und ihre ganze Blütenpracht entfalten.

So werden Ihre Träume wahr!

„Wir haben es verdient, den heutigen Tag miteinander zu verbringen", verkündete ich meinen Zuhörern. Das war die erste Zeile meiner Rede. Ich hatte einen Kloß im Hals. Tränen brannten in meinen Augen. Warum? Weil ich einer Einladung gefolgt war, die für mich eine ganz besondere Auszeichnung darstellte.

Zum zweitenmal innerhalb von zehn Jahren hatte mich die United States Air Force Academy in Colorado Springs aufgefordert, die Abschiedsrede anläßlich der Examensfeier zu halten. In der festlich geschmückten Kapelle drängten sich Lehrer, Absolventen und die stolzen Angehörigen.

Die Studenten der Abschlußklasse kamen aus sämtlichen amerikanischen Bundesstaaten. Einige stammten aus den reichsten und mächtigsten Familien des Landes, einige jedoch aus einem sehr bescheidenen Elternhaus. Eine Collegeausbildung wäre außerhalb ihrer Möglichkeiten gewesen, wenn sich nicht ein Senator aufgrund ihrer besonderen Begabung für sie eingesetzt hätte. Seiner Fürsprache verdankten sie die Aufnahme in die Air Force Academy und ein Stipendium, das vier Jahre lang sämtliche Studienkosten an einer der Eliteschulen der USA nebst einem kleinen Taschengeld abdeckte.

Aber sie bekamen nichts geschenkt. Die Vorlesungen und die praktische Ausbildung verlangten ihnen einiges ab. Doch nun hatten sie es geschafft und das Examen bestanden! Die jungen Leute in ihren frisch gestärkten Uniformen standen aufrecht und stolz vor der Versammlung und genossen den größten Augenblick ihres Lebens. Ihr Traum hatte sich erfüllt.

Die Klänge der riesigen Orgel füllten die Kapelle. Ein

Marsch erklang. Der Chor sang, und Begeisterung schwang in den Stimmen mit. Dann war es an der Zeit, in meiner Rede fortzufahren. Ich blickte über die Anwesenden hinweg und sprach den Eröffnungssatz. ,,Ja, wir gehören zusammen. Denn Sie und ich haben eines gemeinsam: Wir zählen zu den Menschen, die noch an Träume glauben!''

Dann schilderte ich kurz, wie sich meine Träume erfüllt hatten. ,,Vor 55 Jahren, als ich ein kleiner Junge war, gab mein Onkel Henry mir einen Traum. Ich wollte Seelsorger werden und den Menschen die Frohe Botschaft verkünden. Meine Familie war arm, aber wir Kinder merkten nichts davon. Oft mußten wir unsere Schuhe mit Zeitungspapier ausstopfen, weil die Ledersohlen Löcher hatten so groß wie ein Nickel (Fünfcentstück) und unsere Füße immer schmutzig waren, wenn wir über die staubigen, kiesbedeckten oder gepflasterten Straßen gingen.

Damals war ein Penny für mich ein ebenso kostbarer Besitz wie heute ein Hundertdollarschein. Wir litten keinen Hunger. Wir hatten einen Garten, und das Land ernährte uns. Aber es bestand wenig Aussicht auf eine lange und teure schulische Ausbildung. (Ich konnte spüren, daß dieser Satz meine Zuhörer besonders bewegte.)

Ich begann zu träumen, als ich knapp fünf Jahre alt war. Ich vernahm den Ruf Gottes, den Onkel Henry mir übermittelt hatte. Es war Sein Wille, mein Leben in den Dienst der Kirche zu stellen.

Obwohl die Kosten der Ausbildung außerhalb unserer finanziellen Möglichkeiten lagen, war mein Traum eine Triebfeder, die mich durch die Highschool und vier Jahre College führte. Ich nahm jeden Job an, der sich mir bot, arbeitete während der Semesterferien im Sommer und hielt mein Geld eisern zusammen. Meine Mahlzeiten verdiente ich als Aushilfe in der Mensa. Irgendwie lief alles so, wie ich es mir gewünscht hatte, und plötzlich machte ich gemeinsam mit meinen Kommilitonen das Examen und stand dort, wo Sie heute stehen. Der akademische Grad stellte, genauso wie für Sie, ein Höhepunkt in meinem Leben dar. Wir wissen, daß Träume wahr werden können!

Nach dem College beendete ich in drei Jahren mein Theologiestudium. Dann erhielt ich das Beglaubigungsschreiben, das mir die Weihe zum Priester der Reformierten Kirche (die von Calvin und Zwingli geschaffene Form des Protestantismus) ermöglichte. Mein Vater kam eigens zu diesem Ereignis nach Holland, Michigan, angereist, wo ich mein Studium abgeschlossen hatte. Als ich durch den Saal nach vorne zum Podium ging, um das Dokument in Empfang zu nehmen, sah ich, wie sich mein Vater die Tränen abwischte.

Da erinnerte ich mich, wie Vater an dem Morgen geweint hatte, als ich ihm — ein fünfjähriger Junge — ankündigte, ich wolle Pfarrer werden. Am Abend der Examensfeier im Seminar teilte er sein lange und gut gehütetes Geheimnis mit mir. Ich erkannte die Wahrheit an seinen Tränen.

„Als ich ein Junge war, wollte ich auch Pfarrer werden,'' gestand er mir. „Aber meine Eltern starben und ließen mich als Waise zurück. Ich mußte die Schule verlassen, als ich gerade lesen und schreiben konnte. Ich war gezwungen, die einzige Arbeit anzunehmen, die man mir anbot — als Feldarbeiter bei einem Farmer in Iowa. Mein Traum, einmal Pfarrer zu werden, hatte sich wie eine Wolke in nichts aufgelöst. Ich hatte erlebt, wie sie größer wurde und Form gewann, um dann spurlos zu verschwinden! Ich betete und bat Gott, meinen Traum durch den Sohn zu verwirklichen, den ich hoffentlich einmal haben würde. So würde mein Traum nicht sterben. Er wurde wahr — durch dich!''

Er sah mich an, weinte und sagte: „Ich habe dir nie davon erzählt, Robert, weil ich nicht wollte, daß du meinetwegen Pfarrer würdest. Gott selbst mußte dir den Weg weisen und mein Gebet erhören. Sonst wäre die Entscheidung nicht richtig gewesen.''

Er sprach mit fester, leidenschaftlicher Stimme: „Deshalb habe ich dir nie gesagt, wie tief bewegt ich war, als du am Frühstückstisch ankündigtest, du würdest Pfarrer werden. Heute hat sich mein Traum – und der deine – erfüllt. Wir beide wissen, daß er von Gott stammt, der ihn uns gegeben hat."

,,Das ist das wahre Geheimnis meines – und Ihres – Erfolgs", erklärte ich den Studenten. ,,Denn alle Träume vom Erfolg nehmen bei Gott ihren Anfang. Erst dann entwickeln sie sich. . ."

Wie Träume entstehen

Erfolg ist ein Entwicklungsprozeß und kein Ereignis, das sich über Nacht anbahnt; er ist die Reise und nicht das Ziel; er ist eine Aufgabe ohne Ende und keine einmalige Leistung, die einem in den Schoß fällt und weder in bezug zur Vergangenheit noch zur Zukunft steht. Erfolg ist die Fähigkeit, unbeirrt seinen Weg zu gehen – durch gute und schlechte Zeiten, in Freude und Leid, durch Höhen und Tiefen, im Mittelpunkt wie im Abseits des Lebens.

Ich habe beobachtet, daß dieser Weg vom Traum bis zu seiner Verwirklichung in zehn Schritten abläuft.

Schritt eins: Der Traum beginnt bei Gott.

Wo beginnt ein Traum? Aus welcher Quelle werden die inspirierenden Gedanken gespeist, die uns wie ein Geistesblitz zufallen und unser Schicksal bestimmen?

Ich glaubte, es sei meine Idee gewesen, Priester zu werden. Es stellte sich jedoch heraus, daß mein Vater diesen Traum lange vor mir gehabt hatte. Ich teile seine Überzeugung, daß Gott der Ursprung dieses Traums war. Selbst als ich mein Examen machte und als Reverend Robert Harold Schuller Ruhm und Ehren erwarb, wurde ein neuer Traum in meinem Bewußtsein wach – der Traum, einen Platz in den Vereinigten Staaten zu finden, wo ich aus dem Nichts eine starke Glaubensgemeinschaft schaffen und dieser Aufgabe mein Leben widmen konnte.

Als man mich nach dem Examen bat, am Aufbau einer Kirche in einem Vorort von Chicago mitzuwirken, sagte ich freudig zu. Nach vier Jahren trat man mit einer anderen Bitte an mich heran: Ich sollte in Orange County, Kalifornien, eine Gemeinde gründen.

Ich hatte mich um diese Aufgabe nicht bemüht. Sie kam wie „aus heiterem Himmel" auf mich zu, ebenso wie das Bedürfnis, mein ganzes Leben in den Dienst einer Gemeinde zu stellen. Ich folgte also dem Ruf und machte mich mit meiner Frau und 500 ersparten Dollar auf den Weg nach Kalifornien. Ich hatte das untrügliche, alles beherrschende Gefühl, daß es mir gelingen würde, eine neue, wundervolle Gemeinde zu gründen.

Aber woher stammte dieser Traum? Er traf mich wie ein Blitz „aus heiterem Himmel". Träume, die unsere Phantasie fesseln und unsere Willenskraft stärken, beginnen bei Gott.

Schritt zwei: Gott sucht den Träumer sorgfältig aus.

Gott wählt diejenigen mit großer Sorgfalt aus, denen er sein kostbarstes Geschenk an die Menschheit anvertrauen kann: einen Traum.

„Ich habe eine Idee, einen Traum. Wem könnte ich ihn überantworten?" fragt Er sich. „Wer wird meine Gabe achten, sie festhalten, als seinen kostbarsten Besitz betrachten? Für sie leben? Für sie sterben?"

Der Empfänger muß jemand sein, der den Traum liebt, auch wenn er auf unerklärlichen Wegen in sein begrenztes menschliches Bewußtsein gelangt ist und ihm anfangs als erschreckende, utopische Idee erscheinen mag. Der Allmächtige sucht sich einen Menschen, der den neuen Traum instinktiv, intuitiv, impulsiv und leidenschaftlich in seinem Herzen willkommen heißt, der die von Gott gebotene Chance als etwas Heiliges, Freudespendendes, Kostbares erachtet. Sie ist wie eine neue Liebe, ein soeben geborenes Kind.

Wem kann Gott diesen Traum überlassen? Ein Mensch,

der Sein Vertrauen nicht verdient, würde den Traum verlachen, verspotten oder von vornherein mit sarkastischen Worten verweigern. Gott achtet darauf, daß der Samen nicht auf harten Boden fällt – in das Herz eines vom Zynismus vergifteten Menschen oder eines Oberflächlichen, wo er zunächst zwar anwächst, aber später verdorrt, weil ihm der fruchtbare Nährboden fehlt. Gott verschwendet ihn nicht an jemanden, der ihn mit kindlicher Begeisterung entgegennimmt, um ihn in harten Zeiten zu vergessen.

Gott sucht sich einen Menschen aus, der Sein Geschenk zu würdigen weiß, der den Traum mit Freuden empfängt, ehrt, ihm Achtung erweist, ihn erforscht, vervollkommnet, sich als dankbar dafür erweist und bereit ist, ihn zu vermehren.

Ja, vermehren, denn kein Traum ist ein Traum! Ein Apfelbaum, der aus einem Samenkorn wächst und gehegt und gepflegt wird, trägt reiche Früchte. Und so sucht Gott einen Menschen, der Seine Gabe, Seine schöpferische Idee gut zu verwalten versteht. Er wählt einen Menschen, der dies als von Gott gebotene Möglichkeit versteht. Irgendwo auf unserem Planeten hat ein einfacher, unauffälliger Mensch, der im Straßenbau arbeitet, hinter dem Schreibtisch sitzt, gerade spazierengeht, badet, liest, betet, weint oder lacht, urplötzlich eine Idee, die ihn „wie ein Blitz aus heiterem Himmel" trifft. Gott hat seine Wahl getroffen. Er hat die Verbindung zwischen Himmel und Erde hergestellt. Der von Gott geplante, schöpferische Prozeß wurde in Gang gesetzt, denn Kreativität ist – wie der Erfolg – ein immerwährender Prozeß.

Dieselbe göttliche Kraft, die Himmel und Erde schuf, die einen toten Planeten zum Leben erweckte, bringt dem trüben Geist des Menschen das Licht einer Vision, entzündet ihn mit dem Gedanken an zuvor ungeahnte, grenzenlose Möglichkeiten. In diesem Augenblick nimmt der Mensch den Traum in sich auf. Der göttliche Funke begleitet ihn und bestimmt sein Denken und Handeln.

Der Traum wurde von Gott in das Herz des Menschen eingepflanzt. Er trägt den Gedanken an ein neues Leben, einen schöpferischen Akt, eine große Tat, eine hervorragende Leistung, einen überwältigenden Erfolg in sich.

Gott hat dem Traum ein Eigenleben gegeben. Er gleicht der befruchteten menschlichen Eizelle, die mehrere Stadien der Entwicklung durchläuft, bevor ein Kind geboren wird. Der Erfolgszyklus hat begonnen.

Er nimmt seinen Anfang, wenn der Mensch den Traum akzeptiert, den göttlichen Funken willkommen heißt und ihn als seinen ganz persönlichen Besitz betrachtet. Sie sollten diesen Augenblick nicht achtlos vorbeiziehen lassen, denn er stellt ein Wunder dar. Wie leicht hätte der fünfjährige Junge die so beiläufigen, aber folgenschweren Worte seines heißverehrten Onkels aus China übergehen können!

Erfolg nimmt seinen Anfang, wenn wir an den von Gott gesandten Traum zu glauben beginnen, wenn wir darauf positiv und nicht ablehnend reagieren, wenn wir ihn nicht von vornherein als Utopie abtun, sondern erkennen, daß in diesem Augenblick eine Begegnung zwischen dem menschlichen Geist und dem Schöpfer des Traums – Gott – stattgefunden hat.

Niemand kann den Erfolg aufhalten, denn er währt ewig. Selbst die untergehende Sonne beendet nicht den vergangenen Tag, denn dieser Tag erhält ein ewiges Leben, weil er unwiderruflich in den Annalen der Geschichte festgeschrieben wird.

Wie lange währt der Traum? Wie groß ist seine Lebensspanne? Konstruktive Ideen sind unsterblich, auch wenn sie das Licht der Welt nie erblicken. Sie haben ihre Spuren im menschlichen Geist hinterlassen. Oft werden sie wiedergeboren, mit neuem Leben erfüllt. Auch wenn es sich dabei nur um eine zeitweilige Erinnerung handelt, formen sie das Bewußtsein des Menschen. Sie sind nicht zu Asche geworden. Somit ist bewiesen, daß Erfolg keine Grenzen und kein Ende kennt und Versagen keine Sackgasse sein kann.

Eines scheint gewiß: Sobald ein Mensch mit fruchtbarem, schöpferischem, dynamischem Geist, der die Gabe des konstruktiven Denkens besitzt, den von Gott gesandten Traum in seinem Bewußtsein verankert, ist ein neues Leben geboren.

Schritt vier: Gott bestimmt die Zeit für den Entwicklungsprozeß.

Die vierte Dimension des Traum-Entwicklungsprozesses ist die Zeit. Manchmal vergeht die Zeit bis zur Erfüllung eines Traums wie im Fluge. Aber häufig folgt die Umsetzung einem Plan, der die Geduld des Träumers auf eine harte Probe stellt.

Welche Charaktereigenschaft ist mehr als alles andere kennzeichnend für die Erfolgreichen? Ihre Geduld. Träumende, denen es an der nötigen Geduld fehlt, sind geneigt, den Weg des geringsten Widerstandes zu gehen und sich den Erfolg so billig wie möglich zu erkaufen. Ungeduldige Träumer übersehen den richtigen Pfad. Unwissenheit und Unduldsamkeit verleiten sie dazu, sich vom göttlichen Traum abzuwenden. Oft erkennen sie zu spät, daß der schmerzlose einfache Weg durchs Leben in die Irre führt und in Langeweile, Schamgefühlen, innerer Leere, Versagen und Armut endet. Und sie bedauern zutiefst, nicht die Selbstdisziplin aufgebracht zu haben, die der Traum erforderte.

Ich kann den wahren Wert des Geschenks nicht ermessen, das Gott mir gab, als er mir in so jungen Jahren einen Traum anvertraute, der mich unwiderruflich und unwiderstehbar zwang, Jahrzehnte vorauszudenken. Fast zwanzig Jahre vergingen, bevor das quastenverzierte Barett meinen Kopf schmückte und das heißersehnte Diplom vertrauensvoll in meine Hände gelegt wurde.

In all den Jahren des Lernens und Ringens wurde die Tugend der Geduld zu meinem zweiten Ich. Bis zu dem Augenblick, als ich von dem Podest im Priesterseminar auf die Welt hinuntersah, in der die Menschheit um ihr Überleben und ihre Träume kämpft, hatte ich mich bereits an eine langfristige Perspektive gewöhnt. Es fiel mir leicht zu akzeptieren, daß sich mein Traum, eine treue und starke Gemeinde zum Ruhm des Allmächtigen zu gründen, vielleicht erst in vierzig oder mehr Jahren erfüllen würde.

Es dauerte in der Tat Jahre – fast ein Leben lang –, bis mein Traum sich zu voller Blüte entwickelt hatte. In den ersten fünf Jahren, die ich als Priester in Garden Grove, Kalifornien, verbrachte, mußte ich jeden Tag aufs neue um den Aufbau meiner Gemeinde kämpfen. Ich predigte zunächst auf dem Dach einer Snackbar, die sich auf dem Gelände eines Autokinos befand. In den nächsten zehn Jahren gelang es uns, rund 25 Hektar Land zu erwerben und mit dem Bau unseres ersten Gotteshauses zu beginnen, das von dem bekannten Architekten Richard Neutra entworfen wurde. In den darauffolgenden zehn Jahren konnten wir unsere Pfarrei in einem Komplex errichten, der den Namen ,,Tower of Hope'' (,Turm der Hoffnung') erhielt. Dieses Gebäude, gekrönt von einem 27 Meter hohen Kreuz, das strahlend in den Himmel ragt, wurde zu einem Wahrzeichen der Hoffnung und zum Nabel der Welt für die Bewohner von Orange County im Süden Kaliforniens.

Der Erfolg schien kein Ende zu nehmen, denn nun suchte ich den Traum von einer gläsernen Kathedrale, meiner Crystal Cathedral, zu verwirklichen. Unmöglich, unglaublich, werden Sie vielleicht denken. Aber rückblickend kann ich nur sagen, daß für Gott, der uns diese phantastischen Visionen schenkt, nichts unmöglich ist.

So kam es, daß eine Gemeinde, die ursprünglich mit nur zwei Mitgliedern, 500 Dollar Eigenkapital und der Zusage gegründet wurde, für den Gottesdienst kostenlos ein leerstehendes Autokino benutzen zu dürfen, ihr 25jähriges Bestehen mit der Einweihung einer Kirche feiern konnte, die zu den wundervollsten zeitgenössischen Bauwerken der Welt zählt. Die Feier wurde ein Medienereignis und zur Stunde des Triumphs für Philip Johnson, den Erbauer, einen der größten Architekten des zwanzigsten Jahrhunderts.

Schritt fünf: Unerwartete Unterstützung wird aus unvermuteten Quellen zuteil.

Der Traum, der in Gottes Geist geboren und im Herzen eines konstruktiv denkenden Menschen eingepflanzt wurde, erhält plötzlich Unterstützung aus unbekannten Quellen, über neue Strömungen und durch Einzelpersonen, an die der Träumer nie zuvor gedacht hat. Der Traum zieht wie ein Magnet all jene an, die bereit sind, einem anderen bei der Verwirklichung seiner Ideen zu helfen. Menschen, die über innere Kraft, die richtigen Fähigkeiten und Einfluß verfügen, tauchen plötzlich aus dem Nichts auf und treiben den Traum voran, dem Ziel entgegen, in höhere Sphären.

Wie Schauspieler betreten sie die Bühne in einem dramatischen Augenblick. Wer seit langer Zeit eng mit mir zusammenarbeitet, hat wohl schon mehr als hundertmal von mir gehört: ,,Ich habe nur deshalb Erfolg, weil Gott mir im richtigen Moment die richtigen Helfer geschickt hat.''

In dieser Phase der Entwicklung sorgt Gott dafür, daß sich ein starkes Team bildet, welches den Traum schützt. Menschen, unbekannte Mächte und Motive verwandeln die utopische Idee in ein erreichbares Ziel. Wir werden Zeuge einer unvorstellbaren, Berge versetzenden Energie, die freigesetzt wird, wenn Menschen, die noch an Wunder glauben, ihre Kräfte vereinen, um den Traum zu verwirklichen.

Schritt sechs: Enttäuschung durch zeitweilige Rückschläge und Schwierigkeiten.

Bis zu diesem Augenblick waren Sie sich vermutlich des Sieges gewiß, sahen Ihr krönendes Ziel, den dauerhaften Erfolg, in greifbare Nähe gerückt. Aber halt — noch ist die Reise nicht beendet!

Ich habe die Erfahrung gemacht, daß der Augenblick des Triumphs nicht so leicht errungen wird. Gott auferlegt dem Menschen zuvor noch zahlreiche Prüfungen. In dieser Phase werde ich stets mit schmerzvollen Niederlagen oder unüberwindlich scheinenden Schwierigkeiten konfrontiert. Traum und Träumer erleben Rückschläge, Verzögerungen und Frustrationen. In dieser Phase will Gott sich vergewissern, daß der Mensch demütig ist, wenn die Krone auf sein Haupt gesetzt wird.

Eine noch so ausgefeilte Strategie kann scheitern. Alle Möglichkeiten scheinen ausgeschöpft. Hat der Träumer versagt? Ja, was das Heute betrifft! Aber er kann es morgen erneut versuchen. Versagen ist keine Sackgasse. Die Erfolgssträhne muß in diesem Augenblick tiefster Entmutigung nicht zu Ende sein. In einem solchen Augenblick habe ich einmal geschrieben: „Wenn man glaubt, alle Möglichkeiten erschöpft zu haben, sollte man sich stets daran erinnern: es bleiben noch ebenso viele Möglichkeiten offen."

Menschen und Sachzwänge ändern sich. Hindernisse sind morgen vielleicht nicht mehr so unüberwindlich, wie sie heute scheinen. Haben Sie das Gefühl, vor einem unbezwingbaren Gipfel zu stehen? Keine Angst, ein Berg wächst nicht. Aber Sie können über sich selbst hinauswachsen! Vielleicht sind Sie gezwungen, den Rückzug anzutreten, Ihr Team neu zu formieren, Ihre Kräfte zu sammeln und den Aufstieg zum Gipfel ein zweites oder drittes Mal zu planen und zu organisieren. Und Sie können den nächsten Anlauf schaffen. Vielleicht müssen Sie sich dazu an Gott wenden, bei dem der Traum seinen Ursprung hatte. Schöpfen Sie Hoffnung aus Seinem Versprechen:

- „Ich vermag alles durch den, der mich mächtig macht, Christus." (Philipper 4.13)

- „Ist Gott für uns, wer mag wider uns sein?" (Römer 8.31)

Schöpfen Sie Mut. Ein neuer Tag wird den Durchbruch bringen. Ihre Hoffnungen erhalten Nahrung von Menschen und Kräften, die Gott Ihnen gesandt hat. Er hat Sie so weit gebracht und wird Sie nicht fallenlassen. Er bereitet Sie lediglich auf die siebte Ebene vor.

Schritt sieben: Der Traum wird wahr!

Erfolg wartet auf den, der betet, konstruktiv denkt, sich in Geduld übt und Opfer auf sich nimmt. Sie haben es geschafft! Das „Geschäft" ist perfekt, die Karriere gesichert. Jetzt müssen Sie auf den Erfolg — und auf Enttäuschung — vorbereitet sein. Der Sieg bringt nicht nur Ehren, sondern auch unerwünschte, unerwartete Reaktionen mit sich. Ihre Anhänger werden Ihnen Beifall zollen. Aber wer den Gipfel des Berges erklimmt, hat auch die Aufmerksamkeit seiner Widersacher auf sich gelenkt. Mißgunst und Eifersucht machen sich breit. Konkurrenten und Neider stellen Ihnen nach.

Sie sind darauf vorbereitet, denn Sie haben den Widerstand bereits bei Ihrem Aufstieg zu spüren bekommen. Sie sind ein sturmerprobter Kämpfer, ein Gipfelstürmer, der Wind und Wetter trotzt. Sie haben Arroganz und falschen Stolz aus Ihrem Leben verbannt und statt dessen Selbstvertrauen gewonnen, das aus dem Bewußtsein erwächst, ein lohnendes, erstrebenswertes Ziel zu verfolgen.

Ich habe so manchem jugendlichen Träumer erklärt, daß konstruktives Denken Hochmut ausschließt. Wenn der Träumer am Ziel seiner Wünsche angekommen ist, hat er die Tugend der Demut so fest in sich verankert, daß sie Teil seiner Persönlichkeit geworden und somit echt ist. Wenn Stolz in Gottes Gnade und Güte wurzelt, ist er unweigerlich mit Bescheidenheit gepaart. Der Weg zum Erfolg hat Sie auf den Gipfel geführt. Sie haben die letzte Ebene der Traumentwicklung erreicht, richtig? Falsch!

Schritt acht: Der Träumer wird geprägt von seinem Traum.

Der Träumer schwebt nun in höheren Sphären. Er blickt in den Spiegel − und ist verblüfft. Er muß entdecken, daß ihn der Traum verändert, geformt, geprägt, modelliert hat. Er ist im gleichen Ausmaß wie der Traum gewachsen, der ihn vorwärts getrieben, Besitz von ihm ergriffen und sich in seiner Persönlichkeit widergespiegelt hat. Erst jetzt wird ihm bewußt, daß es keine großen, sondern nur ganz gewöhnliche Menschen gibt, die sich lediglich durch das Ausmaß ihrer Träume von anderen unterscheiden. Erst jetzt kann er wirklich ermessen, welcher Lohn auf ihn wartet.

Die Unwägbarkeiten des Schicksals, denen er auf seinem Weg begegnet ist, haben ihm die Augen für die Nöte seiner Mitmenschen geöffnet. Die unerwartete Hilfe, die ihm zuteil wurde, hat seinen Glauben an Gott und das Gute im Menschen gefestigt. Die Ausdauer, die ihm in harten, oft unerträglich erscheinenden Zeiten abverlangt wurde, hat ihn auch Geduld und Toleranz gegen andere gelehrt. Sein Hauptmotiv − Menschen zu helfen, die seiner Hilfe bedürfen − hat die von den Wechselfällen des Lebens gegerbten Züge weicher und freundlicher gezeichnet. Ein Mensch, der seinen Traum lebt, verändert sich. Sein Dasein ist reicher, erfüllter, vielschichtiger geworden, denn ihm wurde ein Traum geschenkt, den er festzuhalten bereit war.

Wenn Sie sich für den Traum entscheiden, entscheidet der Traum über Ihr Schicksal. Die Größe des Traums bestimmt die Größe des Menschen, der ihm folgt.

Schritt neun: Der Traum wächst.

In dieser Phase hebt sich der Vorhang und gibt den Blick auf die Zukunft frei. Der Träumer lernt, daß erfolgreiche Menschen die Erfüllung eines Traums niemals als Endziel betrachten, sondern sich stets ein neues Ziel setzen, das alle bisherigen Grenzen sprengt. Ein Traum erzeugt den nächsten. Erfolg vervielfältigt sich und gleicht der Ziffer Unendlich.

Wenn Sie Ihren Traum verwirklicht haben, werden auch Sie entdecken, daß der einzelne Erfolg kein Endziel, sondern immer eine Ausgangsposition darstellt. Sie stärkt Ihre inneren Kräfte für den nächsten Schritt und ist eine Vorstufe zu noch größeren Erfolgen und Leistungen. Die damit errungene finanzielle Sicherheit bietet nicht mehr als eine solide Basis, die uns ermöglicht, auch solche Möglichkeiten in Betracht zu ziehen, an die man vorher nicht einmal im Traum zu denken gewagt hätte.

Sie haben einen akademischen Titel erworben? Einen langgehegten Traum verwirklicht? Wozu? Um mit der Urkunde Ihr Büro zu schmücken? Natürlich nicht. Sie stellt die Basis für den nächsten Schritt dar. Nun werden Sie von ernsthaften Menschen ernst genommen.

Jetzt ist es an der Zeit, sich zu besinnen und Ihr Machtpotential erneut zu überprüfen. Ziehen Sie Bilanz: Listen Sie Soll und Haben auf und errechnen Sie Ihren Nettowert — auf beruflichem, intellektuellem und finanziellem Gebiet, aus der Perspektive der Erfahrung und des Wissens.

Vielleicht staunen Sie über Ihre eigenen Kräfte. Sie haben eine hervorragende Ausgangsbasis geschaffen, um den nächsten Gipfel zu stürmen und Höhen zu erklimmen, an die Sie sich vorher nie gewagt hätten. Sie befinden sich in einer Position, die stark genug ist, um noch ehrgeizigere Träume zu verfolgen. Außerdem können Sie auf die Hilfe derer zählen, die Ihren Aufstieg begleitet haben und nicht zulassen werden, daß Sie sich mit dem Erreichten zufriedengeben. Deshalb sollten Sie sich auf die zehnte und letzte Stufe Ihres Traums vorbereiten.

Schritt zehn: Der Träumende betritt die Gefahrenzone.

Diese Phase birgt viele Fallen. Der Träumende läuft Gefahr, seinem schnell wachsenden, vorwärtsdrängenden Traum hinterherzuhinken. Der Traum könnte ihm wie ein ungeduldiges Kind vorauseilen, ihn überholen, wie ein Schüler den Lehrer oder ein Sportler seinen Trainer; er übernimmt nun die Führung. Den Träumenden drängt es, sich auszuruhen, sich zurückzuziehen, zumindest kurzweilig eine Pause einzulegen.

„Mach schon!" fordert der voranstürmende, wachsende Traum den müden Träumer auf. „Es gibt noch mehr Gipfel, die erklommen sein wollen. Kannst du sie nicht sehen? Es gilt, weitere Siege zu erringen."

Der Träumer zögert. Er möchte sich ausruhen, aber er darf nicht verweilen. An diesem Punkt braucht er einen neuen Traum. Er muß alle zehn Phasen erneut durchleben und zu der Erkenntnis gelangen: Wenn er nicht dafür sorgt, daß sein Traum weiterlebt und wächst, beginnt er selbst zu sterben. Treffend formulierte dies die Dichterin Evangeline Wilkes:

Im Treibsand des Zögerns
Vermodern die Knochen derer,
Die sich am Vorabend des Sieges zur Ruhe setzten
Und warteten — auf den Tod.

Wenn Sie Schritt zehn erreichen, sollten Sie sich vorsehen, denn wer rastet, rostet. Geben Sie acht, daß Sie nicht der Versuchung erliegen, sich auf Ihren Lorbeeren auszuruhen. Bereiten Sie sich auf ein neues Wagnis vor! Ich habe es gewagt, wieder zu träumen. Wenn die einzige Alternative zum Träumen der Tod ist, sollte uns die Entscheidung leichtfallen.

Woher kommt der neue Traum? Die Antwort finden Sie, wenn Sie zu Schritt eins zurückkehren und sich in einen stillen Winkel zurückziehen, wo Sie Zwiesprache mit Gott halten können, der Sie bis zu diesem Punkt gebracht hat. Erstatten Sie der Quelle, aus der alle wahrhaft großen und wundervollen Träume stammen, Bericht über das, was Sie bisher erreicht haben.

Ich spreche aus eigener Erfahrung, denn ich bin erst vor kurzem dieser Gefahrenzone entronnen. Als unsere Kathedrale eingeweiht wurde, fragten mich die Schaulustigen, die

Gemeindemitglieder und die Presse: ,,Welchen Traum verfolgen Sie nun?''

Ich blieb die Antwort schuldig. Die Wahrheit ist, ich hatte keine weiteren konkreten Pläne. Nach dem emotionalen Kraftakt fühlte ich mich ausgebrannt und leer. Ich hatte meinen Traum vom Bau einer gläsernen Kirche verwirklicht, stets an all die phantastischen Möglichkeiten gedacht, die sie bot, war nie bereit gewesen, Kompromisse einzugehen, sondern bemüht, ein architektonisches Kunstwerk in höchster Vollendung zu schaffen. An diesem Morgen im September, als die Kathedrale − ein Wahrzeichen, von Menschenhand zu Ehren des Allmächtigen gebaut − eingeweiht wurde, besaß ich kaum mehr die Kraft, Begeisterung über das gelungene Werk aufzubringen.

Ich schüttete meiner Frau, die zu meinen vertrauten und wichtigsten Freunden zählt, mein Herz aus. ,,Jeder erwartet von mir die nächste Großtat. Aber ich bin müde, Arvella, erschöpft. Man hat meine Motive beim Bau der Kathedrale in Frage gestellt. Zyniker, ja sogar aufrichtige Freunde haben mir Geldverschwendung vorgeworfen. Ich kann nicht mehr träumen. Habe ich nicht außerdem schon genug getan?''

Zum erstenmal in meinem Leben glaubte ich, meine Träume voll und ganz verwirklicht zu haben. Ich hatte es endlich geschafft. Das war mir genug. Irgendwann muß man ja einen Strich ziehen und sich mit dem Erreichten zufriedengeben. Aber ich befand mich im Irrtum. Erfolg läßt sich nicht stoppen. Ich sollte eine wichtige Lektion lernen − Erfolg kennt nicht nur keine Grenzen, sondern auch kein Ende! Ich nahm damals fälschlicherweise an, daß die Zeit der Träume für mich vorbei sei, aber ich wurde bald eines Besseren belehrt. Als ich meinen 60. Geburtstag feierte, sagte mir mein Sohn Robert Anthony: ,,Vater, deine Kathedrale ist noch nicht fertig. Du hast eine schöne Pfarrei im Tower of Hope und eine phantastische Kirche, die Crystal Cathedral, errichtet. Was noch fehlt, ist ein Gemeindezentrum mit verschiedenen Weiterbildungs- und Freizeiteinrichtungen, das die Bedürfnisse der Gemeindemitglieder berücksichtigt und das Interesse der nachfolgenden Generationen an der Kirche sichert."

„Aber woher sollen wir das Land nehmen?" protestierte ich.

„Kauf doch den Appartementkomplex neben der Kathedrale."

„Das ist unmöglich, Bob," hörte ich mich selbst sagen. Wir sahen uns ungläubig an, als das Wort fiel, das in meinem Vokabular nichts zu suchen hat.

„Unmöglich!" Wir begannen zu lachen. „Versuch's doch einfach noch einmal", drängte mein Sohn. Er wußte, daß ich mich bis vor kurzem bemüht hatte, den Appartementblock und die dazugehörigen zehn Hektar Land zu erwerben und abschlägig beschieden worden war. Der Besitzer dachte nicht daran zu verkaufen. Ich hatte einen Fehlschlag erlitten. Und abgesehen davon, ich hatte soviel erreicht, was wollte ich noch mehr?

Aber Erfolg kennt kein Ende. Er bietet neue Möglichkeiten und Chancen, wenn auch mitunter in Form von Problemen und Herausforderungen, denen es sich zu stellen gilt. Versagen ist keine Sackgasse – sondern ein Ansporn, es nochmals zu versuchen.

Allein mit meinen Gedanken und Gebeten sammelte ich neue Kraft. Ich rief einen Immobilienmakler an und beschwor ihn, sein Bestes zu tun, um den Eigentümer umzustimmen. „Wir sind bereit, sechs Millionen Dollar zu zahlen", erklärte ich.

Inzwischen hatten sich sowohl die Stimmung als auch die Meinung des Besitzers geändert. Aufgrund der neuen Steuergesetzgebung, die Ende des Jahres in Kraft treten sollte, erschien ihm ein Verkauf nun vorteilhaft. Wir einigten uns auf einen Preis von fünf Millionen. Nach einem Anruf bei der Bank war die Finanzierung gesichert.

Und wieder einmal träumte ich! Ich malte mir in Gedanken ein Gebäude auf dem vergrößerten Grundstück aus, das sowohl den Bedürfnissen der Kirche als auch künftigen Generationen gerecht würde. Aber schon tauchte eine neue Frage auf: Wie ließ es sich mit der Crystal Cathedral verbinden, wie mußte der Entwurf gestaltet werden, der die alten und neuen Strukturen sowohl stilistisch als auch symbolisch zu einer harmonischen Einheit zusammenfügte?

Ein bestimmtes Bild begann in meiner Vorstellung Form anzunehmen. Ich rief Philip Johnson an. ,,Philip, der Traum ist noch nicht zu Ende, wie ich gedacht hatte. Sie müssen die Crystal Cathedral fertigstellen.'' Meine Stimme verriet Begeisterung. ,,Wir haben genügend Gemeindemitglieder und eine wundervolle Kirche, aber wo ist der Kirchturm?''

Obwohl ich dabei lachte, war es mir ernst. Ich fuhr fort: ,,Mr. Johnson, wir brauchen einen Kirchturm. Er soll von einem Künstler entworfen werden und direkt neben der Kathedrale stehen, so daß das gesamte Anwesen ein Ganzes wird. Im Erdgeschoß möchte ich eine Kapelle bauen, in der wir rund um die Uhr Gottesdienste abhalten können. Außerdem wird dadurch die Kathedrale mit dem neuen Gemeindezentrum verbunden. Es soll auf dem Grundstück errichtet werden, das ich gerade dazugekauft habe.''

Philip griff die Idee begeistert auf und entwarf einen Kirchturm, der die Hand des Meisters verriet – eine Arbeit, von der jeder Architekt nur träumen kann. Die Pläne sind mittlerweile fertig. Die Stadt hat uns die Baugenehmigung erteilt, und ich werde mich in den kommenden Jahren bemühen, die Finanzierung zu sichern, um das Projekt weiterzuentwickeln und meinen Traum zu verwirklichen. Die Tatsache, daß mein erster Versuch, das Grundstück zu vergrößern, fehlgeschlagen war, hat mir gezeigt, daß man alle Hindernisse überwinden kann, wenn man an seine Möglichkeiten glaubt. Deshalb kann ich heute mit absoluter Sicherheit behaupten: *,,Erfolg ist keine Endstation, Versagen keine Sackgasse!''*

Wird ein Traum niemals enden? Nicht wenn wir akzeptieren, daß Gottes Wille geschieht und Er uns seinen Zeitplan diktiert. Selbst in diesem Augenblick, bei der Arbeit an meinem Buch, stelle ich mich dann und wann auf Zehenspitzen, um einen Blick in die Zukunft zu werfen und zu sehen, wie sich der schönste Traum meines Lebens erfüllt.

Was haben Sie aus Ihrem Leben gemacht? Welche Ebene haben Sie erreicht? Wo immer Sie auch stehen mögen, schöpfen Sie Mut. Wer zu träumen wagt, wagt zu leben! Träumen und handeln Sie! Sie können zusehen, wie Ihre Träume wahr werden. Aus persönlicher Erfahrung weiß ich, daß dies ein aufregendes Erlebnis ist.

- Ich hatte einen Traum, den Traum, eine wundervolle Kirche zu bauen. Heute steht die Crystal Cathedral.
- Ich hatte einen Traum, den Traum, im Fernsehen zu predigen. Heute sehen Millionen Zuschauer die Sendung „Hour of Power" („Stunde der seelischen Stärkung'), die in den USA einmal wöchentlich ausgestrahlt wird und die höchsten Einschaltquoten erzielt.
- Ich hatte den Traum, ein erfolgreicher Autor zu werden. Ich bin stolz, daß vier meiner Bücher auf den Bestsellerlisten der *New York Times*, des *Time*-Magazins und *Publishers Weekly* zu finden sind.
- Ich hatte den Traum, eine glückliche Ehe zu führen und gesunde, lebenstüchtige Kinder zu haben. Meine Frau und ich sind heute 37 Jahre verheiratet. Wir lieben einander mehr als gestern und weniger als morgen. Unsere fünf Kinder haben allesamt Erfolg. Sie denken in Träumen und verwirklichen sie. Sie sind tatkräftige Menschen, die konstruktiv denken.
- Heute habe ich einen *neuen* Traum – den Traum, die Crystal Cathedral zu vollenden und einen siebzig Meter hohen, gläsernen Turm zu errichten, der im Sonnenlicht flimmert und nachts wie die Sterne am Firmament strahlt. Ich weiß, daß er eines Tages stehen wird. Denn

ich vermag davon zu träumen, und deshalb kann ich meinen Traum auch verwirklichen.

Mein größter Traum befindet sich noch auf dem Reißbrett und beweist, daß Erfolg kein Ende kennt! Erfolg beginnt, wenn Sie zu träumen wagen. Was man sich erträumen kann, läßt sich auch in die Tat umsetzen.

Mögen Sie so lange leben, wie Sie es wünschen,
und mögen Sie diesen Wunsch haben, solange Sie leben!

Kapitel 3
Wer träumen kann, vermag seinen Traum zu verwirklichen

Wo immer Sie in Ihrem Leben stehen –
Wer immer Sie sind –
Was immer Sie erreicht haben –
Wann, wo oder warum immer Sie Fehlschläge hinnehmen mußten –,
ich fordere Sie auf, folgende Fragen zu beantworten:

– Welche Träume würden Sie zu verwirklichen suchen, wenn Ihnen der Erfolg sicher wäre?
– Welche Ziele würden Sie anstreben, wenn Geld dabei keine Rolle spielte?
– Welche Pläne würden Sie machen, wenn Sie wüßten, daß es Ihnen gelänge, sie in die Tat umzusetzen?
– Welche Projekte würden Sie starten, wenn Sie die Weisheit besäßen, alle anfallenden Probleme zu lösen, und die Macht, alle Hindernisse aus dem Weg zu räumen?
– Welche Tätigkeit würde Sie reizen, wenn Sie sich das nötige Know-how aneignen könnten, Ihre Ideen einflußreichen Menschen zu verkaufen?

Jeder kann träumen! Jeder kann planen! Jeder vermag nach den Sternen zu greifen!

Erfolg ist keine Endstation und Versagen keine Sackgasse für diejenigen, die noch träumen können.

Als ich 1955 nach Kalifornien kam, um eine Gemeinde zu gründen, rodete Walt Disney in nur zwei Kilometer Entfernung das Land einer ehemaligen Orangenplantage, auf der Disneyland entstehen sollte. An meiner Wand hängt ein Ausspruch meines berühmten Nachbarn: „Irgendwie kann ich nicht glauben, daß es viele Gipfel geben soll, die nicht bezwungen werden können von einem Menschen, der das Geheimnis kennt, wie man Träume verwirklicht. Dieses Geheimnis hat vier Schlüssel: Neugier, Selbstvertrauen, Mut und Ausdauer. Der wichtigste ist das Selbstvertrauen."

Walt Disney kannte das Geheimnis, Träume zu realisieren. Auch Sie können ihm nacheifern!

Am Anfang steht eine Idee, ein Traum. Jeder Mensch hat den einen oder anderen Einfall. Entscheidend ist nur, was man daraus macht.

Viele beobachten voller Staunen die herausragenden Leistungen ihrer Mitmenschen und fragen sich: „Wie konnte ihnen das nur gelingen?"

Vielleicht hatten Sie die gleiche Idee, aber nicht den Mut, sie zu verwirklichen. Erfolgreiche Menschen sind nicht anders als Sie oder ich. Was sie von den Erfolglosen unterscheidet, ist in erster Linie die Tatsache, daß sie die Idee aufgegriffen haben, bevor sie in Vergessenheit geriet. Sie haben ihr eine Chance gegeben, sie niedergeschrieben, bevor sie aus dem Gedächtnis entschwand. Sie wurde zu einem Traum. Und sie haben dank ihrer Intuition oder mittels Erfahrung gelernt, ihre Träume zu verwirklichen. Sie haben die vier Schlüssel zum Geheimnis des Erfolges entdeckt.

Sie können träumen, wenn Sie neugierig sind!

Welche Charaktereigenschaft zeichnet die Träumer und Tatkräftigen aus? Es ist vor allem ihre schöpferische Neugier. Sie ist der Motor, der unsere Gedanken vorantreibt und Fragen auftauchen läßt, die unsere Kreaviviät freisetzen.

Seit Tausenden von Jahren saßen Menschen unter einem

Baum und warteten darauf, daß ihnen die Äpfel auf den Kopf fielen. Seit Tausenden von Jahren war die Reaktion immer die gleiche: Nämlich „Autsch!" oder „Mein Gott, was für ein dicker Apfel!"

Die Geschichte weiß zu berichten, daß eines Tages einem Mann, der neugierig war, ein Apfel auf den Kopf fiel. Er fragte sich: „Warum? Warum ist der Apfel auf die Erde gefallen, anstatt nach oben zu entschweben wie eine Wolke, eine Feder oder ein Blatt? Warum fliegen Blätter davon, und warum fallen Äpfel zu Boden?"

Diese kreative Neugier führte dazu, daß Newton das Gesetz der Schwerkraft entdeckte.

Seit ich vor zwanzig Jahren meinen „Leitfaden" *Lebenserfolg durch konstruktives Denken* schrieb, haben sich viele Leute mit mir in Verbindung gesetzt, die meinen Empfehlungen gefolgt und zu der Schußfolgerung gelangt waren: Konstruktives Denken setzt das kreative Potential frei. Neugier war die Triebfeder, die es ihnen ermöglichte, Probleme zu lösen und Entscheidungen zu treffen.

Die richtigen Fragen eröffnen Möglichkeiten

Was geschieht, wenn Sie sich Fragen wie die folgenden stellen, die Ihnen dabei helfen, Ihre Möglichkeiten zu überdenken?

- Warum ist etwas „unmöglich"?
- Was könnte ich tun, um es möglich zu machen?
- Wo finde ich jemanden, der mir die Finanzierung ermöglicht?
- Wäre es möglich, wenn ich das richtige Team hätte? Das richtige Arbeitsmaterial? Mehr Zeit?

Die richtigen Fragen schaffen Zuversicht.

Stellen Sie Fragen, die Ihre kreative Neugier entfachen, Selbstvertrauen schaffen oder Ihre Selbstachtung wiederherstellen:

- Wenn andere aus dem Nichts etwas aufbauen, warum kann ich es dann nicht auch?
- Wenn andere die Armut überwinden und es zu Wohlstand bringen, warum kann ich es dann nicht auch?
- Wenn andere mit ebenso unbefriedigenden oder noch schlechteren Abschlußzeugnissen wie ich noch einmal die Schulbank drücken und Anwalt, Pfarrer, Buchhalter oder Arzt werden, warum kann ich es dann nicht auch?
- Wenn man anderen ihre Fehler vergeben hat, wenn ihr Ansehen wiederhergestellt und ihr Name reingewaschen wurde, warum kann ich dann nicht auch einen neuen Anfang wagen?
- Wenn ich es noch einmal versuche und ganz von vorne anfange, bin ich dann nicht klüger geworden? Kann ich nicht aus meinen Fehlern und Unzulänglichkeiten lernen? Kann ich sie nicht in eine positive Kraft umwandeln und ein vollkommenerer Mensch werden? Wenn ja, dann ist mein Versagen nicht endgültig, sondern lediglich eine Atempause, um Kräfte zu sammeln.

Die richtigen Fragen führen zu kreativen Problemlösungen.

Stellen Sie Fragen, die einen Vergleich zwischen Ihnen und solchen Menschen zulassen, die Ihnen überlegen sind:

- Wer könnte dieses Problem lösen?
- Welche Fähigkeiten und Talente sind erforderlich, um dieses Problem in eine Chance zu verwandeln?

Stellen Sie Fragen, die Ihnen Klarheit über mögliche Denkfehler verschaffen:

- Ist das Problem wirklich so schlimm, wie es scheint?
- Was könnte schlimmstenfalls passieren? Kann ich damit leben? Wenn nein, warum nicht? Andere können es. Warum kann ich es dann nicht auch?
- Wenn es zum Schlimmsten kommt, kann ich das Hindernis dann immer noch in eine Chance, den Mißerfolg in einen Erfolg verwandeln?

Die richtigen Fragen motivieren.

Stellen Sie Fragen, die Ihnen Auftrieb geben. Denken Sie daran: Niemandem gelingt es, Sie zu motivieren, wenn Sie nicht schon motiviert sind. Stellen Sie Fragen, die – wie die folgenden – Ihre Energie freisetzen:

— Wenn ich noch einmal von vorne beginne, kann ich zumindest ein kleines Stück weiterkommen?
— Läßt sich die Ausgangsbasis, die ich geschaffen habe, langsam oder schnell ausbauen? Wenn ich jetzt spare, häuft und vermehrt sich dann nicht mein Geld? Wie lange dauert es, bis meine wenn auch noch so geringfügige Investition plus Zinsen für einen Neubeginn ausreicht?
— Was geschieht, wenn ich früher mit meiner Arbeit beginne und später aufhöre, wenn ich mehr Zeit und Mühe darauf verwende?

Als ich noch Theologie studierte, lernte ich einen Geistlichen kennen, der als junger Mann in einer Baptisten-Kirche mit nur dreißig Mitgliedern tätig war. Er verbrachte dort vierzig Jahre seines Lebens. Als er aus dem Amt schied, gehörte sie zu den größten Glaubensgemeinschaften der Welt. Die Rede ist von der First Baptist Church in Dallas, Texas, der Name des Mannes George Truett.

Diese Geschichte weckte meine Neugier. Was würde geschehen, wenn ich mein Leben in den Dienst einer einzigen Kirche stellte? Wohin würde es führen, wenn ich Jahr für Jahr, über die nächsten Jahrzehnte hinaus, meine ganze Kraft und Energie ihrem Aufbau und ihrem Erfolg widmete?

Aus diesen Fragen wurde mein Traum geboren, eine weitläufige Gemeinde zu gründen. Als ich nach Kalifornien kam, ohne Geld, ohne Mitglieder und ohne eine Heimstatt für meine Kirche, fielen mir die Drive-in-Restaurants und Autokinos auf. Ich stellte mir eine Frage, die von kreativer Neugier geprägt war: ,,Könnte es mir gelingen, genügend Mitglieder für eine ,,Drive-in-Kirche" zu gewinnen? Und falls nicht, wo lagen die Gründe? Andere hatten mit einem Drive-in Erfolg, warum also nicht auch ich?"

Diese kreativen Überlegungen führten zu meinem Traum, eine Kirche zu errichten, zu der jedermann Zugang fand. Sie waren motivierend und setzten die Energie frei, die ich zur Verwirklichung meines Traumes brauchte. Aus den Fragen nach den vorhandenen Möglichkeiten ergaben sich die Lösungen wie von selbst, bis mein Traum wahr wurde.

Neugier ist eine unerläßliche Voraussetzung für jeden Träumer und Tatendurstigen!

Sie können träumen – wenn Sie Selbstvertrauen besitzen!

Der Träumer braucht nicht nur kreative Neugier, sondern auch Selbstvertrauen. Deshalb lassen Sie sich vom Zauber der vier magischen Worte einfangen. Sie lauten: *,,Das kann ich auch!"*

Sprechen Sie diese motivierenden Worte laut aus, im stillen Kämmerlein oder im Beisein von Freunden, die ebenfalls konstruktiv denken: *,,Das kann ich auch!"*

Haben Sie Vertrauen zu sich selbst und zu Ihrem Traum. Wer seine Träume verwirklicht, handelt emotional und rational zugleich. Er vertraut seiner *Intelligenz*, seinem *Instinkt* und seiner *Intuition*.

Intelligenz, Instinkt und Intuition können Instrumente göttlicher Führung sein. Unser Vertrauen ist gerechtfertigt, wenn wir überzeugt sind, daß unsere zündenden, positiven Ideen von Gott stammen. ,,Und bin desselben in guter Zuversicht, daß der, der das gute Werk in euch angefangen hat, es auch vollführen wird. (Philipper 1.6)

Vertrauen Sie Ihrer Intelligenz, aber verwechseln Sie nicht Bildung mit Intelligenz. Die natürliche Intelligenz wurzelt im Unterbewußten und ist als die Fähigkeit zu verstehen, Möglichkeiten zu erkennen und aufzugreifen. Diese Form der Intelligenz zeugt von dem angeborenen oder erworbenen Gespür für die Prinzipien, die unser Universum beherrschen, und der Gabe, sie in kreatives Denken und Handeln umzusetzen.

Bildung beinhaltet den Erwerb von Wissen. Wissen ist zwar wichtig, aber kein Ersatz für Weisheit, denn unter Weisheit versteht man die Fähigkeit, unser Wissen einsichtsvoll zu nutzen. Die formale Bildung kann, aber sie muß nicht, die Ausgangsbasis für Verantwortungsbewußtsein und Selbstvertrauen sein. Wenn ein akademischer Titel zwar das Wissen vermehrt, aber die Weisheit gemindert hat, dann hat die formale Bildung ihren eigentlichen Zweck verfehlt. Viele „Gebildete" haben eine erstaunliche Menge von Fakten und Kenntnissen erworben, aber sie wurden von zynischen, lebensverneinenden Professoren und Lehrmeistern in die Schablone des negativen Denkens gepreßt.

Ungücklicher- und unnötigerweise finden sich heute eine Reihe von Menschen mit eindrucksvollen Diplomen auf der untersten Stufe der Erfolgsleiter wieder. Sie wurden von vielen überholt, die über eine weniger fundierte Bildung verfügen. Die Aufsteiger haben ihnen eines voraus: die Erkenntnis, daß die persönliche Einstellung zum Beruf oder zum Leben wichtiger ist als Wissen.

Obwohl Fakten zu den unabdingbaren Komponenten des Wissens zählen, stellt die persönliche Einstellung das Lebenselexier der Weisheit dar. Weisheit ist der Anfang und das Ende, das Alpha und das Omega jeder herausragenden Leistung.

Konstruktives Denken ist also die positive Konditionierung des Geistes. Sie prägt die Einstellung des Menschen und zielt darauf ab, Weisheit zu erlangen. Erst wenn wir die Weisheit besitzen, unsere Möglichkeiten zu erkennen, sind wir mit Recht weise zu nennen. Wenn wir also nicht nur Weisheit, sondern auch Wissen zu erwerben trachten – aber ein Wissen, dem die Weisheit, positiv zu denken, fehlt – dann gehören wir zum Kreis der negativ denkenden Gebildeten. Und das erklärt, warum die formale Bildung allein nicht ausreicht.

All diese Gedanken lassen sich auf einen gemeinsamen Nenner bringen. Wenn Sie die Entscheidung treffen, eine positive Einstellung gegenüber den Chancen und Hindernissen in Ihrem Leben zu entwickeln, dann haben Sie einen ersten Schritt vollzogen, um das wichtigste Gut der Bildung zu erlangen: die Macht des konstruktiven Denkens.

Wenn Sie Selbstvertrauen haben, können Sie auf das bauen, was Sie gelernt haben. Das ist Bildung, gleichgültig, ob sie im Klassenzimmer oder in der harten Schule des Lebens, nämlich durch eigene Erfahrung, erworben wurde. Bemühen Sie sich stets, dazuzulernen. Machen Sie sich das Wissen zu eigen, Ihre Träume in erfolgversprechende Bahnen zu lenken oder solche Menschen zu finden, die Ihnen bei der Verwirklichung helfen und Sie mit Rat und Tat unterstützen, Menschen, welche über Ihnen noch fehlende Kenntnisse verfügen: Juristen, Finanzexperten oder technische Berater. Erfolg ist denen sicher, die geschickt sind und alle vorhandenen Möglichkeiten auszuschöpfen verstehen!

Vertrauen Sie Ihrem Instinkt. Jemand hat einmal gesagt: „Wenn Gott die Wahrheit in einem seiner Geschöpfe verankern möchte, pflanzt er den Samen der Realität in seinen Instinkt." Ein Vogel baut sein Nest. Ein Lachs kehrt immer wieder an den Ort seiner Geburt zurück. Ein Mensch ist am besten beraten, wenn er seiner „inneren Stimme" folgt, auf seinen Instinkt hört.

Ist dieses instinktive Verhalten Teil dessen, was wir Intuition nennen? Vielleicht. Wenn ja, dann sollten Sie Ihrer Intuition vertrauen. Zu meinen Lehrmeistern und Freunden gehört auch einer der größten Psychiater unseres Jahrhunderts, der ehemalige Leiter der psychiatrischen Abteilung der Universität Wien. Ich habe Dr. Viktor Frankl einmal gefragt, was Intuition sei. Seine Antwort war ebenso schlicht wie ehrlich: „Das weiß keiner." Die gleiche Frage stellte ich Dr. Karl Menninger — und ich erhielt die gleiche Antwort.

Der Psychiater Scott Peck schrieb in seinem Buch *Der wunderbare Weg*: „Das Unbewußte ist dem Bewußten stets um einen Schritt voraus.'' Ist Intuition eine emotionale, vom Unterbewußtsein gefällte Beurteilung, die all unsere Erfahrungen, Beobachtungen, Wahrnehmungen sowie die Summe unseres Lebens und unserer Lernprozesse beinhaltet?

Ich bin der Überzeugung, daß jede Erklärung des Begriffs Instinkt oder Intuition, die Gottes Gegenwart und Allmacht leugnet, kurzsichtig und unverantwortlich ist. Ich habe stets um Hilfe und Anleitung gebetet und somit gelernt, auf meinen von Gott gegebenen Instinkt zu vertrauen.

Wir haben den Architekten Philip Johnson mit dem Bau der Crystal Cathedral beauftragt, weil er meiner Meinung nach der größte Architekt der Welt ist. Bei unserem ersten Zusammentreffen erklärte ich ihm, daß ich eine Kirche ganz aus Glas wolle, durch die man hindurchsehen könne. ,,Ich glaube, daß ein gesunder, emotional und geistig reifer Mensch offen und durchschaubar ist. Die Struktur der Kirche soll dieser Tatsache Rechnung tragen.''

Bald darauf erhielt ich einen Anruf von Philip. Er wollte mir seine ersten Entwürfe zeigen. Das Dach war aus Glas und ruhte auf Steinmauern. Ehrlich gesagt, ich war nicht sonderlich begeistert. Philip spürte wohl meine Enttäuschung und fragte: ,,Was ist los?''

Ich verbarg meine wahren Gefühle und antwortete: ,,Nichts.''

Er protestierte: ,,Nun raus damit, Bob. Die Zeichnung scheint Ihnen nicht besonders zu gefallen, oder?''

Ich wollte ihn nicht verletzen und wich aus. ,,Ich bin Pfarrer. Wie könnte ich es wagen, den größten Architekten der Welt zu kritisieren?''

Er sah mich mit ernster Miene an und sagte: ,,Bob, wenn wir zusammenarbeiten wollen, sollten Sie eines lernen, und zwar gleich.'' Er sah mich lange und nachdenklich an.

,,Was?'' fragte ich.

,,Architektur ist etwas zu Wichtiges, um sie allein den Architekten zu überlassen.''

Das machte mir Mut, und ich erklärte: „Nun, ich wollte die Wände auch aus Glas."

Das Ergebnis? Philip kehrte ans Reißbrett zurück und entwarf eines seiner größten Meisterwerke – die Crystal Cathedral.

Architektur ist in der Tat etwas zu Wichtiges, um sie den Architekten zu überlassen. Bildung ist etwas zu Wichtiges, um sie den Lehrern zu überlassen. Die Wissenschaft ist etwas zu Wichtiges, um sie den Wissenschaftlern zu überlassen. Krieg und Frieden sind zu wichtig, um sie allein den Politikern, Diplomaten und Militärs zu überlassen. Geschäfte sind zu wichtig, um sie den Geschäftsleuten zu überlassen. Die Wirtschaft ist etwas zu Wichtiges (besonders wenn wir Steuerzahler die Rechnung tragen), um sie den Wirtschaftsexperten zu überlassen. Religion ist zu wichtig, um sie den Theologen zu überlassen. Und Kreativität ist zu wichtig, um sie den Künstlern zu überlassen.

Deshalb wagen Sie es, daran zu glauben, daß Ihre Ideen etwas taugen. Vertrauen Sie auf Ihre von Gott gegebenen Instinkte. Meistens weisen sie Ihnen den rechten Weg.

Sie können träumen, wenn Sie Mut besitzen.

Jeb Stuart gehörte zu den loyalen Anhängern von General Robert E. Lee. Er war ein mutiger Offizier und integrer Mann, der die Briefe an seinen Vorgesetzten immer mit dem Satz beendete: „Sie können auf mich zählen. Jeb."

Eben dieses Versprechen habe ich Gott gegeben, der mir meine konstruktiven Ideen eingibt. „Wenn Du mir einen Traum schenkst, Herr, dann kannst Du auf mich zählen. Ich lasse ihn nicht davonfliegen. Ich mache etwas daraus. Ich werde mein Bestes geben."

Mut? Ja. Integrität? Ja. Mut ist für mich persönliche Integrität, denn Mut bedeutet Ehrlichkeit. Wenn jemand Mut zeigt, beweist er in Wirklichkeit seine Integrität. Er tut, was er tun muß, sonst wäre er sich selbst gegenüber unaufrichtig. Ich hoffe, daß Sie wie ich bald davon überzeugt sind, daß Gott uns einen Traum anvertraut, ihn in unsere Obhut gegeben und uns somit die Verpflichtung auferlegt hat, eine Idee in kreatives Handeln umzusetzen. Ein ehrlicher Verwalter dieses Traums zeichnet sich in seinem Denken und Handeln durch ein so hohes Maß an Integrität aus, daß kein Platz für Zweifel und Ängste bleibt.

Diese Lektion habe ich schon als Kind auf unserer Farm gelernt, wo wir Kühe hielten. Sie mußten jeden Morgen und Abend gemolken werden − komme, was da wolle, wie die Bauern sagen. Das Melken gehörte zu meinen Aufgaben, und ich durfte es nicht ein einziges Mal versäumen, gleichgültig, was auch geschah!

Ich trug eine große Verantwortung, man konnte auf mich zählen. Nennen Sie es, wie Sie wollen − es läuft auf eines hinaus: auf die persönliche Integrität. Und Integrität kennt keine Furcht. Wenn Sie negative Gedanken und Gefühle haben, verkehren Sie sie in positive. Denken Sie stets an folgende Worte:

Haben Sie keine Angst zu versagen . . . sondern fürchten Sie statt dessen, daß Sie nie Erfolg haben werden, wenn Sie nichts wagen.

Haben Sie keine Angst, Fehler zu machen, wenn Sie an Ihren Traum glauben . . . sondern fürchten Sie statt dessen, eines Tages vor Gott zu stehen und sich vorhalten lassen zu müssen, daß Ihnen der Erfolg sicher gewesen wäre, wenn Sie an ihn geglaubt hätten.

Haben Sie keine Angst vor Schimpf und Schande, wenn sich Ihr Traum nicht erfüllt . . . sondern fürchten Sie statt dessen, daß die Zeit beweisen wird, daß Ihnen der Erfolg sicher gewesen wäre. Es ist traurig, am Ende seines Lebens Fazit zu ziehen und sagen zu müssen: ,,Hätte ich doch nur . . . wäre ich doch nur . . . ''

Haben Sie keine Angst zu versagen . . . sondern fürchten Sie statt dessen, daß Sie nie Erfolg haben werden, wenn Sie nicht bereit sind, ein Risiko einzugehen.

Haben Sie keine Angst, daß Sie Schrammen und Wunden davontragen . . . sondern fürchten Sie statt dessen, nie reif zu werden, wenn Sie darauf warten, daß Ihnen der Erfolg mühelos zufällt.

Haben Sie keine Angst, zu lieben oder als Verlierer dazustehen . . . sondern fürchten Sie statt dessen, niemals geliebt zu haben.

Haben Sie keine Angst, daß sich andere über Ihre Fehler mokieren . . . sondern fürchten Sie statt dessen, daß Gott zu Ihnen sagt: ,,Du bist kleingläubig.''

Haben Sie keine Angst, einmal mehr zu stolpern . . . sondern fürchten Sie statt dessen die Erkenntnis, daß Sie die Hürde beim nächsten Anlauf genommen hätten, wenn Sie bereit gewesen wären, es nochmals zu versuchen.

Versagen bedeutet nicht, daß Sie so dumm waren, es überhaupt zu versuchen, sondern daß Sie den Mut hatten, zu forschen und zu experimentieren, um zu sehen, welche Strategie Aussicht auf Erfolg bietet und welche nicht in Frage kommt. Versagen bedeutet nicht, daß Sie unfähig sind, Entscheidungen zu treffen, sondern daß Sie sich erneut entscheiden müssen. Sie können die Angst vor dem Versagen überwinden, wenn Sie das Wort ,,Versagen'' neu definieren:

Versagen bedeutet nicht, daß Sie ein Versager sind . . . sondern daß Sie bis jetzt noch keinen Erfolg hatten.

Versagen bedeutet nicht, daß Sie nichts erreicht . . . sondern daß Sie etwas dazugelernt haben.

Versagen bedeutet nicht, daß Sie ein Narr waren . . . sondern daß Sie an etwas geglaubt haben.

Versagen bedeutet nicht, daß Sie Ihrem Ruf geschadet haben . . . sondern daß Sie bereit waren, ihn aufs Spiel zu setzen.

Versagen bedeutet nicht, daß Ihnen etwas Wichtiges fehlt . . . sondern daß Sie eine Aufgabe auf andere Weise angehen müssen.

Versagen bedeutet nicht, daß Sie minderwertig . . . sondern daß Sie nicht perfekt sind.

Versagen bedeutet nicht, daß Sie Ihr Leben vertan . . . sondern daß Sie Grund haben, noch einmal zu beginnen.

Versagen bedeutet nicht, daß Sie aufgeben . . . sondern daß Sie sich noch mehr Mühe geben sollten.

Versagen bedeutet nicht, daß Ihnen niemals Erfolg beschieden sein wird . . . sondern daß der Erfolg noch eine Weile auf sich warten läßt.

Versagen bedeutet nicht, daß Gott Sie verlassen hat . . . sondern daß Er etwas anderes mit Ihnen vorhat.[2]

Versagen bedeutet nicht, daß Sie am Ende sind . . . sondern daß Sie die Chance eines neuen Anfangs haben.

Also stimmt es! Fehlschläge sind niemals endgültig!

Wollen Sie sich auf dem, was Sie bisher erreicht haben, ausruhen? Gott hat Größeres und Besseres mit Ihnen und mir vor, aber wir kommen keinen Schritt weiter, wenn wir die Chance verstreichen lassen. Wer sie nutzt, geht das Risiko ein, zu versagen und Narben davonzutragen. Eine Chance wahrzunehmen erfordert Mut.

In der Halle eines Flughafens in Texas traf ich einen jungen Mann, der ein Exemplar meines Buches *Harte Zeiten — Sie stehen sie durch!*[3] unter dem Arm trug. Er erkannte mich und bat mich um ein Autogramm.

Natürlich kam ich seiner Bitte gerne nach.

,,Dr. Schuller'', sagte er, ,,dieses Buch hat mir wirklich geholfen. Ich stehe vor dem finanziellen Ruin. Ich habe eine Firma gegründet und alles verloren, was ich besaß.'' Tränen glänzten in seinen Augen, aber er fuhr fort: ,,Das Geschäft ging ziemlich gut. Ich habe die Fabrik erweitert und neue Maschinen gekauft. Ich erzielte einen ganz passablen Gewinn. Aber plötzlich konnten ein paar Leute, von denen ich

---

2 Robert Schuller, *You Can Become the Person You Want to Be* (New York: Hawthorn Books, Inc., 1973). S. 73.

3 Rober Schuller, *Harte Zeiten — Sie stehen sie durch!* (Genf: Ariston Verlag).

noch Geld zu bekommen hatte, ihre Schulden nicht mehr zahlen. Dann verlor ich Kunden, zunächst einige kleine und dann größere Aufträge. Ich überprüfte die Bilanzen, und plötzlich schien mein Vermögen geschmolzen. Auf die Außenstände konnte ich nicht zählen. Da merkte ich, daß ich am Ende war. Ich habe das Tief noch nicht überwunden, aber Ihr Buch ist mir dabei eine große Hilfe.''

Ich sah diesen intelligenten, jungen Geschäftsmann an und sagte: ,,Zuerst möchte ich einmal etwas richtigstellen. Sie haben nicht alles verloren.''

,,Oh doch'', erwiderte er. ,,Alles.''

,,Nein'', widersprach ich. ,,Da bin ich anderer Meinung. Sie besaßen etwas, bevor Sie Ihre Firma gegründet haben. Sie hatten einen Traum, und der ist Ihnen geblieben.''

,,Nein, auch damit ist es vorbei'', erwiderte er.

,,Das stimmt nicht! Niemand verliert seinen Mut. Mut ist etwas, das nicht einfach abhanden kommt, sondern etwas, für das man sich immer wieder aufs neue entscheiden kann!''

Mut ist keine Gabe, sondern eine Entscheidung! Mut heißt nicht, frei zu sein von Angst, sondern an eine Berufung gebunden zu sein, an einen Traum, der den Menschen befähigt, über sich selbst hinauszuwachsen. Den Mut kann man nicht verlieren; man muß sich nur immer wieder aufs neue dafür entscheiden, Mut zu fassen. Und darum treffen auch Sie die Entscheidung und beweisen Sie, daß Sie Mut haben.

Sie können träumen, wenn Sie Beharrlichkeit zeigen.

Führen Sie zu Ende, was Sie einmal angefangen haben, erfüllen Sie Ihre Aufgabe, folgen Sie dem eingeschlagenen Weg unbeirrt und geben Sie niemals auf. Ich kam vor dreißig Jahren nach Kalifornien – mit einem Plan für vierzig Jahre. Das nenne ich Beharrlichkeit. Klammern Sie sich an

Ihren Traum, auch wenn das Schicksal Ihnen hart zusetzen sollte. Bedienen Sie sich der unglaublichen Stärke, die Beharrlichkeit und Ausdauer verleihen.

In den ersten 30 Jahren meiner Amtszeit verspürte ich aus verschiedenen Gründen mehr als ein dutzendmal die Lust, alles stehen- und liegenzulassen. Ich wollte davonlaufen, auf Nimmerwiedersehen. Was hielt mich davon ab, meinem Traum den Rücken zu kehren? Zum einen der Bibelvers: „Wer seine Hand an den Pflug legt und sieht zurück, der ist nicht geschickt zum Reich Gottes." (Lukas 9.62) Und zum anderen der Gedanke: Wenn es ungemütlich wird, rühre dich nicht von der Stelle. Menschen und Umstände ändern sich, aber der Erdboden bleibt derselbe, wohin du auch gehst."

Ich war stets der Überzeugung, daß der Mensch ein „Fundament" braucht. Wenn Sie sich auf- und davonmachen, lassen Sie das Fundament zurück, das Sie errichtet haben: die zahllosen Beweise des guten Willens, Ihre beruflichen Verbindungen, die Achtung Ihrer Nachbarn und Freunde, profunde Kenntnisse auf einem bestimmten Gebiet oder berufliche Kompetenz – ein ganzes Arsenal von Stärke und Kraft, auf das man schweren Herzens verzichtet. Denken Sie daran: Ein Sturm zieht irgendwann einmal vorbei, aber ein Fundament läßt sich nicht so ohne weiteres ersetzen. Beharrlichkeit bedeutet, sich an etwas festzuklammern, es ausdauernd zu verfolgen. Jeder Vertreter weiß, daß eben diese Eigenschaft Verlierer und Gewinner voneinander unterscheidet. Jeder erfolgreiche Manager hat gelernt, daß nicht nur Beharrlichkeit, sondern auch ständige Überprüfung und Rückschau erforderlich sind, wenn ein Projekt gelingen und sich nicht vorzeitig zerschlagen soll.

Während des Vietnamkrieges war ich als Militärseelsorger in Japan tätig. Das Hauptquartier des Lazaretts, in dem die verwundeten und aus dem Kampfgebiet evakuierten Soldaten betreut wurden, befand sich in der Stadt Tachekawa. Der kommandierende General erklärte mir, welche Erfolge die US-Streitkräfte im Vietnamkrieg errungen hätten. „Ich werde Ihnen etwas anvertrauen, das Ihnen zunächst unglaubhaft erscheinen mag, Dr. Schuller", eröffnete er mir eines Tages. „Aber in diesem Krieg haben wir während der Evakuierung nur elf unserer Männer verloren. Wir haben die Todesfälle im Koreakrieg und im Zweiten Weltkrieg studiert und festgestellt, daß die meisten während des Transports eintraten, in Flugzeugen, Bahnwaggons, Ambulanzen oder Booten. Natürlich sind uns Grenzen gesetzt, wenn es gilt, in der Luft oder auf der Straße Menschenleben zu retten. Deshalb haben wir uns vor dem Start vergewissert, daß der Patient die Reise überstehen würde. Kommen Sie mit in die Kommandozentrale, Dr. Schuller. Hier finden Sie vier Worte, die Tausenden das Leben gerettet haben, Worte, die jeder Arzt, jede Krankenschwester und jeder Sanitäter beherzigt."

Ich betrat einen weitläufigen Raum, so groß wie ein Fußballplatz. Auf der einen Seite hing eine Landkarte, die Asien, den Pazifik und Amerika zeigte. Krankenhäuser und Transportwege waren mit blinkenden Lämpchen markiert. Über die andere Seite zogen sich in riesigen, mannshohen Lettern die lebensrettenden Worte: *„Prüfen − 1. Kontrolle − 2. Kontrolle".*

„Oft haben wir das Problem erst bei der dritten Kontrolle gefunden und damit ein Leben gerettet", erklärte der General. Das ist Beharrlichkeit!

Ein weiteres Synonym für Beharrlichkeit ist der Ausdruck „Stehaufmännchen". Ihre Begeisterung mag eine Zeitlang nachlassen, Ihr Adrenalinspiegel steigt und fällt, aber Sie sind niemals so deprimiert und entmutigt, daß Sie aufgeben.

Ihr Traum hat sich vielleicht zerschlagen. Ihre Firma steht vor dem Konkurs, oder Sie wurden bei der Beförderung übergangen. Möglicherweise ist Ihre Ehe zerrüttet, oder Sie haben einen Menschen verloren, der Ihnen sehr nahestand. Ihr Traum hat ein jähes Ende gefunden. Was nun?

Glauben Sie an Gottes Allmacht. Er wird Ihnen einen

neuen Traum schenken, Ihnen dabei helfen, ein Zeichen zu setzen, das zeigt: Ich habe gelebt! Und vergessen Sie nie – wenn Sie noch zu träumen vermögen, können Sie Ihren Traum auch verwirklichen. Ich habe immer wieder erlebt, daß dieses Prinzip für jeden Menschen gilt. Auch Sie können es schaffen!

Henry Ford hat einmal gesagt: „Denken Sie, ich kann es, oder denken Sie, ich kann es nicht – beides wird sich als richtig erweisen."

„Ich kann!" sagte sich der pensionierte Postbote.

Wayman Presley hatte 20 Jahre lang die Post in Makanda, einer kleinen Provinzstadt in Illinois, ausgetragen. Als er in den Ruhestand ging, besaß er 1100 Dollar Erspartes und eine kleine Rente. Heute, mit 82, ist er Millionär. Sein Touristikunternehmen Presley Tours, das Reisen kreuz und quer durch die USA anbietet, weist einen Jahresumsatz in Höhe von knapp sieben Millionen Dollar aus.

Wie verwandelt sich ein pensionierter Postbote in ein unternehmerisches Genie? Er glaubte an sich selbst und sein Talent, mit dem er das Leben seiner Mitmenschen bereichern könnte. Es hatte ihm schon seit langem großen Spaß gemacht, mit Freunden und Nachbarn Fahrradtouren zu unternehmen und ihnen die Blumen und Bäume in der Umgebung seines Wohnorts zu zeigen. Nach und nach dehnten sich diese Ausflüge aus. Er begann, sie professionell zu organisieren und sorgte beispielsweise für die Verpflegung.

Eines Tages gestand ihm einer seiner Bekannten: „Ich träume schon seit langem davon, einmal das Meer zu sehen." Dieser bescheidene Wunsch führte dazu, daß Wayman eine Reise nach Miami Beach organisierte, an der 546 Leute teilnahmen. Wayman verdiente 120 Dollar und fand so großen Gefallen an dieser Tätigkeit, daß er beschloß, ein Reisebüro zu gründen, das mittlerweile zu den führenden des Landes zählt. Er hat sich einen Namen gemacht, eine

Menge Geld verdient, hunderte von neuen Arbeitsplätzen geschaffen und Tausenden Gottes schöne Welt gezeigt.

,,Ich kann!'' sagte sich die junge Ehefrau und Mutter.

Marie Callender war während des Zweiten Weltkriegs in einem Delikatessengeschäft in Los Angeles beschäftigt. Sie bereitete gerade Kartoffel- und Krautsalat zu, als ihr Chef sie bat, Kuchen für die Kunden zu backen, die den Laden in der Mittagspause aufsuchten. Das war das Startzeichen für Marie Callenders märchenhafte Karriere!

Zunächst backte sie die Kuchen zu Hause und schleppte die schweren Mehlsäcke in die Küche, von denen jeder über 50 Kilo wog. 1948 verkaufte ihr Mann das alte Auto und erstand einen Lieferwagen, einen modernen Ofen und einen Kühlschrank. Er lieferte die hausgemachten Kuchen an die Restaurants in der Umgebung. Zuerst waren es pro Tag zehn; zwei Jahre danach bereitete sie täglich schon mehr als 200 zu. Und 16 Jahre später verließen Tag für Tag mehrere tausend den Ofen.

Marie und ihr Mann eröffneten 1964 ihr erstes Café in Orange County. In der Startphase konnten sie ihre Kosten kaum decken. Aber ihr Mann und später ihr Sohn halfen fleißig im Geschäft mit, bis Filialen in 14 Staaten der USA entstanden waren. Marie Callenders Kuchen wurden im ganzen Land bekannt und begehrt. Sie waren zweifellos die besten, die es zu kaufen gab, und von selbstgemachten nicht zu unterscheiden. Jedes neue Rezept, mit dem man die Speisekarten der Cafés ergänzte, war von erstklassiger Qualität und hervorragendem Geschmack.

1986 kaufte die Hotelkette Ramada das Familienunternehmen, das inzwischen aus 115 Restaurants bestand, für sage und schreibe 90 Millionen Dollar auf! Eine bemerkenswerte Leistung für eine junge Mutter, die mit einem Nudelholz und einem Sack Mehl angefangen hatte und so vielen Menschen eine echte Gaumenfreude bot, ganz zu schweigen von der Tatsache, daß sie zahllose Arbeitsplätze für Bäcker, Köche, Kellner und Kellnerinnen schuf.

Auch Sie können es schaffen.

Auch *Sie können* Ihre Träume verwirklichen. Auch *Sie können* ein neues Leben beginnen. Auch Sie können noch einmal ganz von vorne beginnen − selbst wenn Sie glauben, ausgebrannt und am Ende zu sein!

Ja, auch Sie können sich in den Kreis der Träumer und Tatendurstigen einreihen, wenn Sie ein Wort aus Ihrem Vokabular verbannen: Das Wort *unmöglich*.

Kapitel 4
Nichts ist unmöglich!

Nichts ist unmöglich!

,,Ach, kommen Sie, Dr. Schuller'', werden Sie vielleicht sagen, ,,Sie sind doch ein gebildeter Mann. Sie können doch nicht ernsthaft behaupten wollen, daß nichts unmöglich ist! Haben Sie verlernt, klar und logisch zu denken?''

Es ist allgemein bekannt und wahr, daß ich das Wort ,,unmöglich'' aus meinem Vokabular gestrichen habe. Dafür gab es mehrere Gründe. Zunächst wird der Begriff heute oft unqualifiziert, unüberlegt, unbedacht und unproduktiv gebraucht. Nein, ich bin durchaus in der Lage, logisch und kritisch zu denken. Eben weil ich mich darum bemüht habe, meinen Blick zu schärfen, ist es mir gelungen, das Wort ,,unmöglich'' aus meinem Sprachgebrauch zu verbannen!

Wenn wir nicht wissen, wie wir eine Aufgabe bewältigen sollen, können wir doch nicht behaupten, es sei unmöglich, sie zu meistern. Und selbst wenn nach Meinung von Fachleuten etwas unmöglich erscheint, bedeutet das nicht, daß sie sich nicht doch irren.

Ich möchte Sie nachdrücklich vor einer der größten Gefahren auf unserer Erde warnen: Dem ,,Experten im negativen Denken''!

Da Sie voraussetzen, daß er etwas von seinem Metier versteht, sind Sie eher geneigt, ihm kritiklos zuzuhören, ihm vorbehaltlos zu vertrauen und die Flinte ins Korn zu werfen! Überwältigt von der Autorität, die ihm seine Position verleiht, schenken Sie ihm Glauben, ohne seine Thesen in Frage zu stellen. Leider hören wir nicht immer mit unseren eigenen Ohren, auf unsere innere Stimme, sondern auf Freunde und Nachbarn.

Herbert Bayer, der 78jährige Maler, Architekt, Designer und Buchautor, gewährt uns einen aufschlußreichen Ausblick in die Zukunft und eine fiktive Welt der Kunst, die von absoluten Negativdenken beherrscht wird. Hier ein Auszug aus seinem beliebten Science-Fiction-Roman, der von John Dreyfuss, dem Architektur- und Designkritiker der *Los Angeles Times* verfaßt wurde:

„Ein Leistungssteigerungsexperte verschlimmerte sein Magengeschwür, als er eine Aufführung von Schuberts Symphonie *Die Unvollendete* besuchte."

„Alle zwölf Geigen haben dieselben Noten gespielt", klagte er. „Diese doppelte Ausführung erscheint mir völlig überflüssig. Das Team in dieser Abteilung sollte drastisch reduziert werden."

Außerdem notierte der Experte übellaunig, daß die vier Oboen in der Bläserecke oft schwiegen. Sein Lösungsvorschlag: „Einige rausschmeißen und ihre Aufgaben auf das übrige Orchester verteilen."

Mit einer Genialität, die keiner Vernunft zugänglich war, stellte er sodann fest, daß viele 32stel Noten von einer „exzessiven Spitzfindigkeit" zeugten und daher auf die nächststehende 16tel Note abgerundet werden sollten, damit Schubert auch von „Auszubildenden in weniger renommierten Orchestern" zu bewältigen sei.

Er erwärmte sich immer mehr für das Thema und kam zu der Schlußfolgerung, es diene „keinem sinnvollen Zweck, daß die Hörner die Läufe wiederholen, die bereits von den Saiteninstrumenten intoniert worden sind. Wenn man all diese überflüssigen Passagen streicht, ließe sich das Konzert von zwei Stunden auf 20 Minuten verkürzen."

Schließlich faßte der Sachverständige seine Empfehlungen in einer imposanten Behauptung zusammen: „Wenn Schubert diesen Dingen mehr Aufmerksamkeit gewidmet hätte, wäre er vermutlich in der Lage gewesen, seine Symphonie zu beenden."[4]

Ein Experte im Negativdenken ist jemand, der so gut über die Materie Bescheid weiß, eine so gründliche Ausbildung genossen und soviel Erfahrung gesammelt hat, daß er ohne weiteres eine wissenschaftliche Abhandlung über das Thema schreiben könnte, falls es diese nicht schon gibt, und nicht zögert, sich als Kapazität aufzuspielen. Er führt mit der Autorität und Grandezza des versnobten Intellektuellen all die tatsächlichen oder eingebildeten Gründe an, die von vornherein gegen Ihre Idee sprechen. Er überzeugt zunächst sich selbst und dann Sie davon, daß seine Worte hieb- und stichfest seien, daß Ihr Gedanke unrealistisch, unglaubhaft, lächerlich, unvorstellbar und unmöglich sei. Damit stellt er sich dem Fortschritt in den Weg, blockiert eine Entwicklung, erstickt die Kreativität im Keim, stoppt zukunftsorientiertes Denken und verzögert über Monate, Jahre oder Jahrzehnte den großen Durchbruch.

Ein Experte im Positivdenken ist ein Mensch, bei dem angesichts eines neuen, noch unerprobten oder noch nicht erfolgreich in die Praxis umgesetzten Konzepts die Neugier erwacht. Er sieht darin eine Möglichkeit, als Schrittmacher Pionierarbeit zu leisten. Ihn stimuliert die Chance, innovative Lösungen für alte Probleme zu entdecken und das Wissen eines neuen Zeitalters zu nutzen, um einen historischen Durchbruch zu erzielen. Er ist überzeugt, daß es einen Weg gibt, scheinbar unüberwindliche Hindernisse zu beseitigen. Seine kreativen Kräfte werden mobilisiert, und er kommt zu verblüffenden Ergebnissen. Mit Hilfe modernster Forschungsmethoden beweist er, daß die seit langem akzeptierten Gründe für frühere Fehlschläge in Wirklichkeit Fehlurteile waren, gefällt von intelligenten Wissenschaftlern, denen die Mittel, Fähigkeiten oder Erkenntnisse fehlten, über

---

4 *Los Angeles Times*, 1979.

die man im heutigen Zeitalter verfügt.[5] Versagen ist folglich niemals endgültig!

Nur weil einige negative Denkexperten sagen: ,,Das kann ich mir nicht vorstellen'', bedeutet das noch lange nicht, daß nicht irgendwann und irgendwo irgend jemand in der Lage ist, sich das Unvorstellbare vorzustellen — und es zu realisieren.

Ich behaupte, daß der Fortschritt nur zu oft zunichte gemacht, behindert oder verzögert wurde von Menschen, die das Wort ,,unmöglich'' leichtfertig gebraucht haben.

- ,,Ein menschliches Herz zu verpflanzen? Unmöglich!''
- ,,Einen Mann zum Mond zu schicken? Na hören Sie, das ist unmöglich!''
- Eine Kathedrale ganz aus Glas zu bauen, so groß wie ein Fußballplatz, und sie erdbebensicher zu machen, ausgerechnet in Kalifornien? Unmöglich!''

Nein, ich habe die intellektuelle, rationale Hälfte meines Gehirns nicht abgeschaltet oder auf Sparflamme gesetzt. Ich lebe jedoch im 20. Jahrhundert und kann bezeugen, daß viele wissenschaftliche Problemlösungen zugrunde gingen wie Raupen — um als Schmetterlinge wiedergeboren zu werden.

Vielleicht erheben Sie den Einwand: ,,Ja, aber heute gibt es noch keinen gesicherten Weg, dieses oder jenes Ziel zu erreichen.'' Dieses Argument lasse ich gelten, denn es zeigt, das Sie über ein Problem nachgedacht haben. Aber behaupten Sie nicht, es ließe sich unmöglich lösen!

Sie könnten anführen, daß irgendeine neuartige Idee völlig unglaublich, absurd, grotesk sei. Dann gleichen Sie dem ungläubigen Thomas, der erst dann zu glauben bereit war, als er die Finger auf die Wundmale Christi legen durfte. Nun gut, ich kann Ihre Reaktion verstehen. Aber damit drängen Sie sich selbst in die Defensive und müssen aufpas-

---

5 Schuller, *You Can Become the Person You Want to Be,* S. 30, 31.

sen, daß Sie nicht eines Tages mit dem Rücken zur Wand kämpfen. Was immer Sie auch tun, benutzen Sie nicht das Wort ,,unmöglich''.

Seien Sie ehrlich mir und sich selbst gegenüber; geben Sie zu, daß Ihnen diese spezifische Idee nicht gefällt. Entspricht sie nicht Ihrem Stil? Dann heben Sie ihr Niveau an. Trübt Ihr Selbstwertgefühl Ihr gesundes Urteilsvermögen? Vielleicht ist es möglich, beiden Ansprüchen gerecht zu werden. Suchen Sie nach den wahren Gründen für die Ablehnung, und lassen Sie das törichte Wort ,,unmöglich'' aus dem Spiel.

Sie können mir beweisen, daß die Idee in keinem Kosten-Nutzen-Verhältnis steht, daß sie mit absoluter Sicherheit unrentabel ist. Aber sagen Sie mir auch, wie, wann und von wem sie in die Praxis umgesetzt und in ein Projekt umgewandelt werden könnte, das an der Gewinnschwelle operiert. Und versuchen Sie nicht, mir meine Absichten in den Mund zu legen. Vielleicht möchte ich den Plan um jeden Preis verwirklichen, auch wenn ich Geld dabei verlieren könnte. Also sparen Sie sich das Wort ,,unmöglich''.

Vielleicht kommen Sie mit dem Bericht zu mir: ,,Das ist bereits versucht worden – und fehlgeschlagen.'' Ich möchte von Ihnen genau wissen, wann, wo, von wem und wie. Dann werde ich die damaligen Umstände überprüfen. Aber sprechen Sie mir nicht ein gewisses Maß an Intelligenz ab, indem Sie sagen, das sei ,,unmöglich''.

Sie könnten anführen, daß unsere gegenwärtige Gesetzgebung ein solches Vorhaben verbietet. Das ist in Ordnung und vermutlich auch weise. Ich achte die Gesetze. Aber Gesetze können sich ändern, also erzählen Sie mir nicht: ,,Das ist unmöglich!''

Wenn die Idee nach Ihrer Auffassung gegen Sitte und Moral verstößt, ist das etwas ganz anderes. In diesem Fall könnten wir einer Meinung sein. Aber dann lassen Sie uns das Wort ,,unannehmbar'' und nicht den auch unter diesen Umständen falschen Begriff ,,unmöglich'' verwenden.

Ich unternahm meine dritte Reise nach Peking. Bei früheren Besuchen hatte ich mich in den wohl größten Kunstschatz Chinas verliebt, das berühmte bronzene Pferd aus der Han-Dynastie. Es gibt inzwischen zahllose Kopien, 15 oder 30 Zentimeter lang. Ich wünschte mir eine Nachbildung von rund einem Meter Länge, das unser Freizeitzentrum in Hawaii schmücken sollte und in meinen Augen mehr noch als andere Kunstwerke Symbol eines freien Geistes sein sollte. All meine Bemühungen, ein so großes Exemplar aufzutreiben, stießen auf entschiedene Ablehnung, die so unüberwindlich schien wie die Chinesische Mauer. Schließlich drang ich bis zur Spitze der Staatshierarchie vor, dem Ministerium für Volkskunst und Handwerk, das berechtigt ist, über das Original zu verfügen. Die Antwort, die man mir gab, bestand aus nur einem Wort. Sie wissen sicher, welches gemeint ist. Auch in China lernt man es, obwohl es widersinnig klingt, wenn man bedenkt, welche „unmöglichen" Aufgaben man hier im Lauf der Geschichte gemeistert hat, sei es im Bereich der Kunst, der Architektur oder im Maschinenbau. Nun, man beschied mich jedenfalls: „Dr. Schuller, was Sie erbitten, ist unmöglich."

Lassen Sie mich erklären, was in den Köpfen dieser „Autoritäten" vorging.

A. Die Anfrage war ungewöhnlich, und der zuständige Staatsbeamte brauchte die Sondergenehmigung eines Komitees. Das war ein schwieriges, frustrierendes Unterfangen. Ganz abgesehen davon wollte er sich keinesfalls auf eine lange Diskussion einlassen, um meinen Wunsch durchzusetzen.

B. Selbst wenn die Genehmigung vorläge, würde es vermutlich ein Jahr dauern, bis man die Künstler fand, denen man die Anfertigung einer „offiziellen Kopie" anvertrauen konnte. Sicher würde dieser merkwürdige Amerikaner nicht so lange warten wollen.

C. Die Auftragsarbeit würde Tausende von Dollars kosten,

und der Beamte dachte wohl: ,,Das ist mehr, als ich in zehn Jahren verdiene. Soviel Geld wird dieser Mann nie ausgeben!''

Deshalb der Bescheid ,,unmöglich''. Als ich dem Beamten erzählte, ich hätte einen reichen Gönner, der bereit sei, ,,einen sehr hohen Preis'' zu zahlen, und ihm noch ein wenig härter zusetzte, merkte ich, wie sich seine Haltung langsam, aber sicher änderte. ,,Es könnte aber zwei Jahre dauern'', warnte er mich.

,,Das ist in Ordnung. Ich werde warten.''

Heute, zwei Jahre nach dieser Episode, befindet sich das Han-Pferd in unserem Besitz. Es ist Symbol eines freien Geistes und inspiriert Amtsbrüder und Gläubige, die im Freizeitzentrum auf Hawaii nach innerer Läuterung und Erneuerung streben.

Sie sehen, nichts ist unmöglich!

Nieder mit dem Wort ,,unmöglich''!

Denken Sie daran: Dem Unbewußten fehlt die Kritikfähigkeit und die Gabe der Vernunft. Es neigt dazu, alle eingegebenen Informationen zu speichern, ohne sie auf ihre Richtigkeit hin zu überprüfen – wie ein Computer.

Wenn man das Wort ,,unmöglich'' laut ausspricht, hat es eine verheerende Wirkung auf unser Unterbewußtsein. Wir hören schlagartig auf zu denken. Jeder Fortschritt kommt zum Stillstand. Türen schlagen zu. Die Forschung wird abrupt eingestellt. Experimente verschiebt man bis auf weiteres. Projekte werden aufgegeben, Träume begraben. Unsere aktivsten und kreativsten Hirnzellen verschwinden in der Versenkung, kapseln sich ein, verstecken sich, tauchen in einer dunklen, aber sicheren Kammer des Unbewußten unter. Unser Gehirn schützt sich gegen den Stachel schmerzvoller Enttäuschungen, vor der Unerträglichkeit brutaler, beschämender Zurückweisung und der Erkenntnis, daß sich die eigenen Hoffnungen zerschlagen haben.

Um diesen Dämmerzustand zu beenden, braucht man eine magische Formel. Sie lautet: ,,Es könnte möglich sein. Ich weiß nicht, wie oder wann, aber es könnte möglich sein!'' Diese Worte mobilisieren, wirken wie ein Trompetensignal, dringen in die unbewußten Sphären unseres Gehirns vor und fordern die dort schlummernden Kräfte auf, aktiv zu werden, die selbstgewählte Isolation zu durchbrechen. Längst totgeglaubte Träume werden wieder lebendig. Begeisterung flackert auf und wird zu einer neuen Flamme entfacht. Verstaubte Akten werden geöffnet. In den seit langem dunklen Laboratorien flammen die Lichter wieder auf. Telefone beginnen zu läuten. Computer werden eingeschaltet, neue Kostenpläne vorgelegt, überprüft und genehmigt. Überall hängen Plakate aus, auf denen zu lesen ist: ,,Mitarbeiter gesucht''. Die stillgelegten Fabriken werden mit einer neuen Ausrüstung bestückt und wiedereröffnet, neue Produkte entwickelt, neue Märkte entdeckt. Die Rezession ist zu Ende, eine neue Ära des Abenteuers, der Experimente, der Expansion und des Wohlstands bricht an.[6]

Vielleicht sagen Sie: ,,Dr. Schuller, das sind doch Wortklaubereien.'' Darauf kann ich nur antworten: ,,Keine Wortklaubereien, sondern eine Kriegserklärung. Ich erkläre den gefährlichen, unverantwortlichen, zerstörerischen Kräften, die von scheinbar intelligenten und unbedachten Bemerkungen entfesselt werden, den Krieg.''

In Wirklichkeit geht es nicht um Worte, sondern um unsere Einstellung. Wenn Sie jemandem das Urteil ,,unmöglich'' unangefochten durchgehen lassen, entwickeln Sie eine negative Haltung gegenüber dem Fortschritt, dem Streben nach höheren Zielen und kreativen Durchbrüchen. Und deshalb sollte dieses Wort aus unserem Vokabular getilgt werden.

---

6 Schuller, *You Can Become the Person You Want to Be*, S. 61.

Ein grausamer und gefühlloser Kritiker hat mich vor vielen Jahren auf einer meiner Vortragsreisen angegriffen, die der Verbreitung der Idee diente, daß nichts ,,unmöglich'' sei. Es handelte sich um einen besonders hartgesottenen Zyniker. Er hatte von dem Unfall meiner Tochter gehört, nach dem ihr das linke Bein bis zum Knie amputiert werden mußte. ,,Alles soll möglich sein, Dr. Schuller?'' fragte er sarkastisch. ,,Können Sie ihr auch ein neues Bein wachsen lassen? Das ist doch wohl unmöglich.''

,,Bitte nicht dieses Wort'', wies ich ihn ruhig zurecht. ,,Vielleicht dürfen Sie es noch erleben, wenn es gelingt, das Herz, die Leber, die Augen − ja, sogar die Beine − eines hirntoten Unfallopfers zu transplantieren !''

Unmöglich? Das Wort ist in meinem Vokabular nicht enthalten, denn es ist gefährlich!

Unmöglich? Das Wort hat die alles zerstörende Kraft einer emotionalen thermonuklearen Bombe!

Unmöglich? Das Wort ist ein Messer, das ins Herz der Kreativität gestoßen wird!

Unmöglich? Das Wort ist ein Hemmschuh auf dem Weg zum Erfolg!

Lassen Sie uns dieses Wort demaskieren und das, was man damit zu kaschieren hofft, beim Namen nennen:

− Vorurteile
− Herausforderungen
− Probleme
− Schwachpunkte
− Erschöpfung
− Unwissenheit
− Angst
− Ausreden
− Mangelndes oder überzogenes Selbstwertgefühl
− Faulheit

In Wirklichkeit handelt es sich um Ängste, die unser Denken zu beherrschen drohen, um mentale Barrieren, die auf dem Fundament von Unwissenheit, Apathie oder Intoleranz errichtet werden. Reißen Sie dem Ausspruch „Das ist unmöglich" die Maske vom Gesicht — und was finden Sie dahinter? Eine beschränkte Wahrnehmungsfähigkeit, die Illusionen Vorschub leistet und Verwirrung stiftet.

Deshalb sollten wir das, was als unmöglich gilt, mit der Realität konfrontieren, den Sachverhalt eingehend prüfen, ihn ein zweites und drittes Mal kontrollieren, bevor wir ihn akzeptieren.

— Es ist nicht unmöglich!
Ich muß nur meine Pläne revidieren, Prioritäten setzen, mein Schema ändern, meine Strategie überarbeiten, meine Kräfte neu formieren, überlieferte Problemlösungen überprüfen und aus eingefahrenen Denkmustern ausbrechen!

— Es ist nicht unmöglich!
Ich weiß nicht, wie ich es anfangen soll, und kenne niemanden, der es mir sagen könnte. Ich muß Kontakt zu solchen Menschen aufnehmen, die mir auf diesem Gebiet etwas voraushaben, die befähigt sind, neue Mittel und Methoden zu entwickeln, um mir die Aufgabe zu erleichtern!

— Es ist nicht unmöglich!
Ich muß lediglich einige Probleme lösen, unangenehme Entscheidungen treffen, mir neue Ziele setzen. Ich bin unter Umständen gezwungen, auch solche Menschen um Hilfe zu bitten, die mir nicht wohlgesonnen sind. Bin ich bereit, in meinen Konkurrenten Partner und in meinen Feinden Freunde zu sehen?

— Es ist nicht unmöglich!
Ich brauche nur mehr Zeit. Es wird länger dauern als geplant. Vielleicht muß ich Termine absagen, um ein wenig mehr Spielraum zu gewinnen. Ich muß meinen Zeitplan straffen, überdenken und neu gestalten — oder andere Leu-

te bitten, eine Aufgabe für mich zu übernehmen, wenn mir die erforderliche Zeit fehlt!

– Es ist nicht unmöglich!

Ich muß zusätzliches Kapital auftreiben, meine Kosten reduzieren, Überschüssiges streichen und alles Nebensächliche aufschieben, um neue Geldquellen zu finden. Ich brauche nur ein paar kreative Ideen und jemanden, der sie finanziert, um mein phantastisches, lohnenswertes Vorhaben in die Praxis umzusetzen.

– Es ist nicht unmöglich!

Ich muß lediglich in größeren Maßstäben denken, um meine Begeisterungsfähigkeit anzufachen und neue Energien freizusetzen. Ich muß versuchen, meiner Vorstellungskraft freien Lauf zu lassen und die Ketten kleinlichen Denkens zu sprengen.

– Es ist nicht unmöglich!

Ich muß mir noch mehr Mühe geben und gewillt sein, noch größere Opfer zu bringen, meinen Einsatz erhöhen, all das abstreifen, was mich hemmt. Ich kann den Weg des geringsten Widerstands gehen oder mich für den kurvenreichen und Vorsicht gebietenden Weg zum Erfolg entscheiden!

– Es ist nicht unmöglich!

Ich muß an mich selbst glauben, mehr Selbstvertrauen entwickeln. Ich muß lernen, meine Gedanken unter Kontrolle zu halten, aufhören, mich selbst zu unterschätzen, und mit negativen Klischeevorstellungen und Vorurteilen, auf die ich fixiert bin, aufräumen. Ich darf mir nicht einreden: Ich bin zu alt, ich bin nicht intelligent genug, sondern muß mir immer wieder sagen: ,,Das kann ich!''

– Es ist nicht unmöglich!

Ich muß mein Leben nur in die Hand nehmen, einen Anfang wagen, beschließen, noch einmal von vorne zu beginnen. Ich muß allen widrigen Umständen zum Trotz mir und der Welt beweisen, daß ich Herr meines Schicksals bin.

– Es ist nicht unmöglich!

Ich brauche eine positive Einstellung zum Leben. Bisher habe ich meistens negativ reagiert. Ich will fest daran glauben, daß ich mein Ziel irgendwie und irgendwann erreiche.

– Es ist nicht unmöglich!

Ich muß lernen, an die Zukunft zu glauben. Ich muß meine Gedanken von den Fesseln vergangener Fehlschläge und Zurückweisungen befreien.

– Es ist nicht unmöglich!

Ich darf niemals aufgeben. Ich brauche lediglich Geduld, die nie versiegt. Bald werden die überlieferten Methoden, die heute nicht mehr greifen, durch technologische Neuerungen ersetzt werden. Meine Einstellung, niemals nie zu sagen, wird Früchte tragen. Ich halte durch. Das Morgen wird den Platz des Gestern einnehmen.

– Es ist nicht unmöglich!

Ich muß meine Position stärken, nach kreativen Ideen suchen, die vielleicht andere schon vor mir hatten, Kräfte aufspüren, die nur darauf warten, entdeckt und in die richtigen Bahnen gelenkt zu werden. Es ist nicht unmöglich – nur kann ich es nicht alleine schaffen. Ich brauche die Hilfe des Allmächtigen. Es ist nicht unmöglich – wenn ich glaube. Es geschehen noch Zeichen und Wunder, wenn ein Mensch, mit dem Gott ist, vor einem unbezwingbar erscheinenden Berg steht. Ich muß mich nur in mein Schicksal und in Seinen Willen fügen.

– Es ist nicht unmöglich!

Ich muß meinen Eigensinn und meine Sturheit aufgeben. Ich muß bereit sein, Kompromisse zu schließen, wenn es um meine stillschweigenden Bedingungen, meine heimlichen Ansprüche, meine starren Prinzipien geht. Ich muß weise genug sein, um meine Meinung zu ändern, und den Mut haben, sie zu vertreten. Ich muß mich in Bescheidenheit und Demut üben, und schon werden sich alle Türen öffnen. Gott wird eintreten. Mit Gottes Segen und Hilfe kann ich Berge versetzen.

Wenn Sie erkannt haben, daß nichts unmöglich ist, dann sind Sie frei und in der Lage, die Lösung zu sehen; dann können Sie glauben, daß Wunder an jeder Ecke warten; dann werden Sie feststellen, daß der Weg zum Erfolg zwar zahlreiche Kurven hat, aber niemals in einer Sackgasse endet.

Riskieren Sie einen Blick um die Ecke. Setzen Sie Ihren Weg unbeirrt fort. Geben Sie nicht auf.

Es ist möglich – wenn Sie wissen, wie!

Was gestern noch unmöglich schien, kann schon heute realisierbar sein! Und was heute außerhalb menschlicher Reichweite liegt, rückt morgen vielleicht schon in greifbare Nähe. Jeden Tag werden neue Methoden entwickelt, durchschlagende technologische Erfolge erzielt.

Für den Vater eines meiner Freunde kam ein solcher Erfolg der medizinischen Forschung zu spät. Dr. Raymond Beckering war der Ordinarius, dem meine Amtseinführung vor 37 Jahren oblag. Er bat mich, Chicago zu verlassen und in Kalifornien eine neue Gemeinde zu gründen.

Dr. Beckering erzählte mir, daß sein Vater an Diabetes gestorben sei – einen Monat, bevor das rettende Insulin entdeckt worden war. Hätte sein Vater nur dreißig Tage länger gelebt, wäre er vielleicht zwanzig, dreißig oder auch vierzig Jahre älter geworden.

Unmögliches wird möglich, wenn der Mensch seine
Schwierigkeiten gemeinsam mit Gott angeht.

Ich wurde wieder einmal daran erinnert, wie schnell sich die Dinge ändern können, als ich mit John Templeton sprach. Er ist ein namhafter Anlageberater und Präsident der Treuhandgesellschaft, der das Theologische Seminar der Princeton-Universität untersteht.

„Bob, wissen Sie eigentlich, wie viele bahnbrechende Veränderungen wir schon miterlebt haben?" fragte er mich. 1912 gab es in Amerika

- keine Einkommensteuer . . . keine Zentralbank;
- keine Anlageberater . . . keine Investmentfonds;
- keine Vitamintabletten . . . keine Kühlschränke;
- keine Radios . . . keine interkontinentalen Fernsprechverbindungen . . . keine Verkehrsampeln;
- keine Produkte aus Plastik . . . keine Kunstfasern . . . und keine Neonröhren.

Lange nach 1929, in der Zeit des wirtschaftlichen Aufschwungs, gab es in Amerika noch immer

- keine Sozialversicherung . . . keine Arbeitslosenunterstützung;
- keine Luftpost . . . keine Fluggesellschaften;
- keine Kopiergeräte . . . keine Klimaanlagen;
- keine Antibiotika . . . keine Tiefkühlkost;
- kein Fernsehen . . . keine Transistorgeräte;
- keine Lasertechnologie . . . und keine Atomenergie.

„Wer hätte sich damals vorstellen können, daß wir all die Errungenschaften des modernen Zeitalters noch erleben dürfen? Und wer kann sich all die neuen Errungenschaften ausmalen, die auf unsere Kinder und Enkelkinder warten?"

John fuhr fort: ,,Unsere Welt und unser Zeitalter lassen sich mit einer Spirale vergleichen, die sich immer schneller dreht. Wir haben heute eine bessere Erziehung und Ausbildung, bessere Ernährung und bessere Wohnverhältnisse als je zuvor in der Geschichte der Menschheit. Überlegen Sie einmal, wie weit wir es gebracht haben:

1912 fand Emil von Vehring einen Impfstoff gegen Diphtherie und Tetanus.

1921 konnten Frederick Banting und Charles Best das Hormon Insulin isolieren.

1928 entdeckte Alexander Fleming das Penicillin.

1929 entwickelte Hans Berger das erste Elektro-Enzephalogramm (zur Messung der Gehirnströme).

1938 fand Max Theiler einen Impfstoff gegen Gelbfieber.

1946 erhielt H.J.Muller den Nobelpreis für Medizin für seine Forschung auf dem Gebiet der Genmutationen, die durch Röntgenstrahlen ausgelöst werden.

1951 entwickelte Andre Thomas die Herz-Lungen-Maschine.

1952 entdeckte Selman Waksman das Streptomyzin (Antibiotikum, z.B. zur Bekämpfung der Tuberkulose).

1954 entwickelte Jonas Salk den ersten wirksamen Polio-Impfstoff.

1967 glückte Christian Barnard in Südafrika die erste Herztransplantation.

1982 implantierte Dr. William De Vries das erste künstliche Herz. Empfänger war der Amerikaner Barney Clark aus Salt Lake City.

1983 setzte sich die Lasertechnik bei Augenoperationen und bei der Entfernung von Rückenmark- und Hirntumoren durch.

,,Mehr als die Hälfte der Wissenschaftler, die je gelebt haben, befinden sich heute noch unter uns. Mehr als die Hälfte der spektakulären Durchbrüche in den Naturwissenschaften wurden in diesem Jahrhundert erzielt. Das Zeitalter der Entdeckungen und Erfindungen ist nicht vorüber, die Entwicklung hat sich nicht einmal verlangsamt. Wer kann sich noch vorstellen, welche bahnbrechenden Neuerungen uns die Zukunft bringen mag, wenn sich das Tempo der Forschung weiterhin so rasant beschleunigt? Jede Entdeckung enthüllt neue Geheimnisse. Je mehr wir lernen, desto klarer wird, wie wenig wir in der Vergangenheit wußten und wieviel uns noch zu erforschen bleibt", schloß John.

Wahrscheinlich sind Sie sich Ihrer eigenen Kräfte nicht voll bewußt. Ihre Position ist möglicherweise stärker und Ihr Einfluß größer, als Sie denken. Das Netzwerk der Freunde und Menschen, die Ihnen wohlgesonnen sind, hat sich vielleicht erweitert. Heute zeichnen sich Möglichkeiten und realisierbare Chancen ab, die Ihnen noch vor kurzem undenkbar erschienen.

Wenn ich daran denke, was wir bereits geschafft haben und was uns noch zu tun bleibt, glaube ich fest daran, daß alles möglich ist! Mit der Zeit werden wir die richtigen Antworten auf unsere Fragen finden. Mit der Zeit wird uns der große Durchbruch gelingen. Mit der Zeit werden wir erleben, wie das Unmögliche möglich wird.

Es ist möglich — wenn ich einige Probleme löse!

Selbst eine unlösbar scheinende Aufgabe läßt sich lösen, wenn Sie lernen, einige Probleme zu bewältigen, die Ihnen den Weg zum Ziel versperren.

Ich bin vor einiger Zeit mit dem Schiff durch den Panamakanal gefahren. Ich hatte mich auf das Abenteuer gefreut, denn diese Wasserstraße gehört für mich zu den größten Bauwerken der Welt.

Die Franzosen bauten neunzehn Jahre daran. Der Panamakanal kostete zahllosen Menschen das Leben und verschlang Millionen. Schließlich gaben sie das ehrgeizige Projekt auf. Danach versuchten die Amerikaner ihr Glück. Sie kamen auf die Idee, den Wasserstand mit Hilfe von Schleusen zu regulieren, um den Kanal für die Schiffahrt zugänglich zu machen. Sie vollbrachten eine spektakuläre Leistung. Es ist ein eindrucksvolles Erlebnis, mit dem Schiff durch diese meisterhaft konstruierte Wasserstraße zu fahren.

Betrachten Sie eine unlösbar scheinende Aufgabe als ein Problem, das es zu bewältigen gilt. Ist sein Umfang zu groß, können Sie es in einzelne Aufgaben aufsplittern.

Walter Burke war Präsident der McDonnell Aircraft Corporation, als Präsident Kennedy ihm mitteilte, er plane den ersten bemannten Raumflug zum Mond.

Walter wußte, wie sich dieser Traum verwirklichen ließ. Er mußte eine Trägerrakete entwickeln, die groß und schwer genug war, um die Raumsonde aus dem Bereich der Erdatmosphäre zu bringen. Als Ingenieur hatte er gelernt, daß es sich bei einem schwierigen Problem niemals um eine einzige Herausforderung handelt. Deshalb fragte er sich als erstes: ,,Aus welchen einzelnen Komponenten setzt sich mein Hauptproblem zusammen?''

Er splitterte die Aufgabe in 20 Einzelschritte auf und überlegte, welche er aus eigener Kraft bewältigen konnte und bei welchen er Hilfe brauchte. Schließlich galt es, nur noch eine Schwierigkeit zu meistern: eine Rakete zu bauen, mit der sich die Schwerkraft überwinden und der Eintritt in den Orbit bewerkstelligen ließ.

Walter sagte sich: ,,Jetzt geht es bergauf. Ich werde meine ganze Energie auf das verbleibende Problem konzentrieren. Ich weiß, daß wir es dann in wenigen Wochen gelöst haben!''

Der Rest ging in die Geschichte ein. Das Problem wurde in der Tat gelöst: 1969 landete Neil Armstrong als erster Mensch auf dem Mond.

Es ist möglich — wenn ich zusätzliches Kapital beschaffe.

Mit Geld lassen sich nicht alle Probleme lösen, aber es ist erstaunlich, wie oft Geld Probleme verursacht. Viele Träume scheitern an nüchternen Bilanzen, so manches Leben wurde durch einen Bankrott aus der Bahn geworfen.

Wenn Sie kurz davor sind aufzugeben, sollten Sie sich fragen: ,,Wäre es möglich, wenn ich genug Kapital zur Verfügung hätte, wenn Geld keine Rolle spielte?'' Erstaunlicherweise finden konstruktiv denkende Menschen immer einen Weg, die erforderlichen Mittel zu beschaffen, auch wenn Experten glauben, diese Idee sei ,,ein Hirngespinst''.

Sybil Brand ist eine der bemerkenswertesten Frauen von Los Angeles. Die Wände ihres Büros sind mit Ehrenurkunden tapeziert. Die mittlerweile Achtzigjährige hat echte Pionierarbeit geleistet. Sie war Vorsitzende eines der größten Wohltätigkeitsvereine in Kalifornien und eine seiner eifrigsten Spendensammlerinnen. Bob Hope hat einmal von ihr gesagt: ,,Ich kann kein Geld mehr auftreiben; Sybil hat alles einkassiert.''

Sybil hat sich schon seit ihrem fünften Lebensjahr für die Bedürftigen engagiert. Eines Tages klingelte es an der Tür ihres Elternhauses. Sybil öffnete. Vor ihr stand ein Mann, der fragte: ,,Ist deine Mutter zu Hause?'' ,,Ja'', antwortete sie und lief zu ihrer Mutter. ,,Mama, da möchte dich jemand sprechen. Er sagt, er sei hungrig. Können wir ihm nicht unseren Ofen schenken?''

Damit begann ihr soziales Engagement, das ihr mehr als zweitausend Ehrenurkunden einbrachte. Bekannt ist vor allem das Sybil-Brand-Institut in Kalifornien, eine vorbildlich geführte Landesstrafvollzugsanstalt für Frauen ab dem achtzehnten Lebensjahr, in dem heute rund zweitausend Insassinnen untergebracht sind.

Sybil besuchte eines Tages ein Gefängnis und war entsetzt über die Lebensbedingungen und die räumliche Enge. Sie beschloß, etwas dagegen zu unternehmen, und brachte mit

Hilfe von Schuldverschreibungen acht Millionen Dollar für den Bau einer neuen Strafanstalt auf. Aber damit war ihr gutes Werk nicht zu Ende. Noch heute besucht sie die Häftlinge alle drei Wochen, und jedes Jahr veranstaltet sie im Gefängnis eine Weihnachtsfeier, bei der sie jeder Insassin persönlich ein Geschenk überreicht.

Die Gefangenen verehren Sybil und schreiben ihr viele Dankesbriefe. Sie wird von ihnen ,,Lady Bountiful'', die mildtätige Dame, genannt.

Ich habe im Lauf der Jahre gelernt, daß ein Vorhaben selten an Geldmangel, sondern weit öfter am Mangel an guten Ideen scheitert. Es gibt immer zahllose Möglichkeiten, sich das nötige Kapital auf anständige, ehrliche Weise zu beschaffen.

Es ist möglich − wenn ich in größeren Dimensionen denke!

Wir alle sollten lernen, in größeren Dimensionen zu denken. Ich wage zu behaupten, daß viele Probleme durch kleinliches Denken entstehen. So viele ,,unmögliche'' Aufgaben ließen sich lösen, wenn man dieses Wort als das enttarnte, was es ist: eine kurzsichtige, beschränkte Perspektive. Wir alle können von John und Greg Rice lernen. Sie sind Zwillinge, Millionäre, berühmt, erfolgreich und glücklich. Sie führen ein erfülltes Leben. Das ist fast schon ein Wunder, wenn man bedenkt, daß sie nur knapp einen Meter groß sind und nicht nur dieses offenkundige Handicap zu überwinden hatten.

John und Greg waren von ihren Eltern in dem Krankenhaus ausgesetzt worden, in dem sie das Licht der Welt erblickt hatten. Als sich herausstellte, daß sie kleinwüchsig bleiben würden, dauerte es neun Monate, bis sich Adoptiveltern fanden, die bereit waren, beiden Kindern ein Heim zu geben.

Zum Glück nahm sich eine wundervolle Familie ihrer an,

in der ihnen all die Liebe und Fürsorge zuteil wurde, die sie für ihren weiteren, außergewöhnlichen Lebensweg brauchten.

Auf John und Greg wartete bereits der nächste Schicksalsschlag: Ihre Adoptiveltern starben, als sie kurz vor dem Schulabschluß standen. Kurze Zeit später stiegen die beiden ins Immobiliengeschäft ein. Trotz ihres Handicaps scheuten sie die Öffentlichkeit nicht, denn sie galten als hervorragende Redner. 1979 hörte sie ein Mitarbeiter der Fernsehserie „Real People" (Wahre Persönlichkeiten). Er war beeindruckt von den beiden jungen Männern, die nur einen Meter maßen und den Zuhörern die Notwendigkeit vor Augen hielten, in größeren Dimensionen zu denken.

Sie traten als Gäste in der beliebten Talkshow auf. Später übernahmen sie sogar eine Rolle in einer Fernsehserie. Auch auf internationaler Bühne haben sie sich als Redner einen Namen gemacht.

John erklärte mir einmal: „Dr. Schuller, viele Leute behaupten, Greg und ich hätten großes Glück gehabt. Wir buchstabieren Glück auf unsere Weise, nämlich A-r-b-e-i-t. Wir haben eines festgestellt: Je härter wir zupackten, desto mehr Glück hatten wir. Wissen Sie, jeder Mensch hat ein Handicap.

Manche Leute sind, wie Greg und ich, kleinwüchsig. Vielen fehlt es an Geld, manchen an Erfahrung. Schon vor dreitausend Jahren bewies ein kleiner Mensch, was in ihm steckte. Er lebte in Israel, und sein Name war David. Er besiegte Goliath. In der Bibel heißt es, David griff nach seiner Schleuder und traf den Riesen an der Stirn, so daß dieser zu Boden stürzte.

Es gibt auch heute noch Riesen, die es zu besiegen gilt — nämlich Vorurteile, negatives Denken, Mangel an Selbstvertrauen und Selbstmitleid. Viele Menschen fühlen sich wie David. Aber im Gegensatz zu ihm glauben sie, daß ihnen die richtige Munition fehle, um die Riesen unseres Zeitalters wirksam zu bekämpfen. Ich bin der Meinung, wir müssen nur all unseren Mut zusammennehmen, uns auf unsere Kräfte besinnen, den Stein hervorholen und ihn auf die Riesen schleudern. Man braucht kein Übermensch zu sein, um zu siegen. Man muß sich einer Aufgabe lediglich mit Haut und Haaren verschreiben.''

Und Greg fügte hinzu: ,,John und ich verdanken unseren Erfolg in erster Linie dem starken religiösen Fundament, das in unserem Elternhaus gelegt wurde. Viele beneiden uns um unseren Erfolg. Aber wir beide wissen, daß der wahre Schlüssel zum Erfolg in der Gabe liegt, glücklich und zufrieden zu sein, gleichgültig, was man auch tut und hat. John und ich gehören sicher zu den glücklichsten Menschen auf dieser Welt, weil es für uns keine unlösbaren Probleme gibt.''

John und Greg haben zweifellos das Beste aus ihrer Situation gemacht. Sie sind glücklich. Sie empfinden keine Bitterkeit wegen ihrer Behinderung. Sie haben Erfolg. Und warum? Weil sie die Botschaft der Liebe verkünden, das Leben mit Humor nehmen und Millionen von Menschen mit gutem Beispiel vorangehen. Ist es da ein Wunder, daß sie wiedergeliebt werden, Bewunderung ernten und mit Ehren überhäuft werden?

Es ist möglich – wenn ich mich noch mehr einsetze!

Louis Nizer, einer der größten Strafverteidiger des 20. Jahrhunderts, hat mich eine weitere ,,Zauberformel'' gelehrt. Er sagte: ,,Jahr für Jahr halte ich Vorlesungen an den juristischen Fakultäten von Yale und Harvard. Und immer wieder erkläre ich meinen Studenten: Ich werde euch in das Geheimnis eines einzigen Wortes einweihen. Dieses Wort verwandelt einen wachen Geist in einen brillanten. Es macht aus einem außergewöhnlich intelligenten einen außergewöhnlich standhaften Menschen. Es wirkt wie ein Sesamöffne-dich. Es bewirkt, daß man einen roten Teppich vor euch ausbreitet. Es gewährt euch Zutritt zum Kreis der Einflußreichen und Mächtigen dieser Welt. Es ebnet euch den Weg zu persönlichem Erfolg. Dieses magische Wort heißt *Arbeit*." Ja, so ist es, eine positive Einstellung zur Arbeit vermag Wunder zu wirken!

Auf einer meiner Reisen nach Srinagar, einer Stadt in Kaschmir, Indien, bestellte ich die Nachbildung eines Aussichtsturms aus Holz. Aber an diesem isolierten Fleckchen Erde zwischen China und Pakistan schien man noch nie etwas von einer solchen Konstruktion gehört zu haben.

,,Unmöglich", erklärte man mir.

Ich setzte mich hin und fertigte eine Skizze an.

,,Das können wir nicht", lautete die Antwort.

,,Was wird es kosten?" wollte ich wissen.

Der Preis, den man mir nannte, erschien mir annehmbar.

,,Nehmen Sie einen Scheck an?" fragte ich.

Wieder erklärte man mir, das sei ,,unmöglich".

Zufällig sah ich auf dem Tisch eine Ausgabe des *Time*-Magazins liegen, in der ich abgebildet war. Ich zeigte dem Inhaber der Werkstätte mein Konterfei. ,,Sie können mir vertrauen. Hier ist mein Bild", beschwor ich ihn.

Mit großen Augen las der Mann den Artikel, in dem vom Beverly-Sills-Konzert berichtet wurde, das anläßlich der Einweihung unserer Kathedrale stattgefunden hatte. Dort hieß es, daß neben anderen Berühmtheiten auch Frank Sinatra zu den Teilnehmern gehört hatte. ,,Sie kennen Frank Sinatra?" Er schien verblüfft. ,,Natürlich nehme ich Ihren Scheck!"

Acht Monate später wurde mir der Aussichtsturm zugeschickt — eine wundervolle Arbeit! Eingeritzt im Holz fand ich Namen und Anschrift des Künstlers sowie den Spruch: ,,Unsere Arbeit ist Gebet."

Alles ist möglich, wenn Sie eine positive Einstellung zur Arbeit haben. Arbeit läßt Träume wahr werden und macht außerdem Spaß. Wenn Sie Freude an Ihrer Tätigkeit haben, werden Sie feststellen, daß sie keine Bürde ist, daß sie eine

Quelle der Energie, ein wahrer Jungbrunnen sein kann. Sie genießen das Gefühl, etwas geleistet zu haben. Sie können stolz auf Ihr Werk sein. Sie haben Ihrem Traum und somit letztlich Gott gedient.

Es ist möglich — wenn Sie jemanden finden, der Ihnen hilft!

Dr. Michael DeBakey ist einer der erfolgreichsten zeitgenössischen Mediziner und wird sicher als einer der größten Pioniere unseres Jahrhunderts in die Geschichte eingehen. Es gibt keinen Operationssaal mehr, in dem nicht mit Instrumenten gearbeitet wird, die den Namen ,,DeBakey" tragen, und kein Krankenhaus, das nicht über eine Intensivstation verfügt.

Dr. Michael DeBakey richtete 1953 als erster eine Intensivstation ein. Damals erhoben viele Ärzte und Krankenschwestern Einwände gegen diese Neuerung.

Da sich der Patient unmittelbar nach der Operation in einer kritischen Phase befindet und eine besonders intensive Betreuung braucht, ist speziell ausgebildetes Personal erforderlich. Der Kranke muß rund um die Uhr überwacht werden. Zum Glück war die Krankenhausverwaltung mit Dr. DeBakeys Plan einverstanden und gestattete ihm, für seine Patienten eine Intensivstation einzurichten.

Sie hatte so großen Erfolg zu verzeichnen, daß die Kollegen ihre Patienten ebenfalls dorthin verlegten.

Im Laufe der kommenden Jahre mußte die Abteilung erweitert werden, um allen frisch Operierten diese besondere Pflege zuteil werden zu lassen. Die Bedenken, die man anfangs geäußert hatte, waren vergessen. Die Intensivstation wurde zum festen Bestandteil der chirurgischen Abteilung und der Abteilung für Innere Medizin und fehlt heute in keinem größeren Krankenhaus.

,,Wie viele Menschenleben oder Herzen lagen im Laufe

Ihres beruflichen Werdegangs in Ihren Händen?" fragte ich ihn.

„Oh! Sicher mehr als 50 000", antwortete er.

Diese Zahl hielt ich für maßlos übertrieben. Fünfzigtausend erschien mir „unmöglich". Aber dann lud mich Dr. DeBakey auf die Besuchergalerie ein. Von hier überblickte man vier miteinander verbundene Operationssäle, in denen gleichzeitig vier Operationsteams, bestehend aus Ärzten und Schwestern, arbeiteten. Dr. DeBakey, der die Eingriffe überwachte, eilte von Raum zu Raum, um seine Anweisungen zu erteilen. Ich konnte mich selbst davon überzeugen, daß die Zahl 50 000 kaum zu hoch gegriffen, sondern eher eine Untertreibung war.

Später erklärte ich ihm, wie erstaunt ich gewesen sei und wie sehr ich seine Fähigkeit bewundere, seine Leistungen mit Hilfe anderer zu vervielfachen. Er meinte: „Nun, meine Kollegen im OP kennen schon meinen Spruch: ‚Wenn ich eine dritte Hand hätte, würde ich keinen von euch brauchen.' Vielleicht fehlt sie uns, weil Gott uns Demut und Bescheidenheit lehren will."

Ich fragte ihn, was für ein Gefühl es sei, ein menschliches Herz in der Hand zu halten.

Er sagte: „Das ist ein Wunder Gottes. Das Herz ist eines der kostbarsten Organe des menschlichen Körpers. Es vermag ungeheure Leistungen zu vollbringen. Denken Sie nur daran, wie unermüdlich es schlägt, sechzig-, siebzig- oder achtzigmal in der Minute, ein Leben lang. Es wird nie müde, es sei denn, es ist krank. Ansonsten arbeitet es regelmäßig und erhält uns am Leben. Kein Wunder, daß es manche als Sitz der Seele bezeichnen.

Man wird im Operationssaal ständig an die Existenz eines höheren Wesens erinnert. Wer sie leugnet, sollte einmal bei einer Operation zuschauen. Dieses Gefühl beherrscht die gesamte Atmosphäre. Im Operationssaal, wo es oft um Leben und Tod geht, spürt man, daß das Leben des Menschen etwas Heiliges ist. Ein Arzt, der einen Eingriff am offenen

Herzen durchführt, weiß, daß hier eine stärkere Macht am Werke ist. Ich habe diese Erfahrung schon oft gemacht.

Ich kann mich an einen Patienten erinnern, der an die Herz-Lungen-Maschine angeschlossen wurde. Aber das Herz nahm seine Tätigkeit nicht wieder auf. Schließlich war der Augenblick gekommen, wo wir aufgeben mußten. Und plötzlich begann das Herz – aus welchen Gründen auch immer – wieder zu schlagen. Ich dachte nur noch: ‚Gott sei Dank'. Ihm gebührte das Verdienst, ein Menschenleben gerettet zu haben. Wenn er nicht geholfen hätte, wäre der Mann gestorben.''

Dr. DeBakey konnte seine Kenntnisse und Erfahrungen an viele weitergeben, denn er arbeitete mit einem Team von Ärzten und Schwestern, die ihm bei seiner Arbeit assistierten. Und noch jemand stand ihm zur Seite: Gott. Ihm hat er es zu verdanken, daß er mehr Menschen helfen konnte als die meisten von uns.

Sind Sie frustriert, weil der Erfolg ausbleibt? Oder nagt in Ihnen das Gefühl, die Grenzen Ihres Könnens erreicht zu haben? Dann sollten Sie sich an Dr. DeBakey ein Beispiel nehmen und nach jemandem Ausschau halten, der Ihnen bei der Arbeit hilft. Der Erfolg wartet auf Sie – wenn Sie ihn nicht im Alleingang suchen!

Es ist möglich – wenn ich mir darüber im klaren bin, daß ich nicht aufgeben kann!

Es gehört Mut dazu, unbeirrt seinen Weg zu gehen, wenn wir mit Hindernissen oder Rückschlägen konfrontiert werden. Es gehört Rückgrat dazu, um wieder aufzustehen und mit dem Ball weiterzulaufen, wenn man zu Fall kam und schwer mitgenommen wurde.

Man braucht Mut, Zähigkeit und Integrität. Was Integrität bedeutet, habe ich schon als Kind gelernt. Wenn man auf einem Bauernhof aufwächst, entwickelt man automatisch ein hohes Maß an Pflichtbewußtsein und Zuverlässigkeit. Die Kühe müssen jeden Tag gemolken werden, damit sie weiterhin Milch geben. Wenn man Getreide sät, muß es geerntet werden.

Vielleicht ist Ihnen Stew Leonard ein Begriff. Er besitzt eine der größten Molkereigenossenschaften der Welt. 1986 gehörte er zu den elf Kandidaten, die einen vom amerikanischen Präsidenten verliehenen Preis für außergewöhnliche unternehmerische Leistungen erhielten.

Zwei Monate, nachdem Stew sein Examen am College bestanden hatte, starb sein Vater. Mit 21 Jahren mußte er den Familienbetrieb übernehmen und Milch an private Haushalte in der Umgebung ausfahren. Dann wanderten immer mehr Kunden in die Supermärkte ab. Stew ging es wie dem Eismann, der früher von Haus zu Haus ging und seine kühlenden Elemente verkaufte, bis die Kühlschränke erfunden wurden. Das Geschäft ging schlecht. Und dann kamen eines Tages zwei Männer vom Straßenbauamt und erklärten ihm, man müsse die Molkerei niederreißen, weil dort eine neue Schnellstraße entstehen sollte.

Stew wußte sich keinen Rat mehr. Schließlich kam er auf die Idee, seine Kunden nach ihren Wünschen und Bedürfnissen zu fragen, und erfuhr, daß sie vor allem auf die absolut zuverlässige Frische und den im Verhältnis dazu günstigen Preis der Milch Wert legten.

Stew hatte einen Traum. Er träumte davon, in einer großen Halle einen Molkereibetrieb zu errichten, in dem die Kunden zusehen konnten, wie die Milch in Flaschen abgefüllt wurde. Durch den Direktvertrieb konnten die Verbraucher Geld sparen, und für die Kinder wäre es ein Riesenspaß, die einzelnen Arbeitsgänge von draußen durch die großen Panoramafenster zu verfolgen.

Als die neue Molkerei beinahe fertig war, meldeten sich die ewigen Zweifler zu Wort. Sie erklärten Stew für verrückt. Sie hielten ihm vor, daß sein Geschäft ein Reinfall werden müsse, weil keiner nach dem Einkauf im Supermarkt noch den Weg zu seiner Molkerei in Kauf nehmen würde. Er könne sich getrost darauf einstellen, bald vor dem finanziellen Ruin zu stehen. Stew erzählte mir später: „Wenn die sogenannten Fachleute einen immer wieder eindringlich warnen, verliert man leicht den Mut. Außerdem hatte mich meine Bank darauf hingewiesen, daß ich mit mehr als 100 000 in der Kreide und kurz vor dem Bankrott stünde. Das war eine harte Zeit.

Der Wendepunkt in meinem Leben kam eines Nachts, als ich nicht schlafen konnte. Ich ging nach unten in die Küche und wärmte mir den Kaffee auf, der noch vom Abendessen übriggeblieben war. Ich setzte mich an den Tisch und stellte zwei Listen auf. Auf der einen vermerkte ich alles, was negativ war und mir zum Verhängnis werden konnte, auf der anderen alle positiven, erfolgversprechenden Punkte. Die Soll-Seite wurde wesentlich länger als die Haben-Seite. Draußen war es dunkel, es regnete, und ich fühlte mich zutiefst deprimiert. Ich begann zu beten – nicht darum, daß Gott all meine Probleme für mich löste, sondern daß er mir Mut und Stärke verlieh.

Als die Sonne aufging, waren meine Gebete erhört worden. Meine Frau Maryann kam die Treppe herunter und fragte: ,Stew, was tust du hier?'

,Ich mache mir Sorgen,' erwiderte ich.

,Weswegen?'

Und ich antwortete: ,Weil mir jeder sagt, daß es nicht klappen kann und daß wir uns finanziell übernehmen.'

,Hör nur nicht auf diese Miesmacher', erklärte mir meine Frau. ,Du schaffst es!' Dann ging sie zum Küchentisch und holte aus der Schublade ein Sparbuch heraus. ,Hier sind noch die 3300 Dollar, die wir von meiner Mutter geerbt haben. Ich habe sie für die Ausbildung der Kinder beiseite gelegt. Du kannst das Konto wieder auffüllen, wenn du mit der Molkerei Erfolg hast.'

Ich fühlte mich ungeheuer stark in diesem Augenblick.

Mein Gebet war erhört worden. Ich beschloß, es nach besten Kräften zu versuchen. Es sollte sich herausstellen, daß sich die Experten geirrt hatten und die konstruktiven Denker, wie Maryann, recht behielten."

Ich fragte diesen dynamischen jungen Unternehmer: „Stew, worin liegt Ihrer Meinung nach das Geheimnis Ihres Erfolges?"

„Nun, ich glaube, der Erfolg stellt sich dann ein, wenn jemand das Beste aus seinen Möglichkeiten macht. Nicht die anderen sind für den Erfolg verantwortlich, sondern nur man selbst. Hat man wirklich das aus sich gemacht, was man aus sich machen könnte?"

Als ich seine Molkerei besichtigte, fragte ich ihn: „Stew, wo stehen die Kühe? Ich hätte Lust, einmal wieder eine oder zwei zu melken." Danach hielt ich wohl einen Monolog über Engagement und Durchhaltevermögen. Zwei Monate später besuchte er den Gottesdienst in unserer Kathedrale und überreichte mir vor den versammelten Mitgliedern meiner Gemeinde – einen Melkschemel! Er hatte die Widmung eingravieren lassen: „Für Dr. Schuller, der einmal gesagt hat, daß Aufgeben keine Lösung ist. Die Kühe müssen bei Wind und Wetter gemolken werden."

Wenn Sie gelernt haben, daß es gilt, Durchhaltevermögen zu beweisen und daß Aufgeben keine Lösung ist, dann schwindet alles, was Ihre Sicht trübt, und neue Möglichkeiten tauchen am Horizont auf!

Es ist möglich – wenn ich meine Einstellung ändere!

Wenn Sie Ihre Ideen verwirklichen wollen, müssen Sie sich an Ihren Traum klammern, ihn leidenschaftlich und mit ganzem Herzen verteidigen. Wenn Sie von einer brennenden Leidenschaft erfüllt sind, die in der Liebe zu Gott und den Menschen wurzelt, dann ist Leidenschaft Mitleiden und das Ziel Ihrer Wünsche nahe.

Niemand kennt dieses Prinzip besser als Marva Collins. Sie wuchs in Atmore, Alabama, nahe der Halbinsel Pensacola in Florida auf. Ihre Eltern hatten das unstillbare Verlangen in ihr geweckt zu lernen, eine gründliche Ausbildung zu absolvieren und aus ihrem Leben etwas zu machen. Heute gehört sie zu den namhaftesten Erziehern in den Vereinigten Staaten.

Das ist eine hieb- und stichfeste Behauptung, bewiesen durch zahllose Ehrungen, mit denen sie überhäuft wurde. 1981 erhielt sie – gemeinsam mit Walter Cronkite, Potter Stewart, Richter am Obersten Gerichtshof, und David Stockman – den Jefferson-Preis, der für außergewöhnliche Leistungen im öffentlichen Dienst verliehen wird. 1982 wählte man sie neben Beverly Sills, Nancy Kissinger und Barbara Walters in den Kreis der unvergeßlichen Frauen, die Geschichte machen.

Man bot Marva Collins an, das Schulreferat von Los Angeles County zu übernehmen. Sie lehnte ab. Der Präsident der Vereinigten Staaten wollte sie in das Amt der Erziehungsministerin berufen. Auch ihm gab sie einen Korb, denn sie verfolgte ihre eigenen Ziele. Marva träumte davon, Lehrern und Schülern gleichermaßen beizubringen, daß man an sich selbst glauben muß. Sie versprach ihren Studenten: ,,Ich werde nicht zulassen, daß ihr versagt!''

1974, nach vierzehnjähriger Lehrtätigkeit in einer Großstadt, schied sie aus dem Schuldienst aus. Sie war enttäuscht darüber, daß die Kinder in ein System gepreßt wurden, in dem sie nichts lernten. Mit 5000 Dollar Eigenkapital aus ihrer Pension eröffnete sie mit ungebrochen fortschrittlichem Elan eine Grundschule, in der alle – ob schwarz oder weiß, arm oder reich – gleich behandelt werden. Marva bemüht sich darum, die Selbstachtung ihrer Schüler zu stärken, sie anzuhalten, selbst über ihr Leben zu entscheiden und stolz auf ihre Leistung zu sein.

Ihr ist es gelungen, aus Kindern, die als lernbehindert, verhaltensgestört oder notorische Schulschwänzer galten, vollwertige Mitglieder der Gesellschaft zu machen. Wie hat sie dieses Wunder vollbracht? Der erste Schritt bestand darin, ihnen den Glauben an sich selbst und an die Vorteile von Mühe und harter Arbeit zu vermitteln. Marva Collins ist davon überzeugt, daß in jedem Kind das Bedürfnis steckt, etwas zu lernen und zu leisten; man muß es lediglich wecken und bewußtmachen.

Der Satz ,,Ich kann nicht" ist in Marvas Schule verpönt. Die Lehrer versuchen, den Schülern beizubringen, daß sie sehr wohl können! Die Kinder glauben fest daran, und so führt ein Erfolg zum nächsten.

Ich hatte das Glück, diese bemerkenswerte Frau persönlich kennenzulernen und mich über ihre einzigartige Lehrmethode aus erster Hand zu informieren. Sie erklärte mir:

,,Dr. Schuller, ich fühle mich wie ein Bildhauer. Die Schüler sind das Material, und es liegt in meiner Hand, sie zu formen und zu Menschen zu erziehen, die auf eigenen Füßen stehen, anstatt auf die Hilfe anderer angewiesen zu sein. Ich habe die Möglichkeit, mehr aus ihnen zu machen, als sie sich je erträumt haben. Ich kann Ihnen gar nicht sagen, wie erhebend es ist, wenn man an den Augen eines Kindes abliest, daß es gelernt hat, an sich selbst zu glauben."

,,Marva, wie gelingt Ihnen das nur? Wie bringen Sie den Kindern bei, an sich selbst zu glauben?" fragte ich sie.

,,Ganz einfach. Zunächst lasse ich mich nie im Lehrerzimmer blicken, denn dann würde ich mir die ganze Zeit anhören müssen, was die Kinder alles nicht können. Ich habe noch nie ein Kind kennengelernt, das sich nicht auf irgendeine Art motivieren ließe. Ich glaube, daß alle Kinder etwas leisten können. Sie versagen nur dann, wenn Eltern und Mitschüler ihnen immer wieder einreden, daß sie etwas nicht schaffen."

,,Wollen Sie damit andeuten, daß die meisten Kinder geradezu vorprogrammiert werden zu versagen?"

,,Ja, leider ist das oft der Fall. Ich möchte Ihnen ein Beispiel nennen: Letzten Donnerstag habe ich eine öffentliche

Schule besucht und mich in einer Klasse mit 44 Schülern nach ihren Leistungen erkundigt. Ich wollte wissen, wer die größten Probleme, die schlechtesten Noten habe. Ein Junge stand in der Ecke, mit dem Gesicht zur Wand. Ich sprach ihn an und sagte: ‚Du bist viel zu nett, um in der Ecke zu stehen. Ich würde gerne dein Gesicht sehen.‘ Ich forderte ihn auf, sich zu seinen Mitschülern zu setzen. Dann erklärte ich der Klasse: ‚Jedesmal, wenn ich euch heute ermahne oder frage, warum ihr dieses oder jenes nicht gemacht habt, sagt ihr euch: ‚Weil ich zu klug bin!‘ Und dann fragte ich den Jungen, warum er in der Ecke gestanden habe. ‚Weil ich zu klug bin‘, kam weisungsgemäß die Antwort.

Ich unterrichtete die Klasse vier Stunden lang, und als es an der Zeit war zu gehen, baten mich die Schüler mit Tränen in den Augen, bei ihnen zu bleiben oder in meine Schule aufgenommen zu werden.

,,Viele Lehrer lassen ihre Schüler hundertmal den Satz schreiben: ‚Ich habe mich im Klassenzimmer zu benehmen.‘ In Marvas Schule dagegen sollen die Kinder aufstehen und aus dem Stegreif einen Vortrag zu dem Thema halten: Warum ich zu klug bin, um meine Zeit im Klassenzimmer zu vergeuden.

Ich bringe meinen Kindern bei, dem Versagen eine Absage zu erteilen und den Erfolg willkommen zu heißen.‘‘

Marva Collins hat das Geheimnis des Erfolges enthüllt. Sie hat gelernt, daß nichts unmöglich ist, wenn man sich selbst immer wieder sagt, daß man es schaffen kann. Wenn Sie das Wort ,,unmöglich‘‘ aus Ihrem Vokabular streichen, Ihren Kurs ändern und auf konstruktives Denken setzen sowie nach neuen Möglichkeiten suchen, dann können auch Sie dem Versagen eine endgültige Absage erteilen und dem Erfolg Tür und Tor öffnen.

Die richtige Einstellung zum Leben und zu sich selbst ist von grundlegender Bedeutung. Sie erfordert, daß man sich ständig weiterentwickelt, seine Möglichkeiten überdenkt und seine Persönlichkeit formt. Diese Aufgabe ähnelt der eines Architekten, der ein Slumviertel sanieren soll. Er muß die baufälligen Strukturen niederreißen, in denen die Ratten nisten, das Gelände von Schutt und Asche räumen, das Fundament für neue, schönere und höhere Häuser gießen und Parks mit Blumen und Grünflächen anlegen.

Der erste Schritt besteht also darin, das Gelände zu räumen, das heißt die negativen Denk- und Verhaltensmuster niederzureißen und das Fundament zu legen, das unsere neuen gedanklichen Strukturen trägt und stützt. Dieses Fundament besteht aus acht positiven Einstellungen. Sind Sie bereit, mit dem Aufbau zu beginnen? Dann los!

Kapitel 5
Wie aus Pessimisten Optimisten werden

Wo sollen wir mit unserer Reise zum Erfolg beginnen? Oder nach einem Rückschlag ansetzen? ,,Rückschlag'' ist das richtige Wort, nicht ,,Versagen''.

Die Antwort auf diese Frage wirft gleich eine neue Frage auf: Mit welcher Einstellung gehen wir eine besonders wichtige, dringliche oder schwierige Aufgabe an – das heißt, wie verwandeln wir einen Pessimisten in einen Optimisten? Ist eine solche tiefgreifende Haltungsänderung überhaupt möglich? Wir alle kennen die notorischen Pessimisten; sie malen die Welt und ihre eigene Situation in den düstersten Farben aus, widersetzen sich unnachgiebig jedem Versuch und jeder Möglichkeit, das Leben von der positiven Seite zu betrachten, das Beste daraus zu machen und ihre negative Weltanschauung abzulegen. Ist es wirklich möglich, jemanden, der ständig jammert: ,,Das kann ich nicht'', dazu zu bringen, daß er sagt: ,,Das kann ich!''?

Meine Antwort kennen Sie schon. Ich habe mein ganzes Leben auf der Voraussetzung aufgebaut, daß sich ein Mensch grundlegend ändern, sich völlig umkrempeln, eine Art geistiger Wiedergeburt erleben kann. Jesus hat uns das gelehrt, und ich glaube daran. Ich wäre nicht Pfarrer geworden, wenn mir diese Überzeugung fehlte. Ich konnte im Laufe der Jahre immer wieder feststellen, daß der Mensch in der Tat fähig ist, sich zu ändern. Dafür gibt es zahllose eindrucksvolle Beispiele, die mich voll und ganz überzeugt haben. Meine positive Einstellung zum Leben war für viele, die meine Bücher gelesen oder mich im Fernsehen gesehen haben, eine Therapie. Menschen, die von Kindheit an darauf programmiert waren, ihre eigenen Fähigkeiten abzuwerten, haben erlebt, wie die Hülle des Widerstands, die sie umgab, nach und nach unter dem Druck des konstruktiven

Denkens zersplitterte. Sie können darauf wetten, daß ein solch tiefgreifender Wandel möglich ist!

Als erstes sollten Sie sich daher vergewissern, ob Sie wirklich bereit sind, konstruktiv zu denken. Verlassen Sie sich nicht darauf, daß andere Sie anfeuern, den Anfang zu wagen und sich für den Erfolgskurs zu trimmen! Weder die gängigen Motivationsmethoden noch Bücher mit so verheißungsvollen Titeln wie ,,Erfolg – gewußt wie!'', ob sie nun von mir oder anderen Autoren stammen, können Ihnen die Aufgabe abnehmen. Sie haben zweifellos ihre Daseinsberechtigung: sie stimmen auf das Thema ein, bieten Anleitungen zum positiven Denken und konkrete Hilfestellung, bereiten den Boden vor. Aber langfristig wirksame Ergebnisse erzielt man allein mit psychologischen Mitteln, durch eine vollständige tiefgreifende Umstrukturierung der Persönlichkeit.

Dieser Persönlichkeitswandel, der aus einem Pessimisten einen Optimisten macht, erfordert, daß man das ,,Baugelände'' von Schutt und Ruinen befreit, die festgefahrenen negativen Einstellungen über Bord wirft und Platz schafft für ein Fundament, das neue, himmelwärts strebende Gebäude und Wolkenkratzer tragen soll.

Schauen wir uns zunächst einmal an, welche Eigenschaften den konstruktiven Denker auszeichnen. Stellen wir uns seine positive Persönlichkeit als Bauplan vor. Wie sieht die Zeichnung am Reißbrett des Architekten aus? Welche Merkmale muß sie enthalten? Welches Modell können wir benutzen und als Standardmuster zugrunde legen? Und wie sollte das Fundament beschaffen sein, auf dem sich die Philosophie des konstruktiven Denkens errichten läßt?

Die acht Grundhaltungen des konstruktiv denkenden Menschen

Ein konstruktiv denkender Mensch ist ganz offensichtlich jemand, der ein positives Weltbild hat. Diese Grundhaltung läßt sich in verschiedene Einstellungsmuster zerlegen. Ich weiß aus jahrelanger Erfahrung und der Analyse menschlichen Verhaltens, daß ein konstruktiv denkender Mensch über eine Persönlichkeitsstruktur verfügt, in der acht positiv zu wertende Eigenschaften unwiderruflich verankert sind. Lassen Sie uns diese nun im einzelnen untersuchen.

1
Sind Sie bereit, Veränderung als etwas Positives zu betrachten?

Die Pessimisten würden sagen:
,,Verschwende deine Zeit nicht. Die Menschen ändern sich nie!''

Oder ,,Tut mir leid, so war ich immer. Daran läßt sich nichts ändern. Du wußtest schließlich, worauf du dich einlassen würdest.''

Oder ,,Man kann einem alten Hund keine neuen Tricks beibringen.''

Bedenken Sie, daß es sich hier nicht um subjektive Aussagen, sondern um unzulässige Verallgemeinerungen handelt! Sie sind charakteristisch für jemanden, der a) nicht an Veränderungen glaubt oder b) es grundsätzlich ablehnt, darüber nachzudenken — aus Gründen, die mitunter verständlich, aber oftmals nicht akzeptabel sind.

Menschen, die konstruktiv denken, sehen Veränderungen nicht als Bedrohung, sondern als eine hoffnungsvolle Ausgangsbasis. Wo keine Möglichkeiten für eine Veränderung bestehen, gibt es auch keine Hoffnung auf Verbesserungen. Oft ist die negative Haltung gegenüber Veränderungen ein unbewußter Schutzmechanismus. Er kennzeichnet einen verunsicherten Menschen, der sich selbst als Opfer der Veränderung sieht. Ein innerlich gefestigter Mensch betrachtet sich als Baumeister der Veränderung, der beizeiten plant und sich auf die Zukunft vorbereitet. Von allen positiven Einstellungen ist die Haltung gegenüber Veränderung und Fortschritt die wichtigste.

Sie erfordert Bescheidenheit und Demut. Nur ein selbstsicherer Mensch wagt es, Demut zu zeigen, denn Demut setzt die Bereitschaft zu dem Eingeständnis voraus, daß wir nicht auf alle Fragen eine Antwort wissen und daß manche Fragen falsch sind.

Viele Ideen und Vorschläge werden als hoffnungslos oder „unmöglich" eingestuft, weil uns das nötige Wissen fehlt. Der konstruktive Denker geht jedoch davon aus, daß ein Vorschlag ernsthafte Betrachtung und eine gründliche Analyse verdient, wenn er von Kreativität zeugt. Jemand, der eine positive Weltanschauung vertritt, denkt in subjektiven und nicht allgemeingültigen, absoluten Begriffen! Er ist willens, seine Schlußfolgerungen zu überprüfen und zu revidieren, weil er voraussetzt, daß Fehler, Irrtümer und Ungenauigkeiten im Wesen der menschlichen Natur begründet sind.

Wir werden niemals wissen, wie viele Menschen an diesen vorprogrammierten Fehlern gescheitert sind und nie versucht haben, ihre unzulänglichen oder falschen Ansichten zu korrigieren, auf den neuesten Stand zu bringen, zu revidieren oder schlicht fallenzulassen!

2
Sind Sie bereit, sich selbst in einem positiven Licht
zu sehen?

Da Sie eine positive Einstellung gegenüber Veränderungen haben, sind Sie als konstruktiv denkender Mensch auch bereit, sich selbst im positiven Licht zu sehen.

Sie können Ihre eigenen Grenzen erforschen und zu der Überzeugung gelangen, daß sich Mängel korrigieren und Versäumnisse nachholen lassen.

Sie können sich kritisch mit Ihren Fehlern und Unzulänglichkeiten auseinandersetzen und fest daran glauben, daß es Ihnen gelingen wird, nach größerer Vollkommenheit zu streben.

Sie können Ihre Ängste analysieren und sich mit Mut und Glauben gegen die Unwägbarkeiten des Lebens wappnen. Sie sollten sich sagen: ,,Gott und ich stellen eine Mehrheit dar!''

Sie können Ihre Schwächen erkennen, ohne Ihre Selbstachtung zu verlieren. Sie können sich immer wieder in dem Glauben bestätigen: ,,Wenn ich etwas gut mache – in Ordnung; wenn ich Fehler mache, ist das nur menschlich!''

Als ich das Buch *Aufwärts zum Erfolg – Positives Denken versetzt Berge* (mvg-Paperback Nr. 319) geschrieben hatte, dachte ich, es sei mir gelungen, einen Weg aufzuzeigen, der aus dem Mißerfolg heraus zum dauerhaften ganzheitlichen Erfolg führt. Aber dann stellte ich fest, daß dieses Buch eine Schwäche aufweist: Ich war von der falschen Voraussetzung ausgegangen, daß der Leser bereits ein positives Bild von sich selbst hatte. Deshalb schrieb ich im nächsten Buch, wie wichtig es ist, sich selbst zu akzeptieren, um erfolgreich sein zu können. Ich hatte beobachtet, daß ein Mensch, der sich selbst geringschätzt und nicht an seine Möglichkeiten glaubt, außerstande ist, konstruktiv zu denken. Das ,,Ich bin'' bestimmt, was ich kann. Das, was ich in mir sehe, entscheidet darüber, was ich aus mir mache. Deshalb darf im Bauplan für den konstruktiven Denker das positive Selbstbild nicht fehlen.

Eine gute Meinung von sich zu haben ist nicht so einfach in einer Gesellschaft, die uns dazu nicht gerade ermuntert. Besonders tragisch ist, daß hier gerade auch die Familie oft versagt. Fehler werden angeprangert, Mißgriffe und Verstöße hervorgehoben. Mit harter Kritik und einem vernichtenden Urteil ist man schnell und nahezu instinktiv zur Hand, während aufrichtiges Lob selten geäußert wird. Auch in der formalen Erziehung und Ausbildung ist es nicht gelungen, unser Selbstwertgefühl zu stärken. Sogar die Religion läßt in dieser Hinsicht zu wünschen übrig. Gott allein weiß, wie viele Menschen von Kindheit an gedrillt wurden, ihre Talente und Fähigkeiten zu unterschätzen.

Wir alle neigen gelegentlich dazu, unser ärgster Feind zu sein. Wir genieren uns, Komplimente entgegenzunehmen. Lob macht uns verlegen. Anerkennung und Auszeichnungen sind zwar erstrebenswert, aber wir wissen nicht damit umzugehen. Deshalb lehnen wir uns gegen jeden Versuch auf, einen gesunden Stolz auf uns selbst zu entwickeln und fest in uns zu verankern.

Gleichzeitig empfinden wir ein natürliches, normales Bedürfnis, unsere Unzulänglichkeiten zu übertreiben. In unserem Unterbewußtsein, das sich mit einem Computer von nahezu unvorstellbarer Leistungskapazität vergleichen ließe, sind zahllose negative Programme gespeichert, die unser Selbstvertrauen untergraben. Deshalb müssen wir unter Umständen ein völlig neues Programm schreiben. Ich sehe meine Aufgabe als Pfarrer darin, den Menschen das Christentum durch eine positive Haltung zum Leben näher zu bringen.

„Warum ist in Ihren Predigten nie die Rede von Sündern und Verdammnis?" hat man mich oft gefragt.

Die Antwort liegt auf der Hand. Wir alle wissen, daß keiner ohne Sünde ist. Zu dieser Erkenntnis zu gelangen ist kein Kunststück. Aber viel schwieriger ist es, den Menschen klarzumachen, auf welch wunderbare Weise sie ihr Leben verändern können, wenn sie Gottes Liebe anzunehmen bereit sind. Wir alle brauchen ständig das, was in der Psychologie als positive Verstärkung bezeichnet wird. Wir alle wollen Tag für Tag hören, daß wir Gottes Geschöpfe und somit wertvoll sind!

Konstruktive Denker sind Menschen, die von Haus aus ein positives Bild von sich selbst haben und als selbstverständlich voraussetzen, daß sie etwas „können".

Es heißt, daß die Hummel aufgrund ihres Körperbaus und der Spannweite ihrer Flügel aerodynamisch gesehen zum Fliegen völlig ungeeignet sei. Aber sie fliegt, weil niemand ihr gesagt hat, daß sie es nicht kann!

Walter Anderson, Herausgeber des Magazins *Parade* — eine der meistgelesenen Zeitschriften in den USA mit einer Auflagenhöhe von rund sechzig Millionen Exemplaren — gestand mir, er habe im College nur Spitzennoten gehabt. „Ich hatte ein Stipendium und nahm irrtümlich an, daß ich es verlieren würde, wenn ich nicht in allen Fächern mit Eins abschloß. Deshalb habe ich hart gearbeitet und mein Ziel erreicht."

Welche Rückschlüsse lassen sich daraus auf das menschliche Potential ziehen? Niemand hatte Walter Anderson gesagt, es sei unmöglich, überall die Note sehr gut zu erreichen. Deshalb versuchte und schaffte er es. Er fühlte sich bemüßigt, zu den Jahrgangsbesten zu gehören.

Eine meiner Predigten trug den etwas sperrigen Titel: „Ich wußte nicht, wie schwer mein Gepäck war, bis ich es absetzte." Ich erzählte meiner Gemeinde von der Gewohnheit, mein Gepäck selbst zu tragen, wenn ich mit dem Flugzeug verreiste. Ich wäre mir schwach, senil und klapperig vorgekommen, wenn ich das Angebot meiner Gastgeber angenommen hätte, es für mich zu tragen. Eines Tages gab ich dem Drängen nach. Da ich beide Hände frei hatte, konnte ich beim Gehen gestikulieren, Bekannte mit einem Handschlag begrüßen, Autogramme geben oder meine Freunde umarmen. Erst jetzt merkte ich, wie schwer die Koffer gewesen waren.

Wieviel Gepäck, bestehend aus negativen Einstellungen gegenüber uns selbst, schleppen wir mit uns herum? Stellen Sie es ab! Lassen Sie es einfach fallen! Befreien Sie sich von der Last der Selbstvorwürfe und Minderwertigkeitskomplexe! Erfolg ist eine stete Herausforderung für jemanden, der fest daran glaubt, daß er ein wertvoller Mensch ist, der anderen etwas zu bieten hat, und daß er es – wenn nicht dieses Mal, so doch beim nächsten Mal – schaffen wird.

3
Sind Sie bereit, die Führungrolle als etwas Positives zu betrachten?

Ein konstruktiv denkender Mensch hat eine eindeutig positive Beziehung zu Autorität und Führungsrolle. Da er von seinen Fähigkeiten überzeugt und mit seinem Instinkt und seiner Intuition vertraut ist, weiß er, daß er sein Leben selbst in die Hand zu nehmen und zu ändern vermag. Diese Erkenntnis führt dazu, daß er bereitwillig die Führungsrolle übernimmt. Denn Führung beinhaltet das Wissen, daß ich

– Alternativen finden, meine Optionen auflisten und meine Möglichkeiten überdenken kann, daß mir eine Wahl bleibt!
– entscheide, welche Optionen, Alternativen und Möglichkeiten ich mir zum Ziel setze!
– mir der Pflicht zu wählen bewußt bin!
– für mein eigenes Schicksal verantwortlich bin!
– ein Mensch und keine Marionette bin.

Ich bin mehr als ein Hochleistungscomputer. Ich bin ein Geschöpf Gottes, das zu moralischem Handeln befähigt ist. Ich habe einen freien Willen. Ich kann ein einsichtiges Urteil fällen. Eben diese Eigenschaft zeichnet den Menschen aus. Sobald ich erkenne, daß dies der Kern der Führungsrolle ist, werde ich

– eigenständig denken und handeln!
– in meinem geistigen und emotionalen Programm das ändern, was einer Änderung bedarf!

- die Führung über mein Leben nicht anderen Menschen oder Mächten überlassen!
- die Pflicht, meine eigenen Entscheidungen zu treffen, nicht durch negative Gedanken verdrängen. Ich habe weder Angst, noch zögere ich, die Führungsposition einzunehmen, die Bürde und Freude zugleich sein kann.
- Herr meiner Seele sein. Ich werde nicht beiseite treten und anderen das Ruder überlassen – ihnen erlauben, über meinen Körper, Geist und meine unsterbliche Seele zu entscheiden!

Der konstruktiv denkende Mensch fragt sich: ,,Wo stehe ich in fünf, zehn oder zwanzig Jahren?'' Und er kennt die Antwort: ,,Das hängt von den Entscheidungen ab, die ich heute treffe, und den Zielen, die ich mir heute, als Herr meines eigenen Schicksals, setze.''

4
Sind Sie bereit, Probleme als etwas
Positives zu betrachten?

Allmählich nimmt unsere Vorstellung vom erfolgreichen, leistungsbewußten Menschen Form an! Wir haben gesehen, daß er Veränderungen begrüßt und selbst in schweren Zeiten in der Lage ist, das Ruder herumzureißen. Er kann an der Zukunft so lange feilen, bis alle Ecken abgerundet sind. Er sieht sich selbst im positiven Licht und akzeptiert die ihm zugedachte Führungsrolle. Er strebt nach Erfolg und weiß, daß er seines eigenen Glückes Schmied ist. Er verzichtet darauf, anderen die Verantwortung für sein Schicksal zu überlassen.

Eine solche Persönlichkeit hat auch eine positive Einstellung gegenüber Problemen. Ohne sie würde sie sich keine Ziele setzen; sie aber weiß intuitiv, daß Ziele unweigerlich Probleme mit sich bringen, und ihr Gefühl trügt nicht. Wem es an Selbstwertgefühl mangelt, dem fehlt auch das Vertrauen in seine Fähigkeit, Probleme zu lösen oder in den Griff zu bekommen.

Wenn jemand davon überzeugt ist, daß er seine persönlichen Probleme zu bewältigen vermag, dann hat er den richtigen Weg eingeschlagen, dann beginnen sich die Eigenschaften herauszukristallisieren, die das Bild eines konstruktiv denkenden und erfolgsgewohnten Menschen prägen.

Ohne die positive Einstellung zu Problemen und den Glauben an die eigene Fähigkeit, sie zu lösen, kann sich kein echter Persönlichkeitswandel vollziehen, kann aus einem notorisch negativ eingestellten kein konstruktiv denkender Mensch werden!

Vielleicht wissen Sie es noch nicht − aber diese Eigenschaft, die von so grundlegender Bedeutung ist, läßt sich erwerben! Man kann lernen, Probleme als etwas Positives zu betrachten. An diesem Punkt beginnt der Persönlichkeitswandel. An diesem Punkt ändert sich die Grundeinstellung zum Leben, werden negative Denk- und Verhaltensmuster durch positive verdrängt! Lassen Sie uns nun im einzelnen untersuchen, was geschieht, wenn man Probleme als etwas Positives betrachtet.

Wie konstruktive Denker Probleme sehen:

1. Probleme sind akzeptabel. Sie stellen kein Machwerk des Teufels dar, mit dem er uns in Versuchung führen will. Wir müssen uns nicht schämen, wenn wir uns Problemen gegenübersehen. Unser Selbstwertgefühl braucht darunter nicht zu leiden. Es ist nicht nötig zu kaschieren, daß nicht alles glattläuft. Probleme sind natürlich und unvermeidbar, wenn wir unsere Persönlichkeit weiterentwickeln wollen.

Jede Art von Wachstum schafft Probleme. Zu Beginn meiner seelsorgerischen Tätigkeit habe ich in der Ehe- und Familienberatung gearbeitet. Viele Paare, die zu mir kamen und mir ihre häuslichen Schwierigkeiten anvertrauten, genierten sich wegen ihrer Probleme. Man hätte glauben können, sie hielten sich für anormal! Am Tag der Trauung war die Welt noch in rosiges Licht getaucht. Aber im Lauf der Zeit tauchten Probleme auf, obwohl niemand genau sagen konnte, wie und durch wen sie entstanden waren.

Meine Taktik bestand darin, ihnen als erstes zu sagen: ,,In Ordnung. Das ist nichts, weswegen man sich schämen müßte, sondern etwas ganz Natürliches. Vergessen Sie nicht, daß sich in jeder noch so harmonischen und glücklichen Beziehung beide Partner unterschiedlich schnell weiterentwickeln. Also seien Sie nicht erstaunt darüber, daß jeder seine ganz persönliche Gangart dabei einlegt.'' Oft nahm ich meine Armbanduhr ab, hielt sie ihnen entgegen und erklärte: ,,Diese Uhr hat ein eingebautes Präzisionsuhrwerk. Jedes Rad greift in ein anderes über. Jedes Teil wurde so konzipiert und gearbeitet, daß es sich perfekt in das Gesamtschema von Rhythmus und Harmonie einpaßt. Aber stellen Sie sich einmal vor, jedes Rädchen hätte sein Eigenleben, obwohl es von den anderen abhängig ist, und würde sein eigenes Tempo bestimmen. Was glauben Sie, wie lange diese Uhr liefe, bevor alle Funktionen aufgrund des heillosen und irreparablen Durcheinanders im Uhrwerk zusammenbrechen?

Lassen Sie den Kopf nicht hängen! In einer Beziehung müssen sich beide Partner ständig um Einklang und Anpassung bemühen. Deshalb entspannen Sie sich. Es gibt keinen Grund, sich zu schämen. Wachen Sie auf und reihen Sie sich in den Kreis derer ein, die erkannt haben, daß sie Menschen und daher fehlbar sind. Probleme muß man akzeptieren. Sie beweisen, daß wir leben, reifen und dennoch unvollkommen sind.''

Wenn Sie dieses logische Gedankengerüst zugrunde legen, ersparen Sie sich das Schamgefühl, eine Minderung Ihres Selbstwertgefühls und den Verlust Ihrer Selbstachtung. Es unterstützt Sie auf dem Weg zur Entwicklung Ihrer Persönlichkeit und befähigt Sie, die dabei entstehenden unvermeidlichen Probleme kreativ zu lösen.

2. *Konstruktive Denker erkennen, daß sie ihre Probleme selbst geschaffen haben.* Ihr Selbstwertgefühl ist intakt. Nun müssen Sie sich vor der natürlichen, überaus menschlichen Neigung schützen, sich selbst zu bemitleiden. Sie müssen verstehen lernen, daß Sie Ihre Probleme selbst geschaffen haben.

Konflikte in der Ehe? Die haben Sie am Tag der Trauung bereits vorprogrammiert. Sorgen wegen der eigenen Firma? Nun, wenn Sie sich nicht selbständig gemacht hätten, wären die Probleme nicht vorhanden, oder? Wenn ein konstruktiver Denker seine Probleme analysiert, weiß er, daß er selbst dafür verantwortlich ist, weil er sich ein bestimmtes Ziel gesetzt, eine Entscheidung getroffen oder seine Unterschrift unter ein wichtiges Dokument gesetzt hat. Wenn wir dies als Tatsache akzeptieren, betrachten wir unsere Situation nicht aus der negativen, sondern aus einer positiven Perspektive. Der Pessimist, der ständig das Wort ,,unmöglich'' im Munde führt, versucht instinktiv, intuitiv, unweigerlich und aus einem Impuls heraus anderen die Schuld an seiner mißlichen Lage zu geben. Er neigt dazu, sich als ,,Opfer'' zu betrachten.

,,Das Leben ist ungerecht.''

,,Alle sind gegen mich. Ich habe ein schweres Los zu tragen.''

,,Niemand versteht, was ich zu bewältigen habe.''

Diese negative Einstellung zu den eigenen Problemen läßt sie übertrieben schwer erscheinen.

Als ich meine Tochter nach der Beinamputation im Krankenhaus besuchte, sagte ich zu ihr: ,,Carol, dein größtes Problem besteht darin, den Hang zum Selbstmitleid zu bekämpfen.'' Sie erwiderte: ,,Keine Sorge, Vater, ich habe auch ohne dieses Problem genug zu bewältigen!'' Sie hatte ihr Problem selbst geschaffen, als sie beschloß, auf dem Rücksitz des Motorrads eine Spritztour mit ihrem Cousin zu unternehmen.

Können Sie sehen, welcher Prozeß da in Gang gesetzt

wird? Ein Mensch, der sich mit einem Problem auseinandersetzt, wird nicht in die Defensive gedrängt und macht das Ganze somit nicht schlimmer, als es in Wirklichkeit ist. Jemand, der alles negativ sieht, geht in Abwehrstellung und ist taub für die konstruktive Hilfestellung und die wohlmeinenden Ratschläge, die er erhält. Wer die Verantwortung für seine persönlichen Probleme bereitwillig akzeptiert, kann Korrekturmaßnahmen einleiten und geht aus der Krise als ein Mensch hervor, der etwas dazu gelernt hat, der klüger und innerlich gestärkt auf dem Weg zum Erfolg ist.

Denken Sie stets daran, daß ,,Fehlschläge'' nichts anderes als Probleme sind, die darauf warten, gelöst zu werden!

3. Kein Problem ist ,,ein'' Problem. Bei ,,einem'' Problem handelt es sich in Wirklichkeit um eine Ansammlung einiger weniger oder zahlreicher Schwierigkeiten. Sind Sie arbeitslos? Nun, dann sehen Sie sich einer Reihe von verschiedenen Problemen gegenüber. Vielleicht fehlen ihnen die nötigen Fähigkeiten und Fertigkeiten für die Jobs, die zur Zeit auf dem Arbeitsmarkt angeboten werden. Möglicherweise verfügen Sie nicht über das nötige Kapital, das für eine Umschulung und berufliche Spezialisierung erforderlich ist, oder Sie wissen nicht, an wen Sie sich wegen einer kostenlosen Weiterbildung wenden könnten. Eine weitere Komponente des Problems könnte sein, daß Ihnen unbekannt ist, welche Firmen und Ämter Schulungsprogramme zu einem günstigen Preis anbieten, der vielleicht wesentlich geringer ist, als Sie dachten.

Sie sollten jedem Problem mit einer positiven Einstellung begegnen und von der Voraussetzung ausgehen, daß es aus mehreren zusammenhängenden Komplexen besteht, die in Einzelteile zerlegt und separat in Angriff genommen werden müssen. Am besten beginnt man mit den leichtesten. Wissen Sie noch, wie Sie bei Schulaufgaben oder im Examen vorgegangen sind? Sie haben vermutlich die einfachsten Fragen zuerst beantwortet und somit das Vertrauen in Ihre Fähigkeit gestärkt, die Prüfung zu bestehen. Ein Arbeitsloser, der konstruktiv denkt, sagt sich: ,,Ich muß unter Umständen meinen Wohnort wechseln . . . Fortbildungskurse besuchen . . . mich an die richtigen Leute wenden.''

Teile und herrsche – und das gilt nicht nur für Fürstentümer und Königshäuser! Das ist die klassische Strategie, die jedem Sieg vorausgeht.

4. Jedes Problem läßt sich irgendwie bewältigen! Jeder Berg ist zu bezwingen. Ich weiß vielleicht nicht, wie ich mein Problem lösen soll, aber jemand anderer könnte es wissen. ,,Möglicherweise gibt es irgendwo irgend jemanden, der mir dabei hilft, mein Problem zu verstehen, und mir zeigt, wie ich es meistern kann. Deshalb gibt es keinen Grund, den Mut zu verlieren.'' Diese Einstellung kennzeichnet den konstruktiven Denker. Kein Wunder, daß sich der Erfolg irgendwann einstellt und Fehlschläge nicht mehr als momentane Rückschläge sind.

5. In jedem Problem ist eine Chance verborgen! Der konstruktiv denkende Mensch vertritt die Einstellung: ,,Jedes Problem hat seinen Sinn und Nutzen.''

Dieses Kapitel entstand einige Tage nach einer Vortragsreise, die mich von einem Ende Japans zum anderen führte. Besonders beeindruckt hat mich dabei die Begegnung mit einem japanischen Firmenchef, dessen Geschäfte unter der Rezession merklich gelitten hatten. Der Marktanteil seines Unternehmens war empfindlich geschrumpft. Er nahm die Entwicklung gelassen hin und erklärte seinen Führungskräften die prekäre Situation mit folgenden Worten: ,,Wir stehen vor den größten Problemen seit Gründung der Firma, und das ist gut so! Diese Probleme sind nämlich wie Schmerzen, die der Körper verspürt. Die Natur hat uns dieses Frühwarnsystem geschenkt, das die Notwendigkeit einer Änderung signalisiert.''

Dieser Mann betrachtete seine Probleme als eine Chance, das Hindernis als Gelegenheit, den Augenblick der Wahrheit als Sternstunde! Wir alle können lernen, aus unseren Schwierigkeiten Nutzen zu ziehen, Frustrationen als eine fruchtbare Erfahrung zu betrachten. Das Problem bietet uns in Wirklichkeit eine Möglichkeit, auf Schwächen im System aufmerksam zu werden und daraus wichtige und unschätzbar wertvolle Informationen abzuleiten.

Der Wettbewerb am Markt wird immer härter, die Bedürfnisse ändern sich, und die Probleme führen dazu, daß die jedem Menschen eigene Forschungs- und Entwicklungsabteilung zu neuen Erkenntnissen und Ergebnissen gelangt. Wir entdecken anders geartete und lebenswichtige Bedürfnisse und passen unsere Zielsetzungen entsprechend an. Wir blicken zurück und können dem Schicksal dankbar dafür sein, daß es uns vor ein Problem gestellt, damit zu einer besseren Strategie verholfen und uns den Weg zum Erfolg geebnet hat. Also danken Sie Gott für Ihre Probleme!

6. Jedes Problem wird nun a) als lösbar betrachtet, b) als eine Situation, die man meistern oder c) aus der man Nutzen ziehen kann. Abgrundtiefe Verzweiflung bleibt uns erspart. Wir sind immun gegen Pessimismus; unsere optimistische Einstellung sorgt dafür, daß unsere geistige und körperliche Gesundheit nicht leidet. Das Problem wird in seine Bestandteile zerlegt und jedes einzelne gesondert und konstruktiv in Angriff genommen. Das trägt wiederum dazu bei, daß wir uns aktiv um eine Lösung bemühen. Und wenn uns dies nicht auf Anhieb gelingt, so sind wir doch zumindest in der Lage, die negativen Auswirkungen auf die eigene Persönlichkeit in Grenzen zu halten. Wenn wir es schaffen, die Folgeschäden oder Beeinträchtigungen, denen wir oder unser Unternehmen ausgesetzt sind, einzudämmen, haben wir die Möglichkeit, uns in der Kunst des Krisenmanagements zu üben und unseren Hut mit einer weiteren Feder zu schmücken. Jeder kann das Schiff seines Lebens steuern, wenn das Meer glatt ist. Nur bei rauher See zeigt sich, welcher Kapitän wirklich etwas von seinem Handwerk versteht.

Sie haben die Wahl: entweder das Problem in Griff zu bekommen oder zuzulassen, daß es Sie im Griff hat. Solange ich mich dagegen wehre, mich von Entmutigung, Verzweiflung und Hoffnungslosigkeit übermannen zu lassen, bin ich in der Lage, das Hindernis zu überwinden und den Berg zu bezwingen. Eines weiß ich mit absoluter Gewißheit: Ich kann entscheiden, wie ich auf das reagiere, was mir widerfährt. Das hat zur Folge, daß meine Selbstachtung und mein Selbstwertgefühl wachsen, daß man mir den Respekt zollt, den ich mir redlich verdient habe.

Während ich dieses Kapitel schrieb, erfuhr ich aus der Presse, daß einer der bedeutendsten Wirtschaftsmagnaten in den USA Konkurs angemeldet habe. Auch sein Privatleben liege in Trümmern. John Connally, der ehemalige Gouverneur von Texas, Topmanager eines Konzerns mit einem Schätzwert von 500 Millionen Dollar, mußte einen Rücklauf der Geschäfte verzeichnen, als die Ölpreise fielen. In einer Fernsehsendung, die am Vormittag landesweit ausgestrahlt wurde, erklärte er, warum er sich zu diesem drastischen Schritt entschlossen hatte. Den Blick fest auf die Kamera gerichtet, sagte er: ,,Die Ölpreise gingen in den Keller. Wir konnten nichts dagegen tun. Unser Anlagevermögen war mit Hypotheken belastet. Es verlor rapide an Wert, bis es eines Tages keine Sicherheit mehr für unsere Schulden bot. Wir versuchten in Hongkong und auf den bekannten Geldmärkten das Kapital aufzutreiben, das für eine Umschuldung erforderlich war, weil wir glaubten, daß der Wert der Aktiva bald steigen und wir somit wieder solvent sein würden. Aber wir erhielten nur Absagen. Es blieb uns keine andere Wahl, als den Rechtsweg zu gehen und Konkurs anzumelden.''

Der Exgouverneur von Texas hatte seine Erklärung mit Würde vorgetragen, was mich tief beeindruckte. Er war ein integrer Mann, der nicht vorgab, ein ,,Opfer'' widriger Umstände zu sein. Er schwelgte nicht in Selbstmitleid. Seine Rede war der nüchterne Bericht eines Geschäftsmannes, der die Wechselfälle des Marktes miterlebt und die finanzielle Basis verloren hatte, auf die sich seine Transaktionen noch kurze Zeit zuvor stützten.

„Ich werde den Familienschmuck veräußern. Die Pferde sind bereits verkauft. Unser persönliches Eigentum dürfte reichen, um einen großen Teil der Gläubiger zu befriedigen", erklärte er ruhig. Seine Haltung angesichts dieser Notlage nötigte mir Hochachtung ab.

Wenn alle anderen Elemente eines Problems Ihrem Zugriff entzogen sein sollten, denken Sie daran, daß Sie noch immer Herr Ihrer Reaktionen sind!

Wenn es Ihnen gelingt, ein unlösbares Problem als solches zu akzeptieren und Ihre positive Einstellung dennoch nicht zu verlieren, haben Sie das Problem im Griff — zumindest unter dem Strich!

7. *Jedes Problem ist zeitlich begrenzt.* Konstruktive Denker wissen, daß harte Zeiten nicht ewig währen; harte Menschen gab und gibt es hingegen immer. Jedes Problem läßt sich mit einer Kurve vergleichen, die steigt und irgendwann auch wieder fällt. Wenn man an einem Tiefpunkt angelangt ist, gibt es nur einen Weg, und der führt nach oben. Probleme währen nicht ewig, sie sind zeitlich begrenzt. Wenn Sie alle Schwierigkeiten, mit denen wir Menschen uns konfrontiert sehen, als zeitweiliges Dilemma betrachten, mit dem es sich konstruktiv auseinanderzusetzen gilt, dann können Sie die düsteren oder rauhen Perioden des Lebens akzeptieren, ohne daran zu zerbrechen.

Eines meiner Gemeindemitglieder war so deprimiert, daß er den Freitod in Betracht zog. „Selbstmord ist eine völlig stupide Reaktion", erklärte ich ihm. „Damit löst man ein Problem auf eine Weise, die unwiderruflich ist."

Jeder Sturm zieht vorbei. Die Nacht muß dem Tag weichen. Der Winter macht dem Frühling Platz.

8. Konstruktive Denker betrachten ein Problem als ein momentan verzerrtes Bild der Realität. Meistens messen wir einem Problem größeres Gewicht bei, als ihm zukommt. Man überschätzt die negativen persönlichen Folgen, weil man unter Streß steht. Diese Überreaktion gehört zu den vorhersehbaren menschlichen Verhaltensweisen. Wir blähen die Folgen für Gegenwart und Zukunft künstlich auf. Deshalb sollten wir unserer Wahrnehmungsfähigkeit mißtrauen und den Stellenwert unserer Probleme nicht hochschrauben, sondern uns daran erinnern, daß in Wirklichkeit alles nur halb so schlimm ist, wie es im Augenblick scheinen mag.

Selbst das Ärgste, das einem widerfahren kann, haben andere schon durchgemacht und überlebt, Menschen, die vielleicht über weniger Sensibilität, Intelligenz oder geringere Mittel und Möglichkeiten verfügen als ich. Sie haben es geschafft, also schaffe ich es auch! Und wenn es vorbei ist, bin ich um eine Erfahrung reicher und auf dem Weg zu größerer Vollkommenheit.

9. Die meisten Probleme sind in Wirklichkeit gar keine. Daß ich darin ein Problem sehe, zeugt davon, daß mein Bild von der Realität verzerrt ist. Ich sehe mich einem Problem gegenüber, aber in Wahrheit handelt es sich um eine Entscheidung, die auf mich wartet. Sobald ich das erkannt habe, bin ich in der Lage, mich selbst zu akzeptieren, mein Leben wieder in die Hand zu nehmen und Veränderungen als etwas Positives zu betrachten. Ich weiß jetzt, daß ich einige harte, schwierige und unter Umständen schmerzvolle Entscheidungen treffen muß. Aber sobald sie gefallen sind, werden sich meine Probleme in ,,nichts'' auflösen!

10. Kein Problem ist völlig unlösbar. Das ist das letzte Merkmal, das die Einstellung eines konstruktiv denkenden Menschen gegenüber einem Problem kennzeichnet. Wenn er vor einem Problem steht, das andere für unlösbar halten, besitzt er die Weisheit zu sagen: ,,Kein Problem ist völlig unlösbar." Es gibt immer irgendeinen Aspekt, den man in Angriff nehmen kann. Ich bete zu Gott, daß er mir die Weisheit schenken möge zu erkennen, welchen Teil ich zu bezwingen vermag. Oft habe ich dann erstaunt festgestellt, daß ebendieser völlig unwichtig erscheinende Aspekt, den zu bewältigen ich mich bemühte, die entscheidende Wende und den großen Durchbruch brachte. Neue Kräfte und Quellen, aus denen ich schöpfen konnte, kamen mir zu Hilfe dank meiner Einstellung, daß ich vielleicht nicht das Schiff, wohl aber die Besatzung zu retten vermag. Eine konstruktive Haltung angesichts eines Problems trägt – wie man sieht – dazu bei, daß sich die Prophezeiung erfüllt: Erfolg ist eine stete Herausforderung, Versagen keine Sackgasse.

5

Sind Sie bereit, eine positive Haltung gegenüber anderen Menschen einzunehmen?

Ich habe zahllose führende Persönlichkeiten, die im Scheinwerferlicht der Öffentlichkeit stehen, gefragt: ,,Worin liegt das Geheimnis Ihres Erfolges begründet?"

Immer wieder erhielt ich darauf die Antwort: ,,Ich habe erstklassige Mitarbeiter."

Ich sprach mit ebenso vielen Menschen, die nach einer steilen Bilderbuchkarriere Schiffbruch erlitten hatten, und wollte von ihnen wissen: ,,Was ist schiefgelaufen? Wo lag Ihr größtes Problem?"

Und wieder lautete die Antwort: ,,Ein leistungsschwaches Team!"

Welche Erkenntnis läßt sich daraus ableiten? Wir können daraus die Schlußfolgerung ziehen, daß erfolgreiche Menschen eine positive Einstellung gegenüber ihren Mitmenschen haben. Sie glauben an das menschliche Potential und verstehen sich darauf, es auszuschöpfen. Sie sind nicht so naiv, ihren Mitarbeitern zu gestatten, alle anfallenden Aufgaben im Alleingang zu lösen. Aber sie unterscheiden sich merklich von einem negativ eingestellten Vorgesetzten, der es nicht wagt, Verantwortung zu delegieren, weil er meint: ,,Ich glaube nicht, daß andere die Aufgabe genausogut lösen wie ich'', oder ,,Die anderen heimsen das Lob ein, und ich trage das Risiko; die Arbeit bleibt allein an mir hängen.'' Oder ,,Die nehmen mich aus wie eine Weihnachtsgans und lassen mich dann fallen. Das ziehe ich lieber ganz alleine durch. Ich erledige das auf meine Weise, und richtig.''

Die Fähigkeit, glücklich und zufrieden zu sein, setzt eine Reihe von Grundeinstellungen voraus, die schon in der Bergpredigt erwähnt werden: ,,Selig sind die Sanftmütigen; denn ihrer ist das Himmelreich.'' (Matthäus 5.3) Was heißt das? Das bedeutet, daß wir arm sind, wenn wir das Leben ausschließlich aus eigener Kraft bewältigen wollen. Wir brauchen Hilfe und können nicht alles alleine machen. Darin liegt der Kern des wahren Glücks, der eine unabdingbare Voraussetzung für jeden wirklichen Erfolg ist. Wer erkannt hat, daß er auf andere angewiesen ist, gehört zu den glücklichsten Menschen der Welt!

,,Ich kann Berge versetzen – wenn Christus mir die Stärke verleiht.'' Und wie stärkt Er uns? Steht Er uns in leibhaftiger Gestalt zur Seite? Ja, das tut er. Denn er entzündet den menschlichen Geist mit einem göttlichen Funken, wenn jemand sich seiner Allmacht anvertraut. Und wenn ich den Empfehlungen von Menschen folge, die mir überlegen sind, dann stärkt mich Christus. Wenn ich die Hilfe von jemandem akzeptiere, der mehr Sachkenntnis besitzt als ich, dann stärkt mich Christus. Ich suche den Rat von Rechts-, Finanz-, Steuer- und Marketingexperten. Sie sind in ihrem Fach versiert und gewitzt, rechtschaffen bemüht, mir zu helfen, und von Gott gesandt, um mich zu stärken.

Das bedeutet, daß ich mich nie in die Defensive gedrängt sehe, wenn einer dieser Berater konstruktive Kritik an mir übt, denn Christus hat ihn vielleicht auserwählt, um meine

Fehler zu korrigieren. Ich bin der festen Überzeugung, daß es Menschen gibt, die mehr wissen, die fähiger, talentierter und kreativer sind als ich. Deshalb habe ich für sie stets ein offenes Ohr, anstatt den Beitrag, den sie zu leisten vermögen, aus meinen Gedanken und meinem Leben auszuklammern.

Damit verhindere ich, daß Probleme, die meine Persönlichkeit betreffen, sich als Barriere für eine gesunde und konstruktive Beziehung zu solchen Menschen erweisen, die mich aus einer Krise heraus zum Erfolg führen könnten. Wer eine positive Einstellung zu seinen Mitmenschen hat, motiviert andere, ihr Bestes zu geben und ihre Loyalität unter Beweis zu stellen. Mit anderen Worten, ein Mensch, der an die Menschheit glaubt, wird in der Regel fürstlich belohnt!

Haben Sie sich gewünscht, man möge Ihnen mehr Vertrauen schenken? An Ihre Ideen glauben? Die Weisheit und den Rat akzeptieren, mit denen Sie die begrenzte Wahrnehmungsfähigkeit eines anderen erhellen könnten? Haben Sie nicht großzügig und gerne geholfen, wenn Sie jemand um Unterstützung bat? Natürlich! Kein Wunder, daß konstruktiv denkende, positiv eingestellte Menschen erfolgreich sind. Erfolg oder Versagen hängt nicht zuletzt von den Menschen ab, mit denen wir uns umgeben. Wir ziehen Menschen an, die uns zum Erfolg führen, wenn wir ihnen vertrauen, an sie glauben und auf sie hören. Wer alles im schwärzesten Licht sieht, muß einsam sein. Er glaubt alles besser zu wissen und beschwört damit den Mißerfolg geradezu herauf. Selbst wenn er es im Alleingang schaffen sollte, hat er niemanden, der sich mit ihm darüber freut. Wer ißt schon gern allein? Erfolge, die man nur für sich selbst erringt, um sein Ego zu befriedigen, stellen letztlich ein schreckliches, endgültiges persönliches Versagen dar.

Eines der traurigsten Erlebnisse, die ich als Pfarrer hatte, war die Beerdigung eines reichen Mannes, zu dessen Beisetzung außer mir und dem Bestattungsunternehmer niemand erschien. Seine drei erwachsenen Söhne lebten in derselben Stadt, aber sie blieben der Beisetzung fern. Ich habe nie zuvor oder danach etwas so Trauriges erlebt. Als ich den Bestattungsunternehmer fragte, was das zu bedeuten habe, erklärte er mir: „Er dachte nur ans Geldverdienen und umgab sich mit Statussymbolen. Für seine Kinder oder seine Frau hatte er keine Zeit. Er dachte nicht daran, Geld für die Kirche oder wohltätige Zwecke zu spenden. Er erwarb sein Vermögen an der Börse. Aber er starb als kranker, einsamer Mann. Die Ärzte sagen, daß diese Einsamkeit für seinen vorzeitigen Tod verantwortlich war!"

Das ist persönliches Versagen.

6
Sind Sie bereit, eine positive Einstellung gegenüber Ihren Gefühlen zu entwickeln?

Ein konstruktiv denkender Mensch hat eine positive Einstellung gegenüber seinen Stimmungsschwankungen. Er weiß, daß auf eine Zeit emotionaler Exzesse eine Ruheperiode folgen muß. Er kann nicht die ganze Zeit über „high" sein. Er hat diese Tatsache akzeptiert und keine Angst mehr davor, daß sein Stimmungsbarometer fällt. Er sagt sich: „Gut. Dann werde ich mich gefühlsmäßig zurückhalten, in mich gehen. Ich warte darauf, daß Gott mein Herz stärkt. Ich brauche mich vor dieser Phase der inneren Einkehr nicht zu fürchten."

Nicht alle negativen Gefühle sind destruktiv. Sie sollten

- mit einem lachenden und einem weinenden Auge von jemandem Abschied nehmen;
- mit Wehmut und Freude an die Vergangenheit denken;
- die Trauer über den Tod eines Ihnen nahestehenden Menschen als eine Wunde betrachten, welche die Zeit heilen wird;

- in gerechten Zorn angesichts eines schrecklichen Unrechts geraten;
- Angst verspüren, die jedoch nicht lähmt, sondern Sie im Gegenteil anspornt – beispielsweise das Rauchen oder andere schlechte Gewohnheiten aufzugeben;
- mit Ihren Schuldgefühlen leben lernen und sie als eine Möglichkeit betrachten, einen neuen Anfang zu wagen.

Negative Gefühle können überaus konstruktiv sein. Wichtig ist dabei, daß Sie Ihre wechselnden Stimmungslagen unter Kontrolle haben die die Persönlichkeit eines Menschen ausmachen. ,,Bin ich im Augenblick mutlos? Nun, ich werde mich von dieser Stimmung nicht übermannen lassen. Sie geht vorbei.

Im Moment fühle ich mich am Boden zerstört, aber ich bin ein Stehaufmännchen!'' Das ist das Motto aller konstruktiv denkenden Menschen, dem ich ebenfalls in einem meiner Bücher intensiv nachging. Kein Wunder, daß Menschen mit einer positiven Einstellung zum Leben immer wieder auf die Füße fallen. Sie wissen, daß es dann und wann Tiefpunkte gibt. Sie sind oft unvermeidlich und manchmal sogar äußerst hilfreich. Wichtig ist allein, wie wir damit umgehen.

Wir sollten vor allem darauf achten, daß wir in dieser Periode des Stimmungstiefs keine negativen, unwiderruflichen Beschlüsse fassen. In dieser Situation kann es die beste Entscheidung sein, sich nicht oder noch nicht zu entscheiden, denn damit beweist man, daß man seine Stimmungen unter Kontrolle hat.

Erstaunlicherweise geht der Tiefpunkt vorbei. Die Lebensfreude kehrt zurück. Die Sonne scheint erneut für uns. Als konstruktiv denkender Mensch wissen Sie, daß Sie seit dem Tag Ihrer Geburt schon viele schöne Stunden erleben durften. Vielleicht haben Sie auch einige schlechte Erinnerungen, aber Sie sehen das Leben von der positiven Seite und erinnern sich nur an die guten Zeiten. Sie dringen wie bunte Seifenblasen in unser Bewußtsein ein, stärken unsere Zuversicht und reißen uns aus unserer Melancholie. Schon eine Melodie, die an glücklichere Augenblicke erinnert, kann bewirken, daß sich unsere Laune bessert und wir mitzupfeifen beginnen.

Sie sehen, welch ungeheuren Stellenwert diese positive Einstellung zu unseren wechselnden Stimmungslagen im gesamten Erfolgsprozeß einnimmt. Ein Mensch, dem diese Haltung fehlt, neigt dazu, sich von seinen Stimmungen überwältigen zu lassen, und ist nahezu prädestiniert für eine „Bauchlandung". Ein konstruktiv denkender Mensch wartet ab, bis das emotionale Tief vorüber ist und denkt intensiv nach.

In unserer hektischen Welt haben die wenigsten Menschen Zeit und Muße, um nachzudenken. Auf einem Flug quer über den Kontinent saß ich einmal im Cockpit und unterhielt mich mit dem Kapitän, einem langjährigen, erfahrenen Piloten. Ich fragte ihn : „Hatten Sie je Probleme oder eine Krise zu bewältigen? Und wenn ja, wie haben Sie darauf reagiert?"

„Ja, das habe ich einige Male erlebt", erwiderte er. „Als ich noch in der Luftwaffe flog, predigte man uns immer wieder, in einem Notfall nicht spontan zu handeln, sondern erst einmal in Ruhe nachzudenken. Man hat uns eingebleut, in der Kanzel nichts anzufassen, sondern zu überlegen!"

Er fuhr fort: „Ich gehörte zu der Staffel, die im Zweiten Weltkrieg den Befehl erhielt, Tokio zu bombardieren. Als ich in den Sturzflug ging, um meine Bomben auszuklinken, erwischte meine Maschine ein Treffer, so daß ich sie nicht mehr hochziehen konnte. Einen Moment lang glaubte ich, das sei mein Ende. Aber ich habe der Versuchung widerstanden, an sämtlichen Kontrollsystemen herumzuschalten. Ich dachte nur nach, und ich glaube, ich war auf dem richtigen Weg, als ich mir sagte: Du schaffst es! Und tatsächlich, die Kontrollsysteme funktionierten wieder, und ich konnte die Maschine auf normale Flughöhe bringen. Hätte ich die

Systeme durch irgendeinen Handgriff blockiert, wäre ich da nicht lebend herausgekommen!''

Wenn sich Ihre Stimmung also im Sturzflug befindet, tun Sie nichts, sondern denken Sie nach und warten Sie ab. Gebete und positive Gedanken tragen ebenfalls dazu bei, Ihr emotionales Tief zu überwinden. Eben darin liegt der entscheidende Unterschied zwischen Erfolg und Versagen.

Die Versuchung, spontan zu handeln, ist oft unwiderstehlich, wenn man sich mit einer Krise konfrontiert sieht. Aber der erste Schritt in jeder Katastrophensituation besteht darin, einen kühlen Kopf zu bewahren und nichts zu tun!

Fred Markwell, ein australischer Seemann, hat ein Buch zum Thema ,,Überlebenstraining'' geschrieben. Er gilt als Autorität auf diesem Gebiet und hat einen Orkan vor der Küste Australiens überlebt. Sieben Stunden lang kämpfte er gegen fünf bis zehn Meter hohe Wellenbrecher.

Markwell war als Skipper auf der Luxusyacht *Nocturn* angeheuert worden und hatte vier Passagiere an Bord. Trotz der günstigen Wettervorhersage zog plötzlich Sturm auf. Markwell konnte anhand der Windstärke ermessen, daß ihnen Gefahr drohte. Er wies seine Mitreisenden an, für den Notfall die grell orangefarbenen und weithin sichtbaren Schwimmwesten anzulegen. Außerdem bestückte er das Rettungsboot mit Leuchtraketen.

Als die *Nocturn* auseinanderzubrechen drohte, kletterten Markwell und die Passagiere über die Reling in das Schlauchboot. Aber es wurde von einer riesigen Welle weggeschwemmt, und sie landeten im Wasser. Einige Planken der *Nocturn* trieben auf Markwell zu. Er entdeckte ein Stück Pinienholz, das nicht mehr als sechzig mal zwanzig Zentimeter maß. Er legte seinen Kopf darauf und sagte sich: ,,Du mußt deine Kräfte sparen. Du brauchst sie noch. Tu nichts, was nicht unbedingt notwendig ist!''

Dann erblickte er plötzlich den hölzernen Rahmen eines Sofas, dessen Polster davongeschwemmt worden war. Es trieb in einer Entfernung von rund vierzig Meter im Wasser.

Er widerstand der Versuchung, mit letzter Kraft darauf zuzuschwimmen und sich an das rettende Holz zu klammern, weil er wußte, daß diese Panikhandlung ihm den Tod bringen konnte. Statt dessen wartete er, bis die nächste Welle kam und ihn näher zum Sofa trug; sein Kopf lag auf der Planke und somit sicher über Wasser. Eine weitere Welle brachte ihn noch dichter an sein Ziel, und der Drang, die letzten Meter darauf zuzuschwimmen, wurde fast übermächtig. Aber er hielt sich zurück und „ritt" auf den Wellen, bis er sich in Reichweite des Rahmens befand.

Er zog sich hinauf und zwang sich zum Ausruhen. Er schloß die Augen. Er konnte zwar nicht schlafen, aber die Ruhepause gab ihm Kraft, die Stunden im eiskalten Meer auszuhalten und auf Rettung zu warten.

Sieben Stunden nach dem Untergang der *Nocturn* wurden Fred Markham und zwei Passagiere, die sich an die Wand des Beibootes geklammert hatten, von einem Rettungshubschrauber gesichtet und an Bord gehievt. Die beiden anderen Passagiere waren ertrunken.

Markham meint, es sei möglich, nach einem Schiffbruch bei Sturm zu überleben, wenn man Selbstdisziplin übe. „Ein einziger konstruktiver Gedanke ist mehr wert als eine Stunde unnützer Aktivitäten", erklärte er.[7]

Wer seine wechselnden Stimmungen akzeptiert und sich um emotionale Ausgeglichenheit bemüht, schärft sein Gespür für den Unterschied zwischen positiven und negativen Gefühlen. Ein Mensch, der konstruktiv zu denken versteht, entwickelt die Fähigkeit, negative Gefühle als solche zu erkennen und sich nicht von ihnen beherrschen zu lassen. Er versucht intuitiv und seiner eigenen Kraft bewußt, sie in positive Gefühle zu verwandeln. Alle Faktoren, die von außen auf unser Gefühlsleben einwirken – zwischenmenschliche Beziehungen, Bücher, Zeitschriften, religiöse Unterweisung und Lektionen, die wir lernen – sind unserem emotionalen

---

7 *Los Angeles Times*, 23. Nov. 1979.

Zustand entweder zu- oder abträglich. Wir spüren instinktiv, ob unsere Gedanken und Erfahrungen uns Freude, Hoffnung, Zuversicht, Mut oder Liebe einflößen. Wenn wir diese positiven Gefühle stimulieren, haben wir die Möglichkeit, in emotionaler Hochform zu bleiben. Aber wenn Ideen, Mitmenschen, Institutionen, Aktivitäten oder Erfahrungen negative Gefühle in uns auslösen – wie Enttäuschung, Depressionen, Wut, Schuld oder Scham –, dann sollten wir umgehend etwas dagegen unternehmen, um uns selbst aus diesem Tief herauszureißen oder uns zumindest vor den negativen Folgen zu schützen. Ich suche in solchen Situationen Zuflucht im Gebet und in der Bibel.

Es gibt Tage im Sommer, wo die Insekten aufgrund der Wärme in Scharen die Gärten heimsuchen und zur Plage werden. An einem lauen Sommerabend wollte ich mit meiner Frau auf der Veranda sitzen. Sie weigerte sich. ,,Ich habe keine Lust, mich von den Mücken zerstechen zu lassen'', lautete ihre Antwort.

,,Aber du läßt dir den wundervollen Duft des Jasmin entgehen'', warf ich ein.

Es gibt Zeiten, in denen auch ich negative Schwingungen verspüre. Innere Unruhe? Angst? Sorgen? Ärger? Wut? Diese negativen Gefühle überfallen uns unvorhergesehen. Sie sind unwillkommene Gefährten auf unserem Lebensweg. Aber deshalb lebe ich trotzdem weiter. Ich bemühe mich nach besten Kräften, einen emotionalen Panzer um mich herum zu errichten, der mir hilft, den Ansturm der negativen Gefühle abzuwehren. Ich weigere mich mit allen Mitteln zuzulassen, daß sie zum Kern meiner Persönlichkeit vordringen.

Es gibt Zeiten, in denen wir uns mit Menschen konfrontiert sehen, die negativ eingestellt sind und es uns schwermachen, sie zu lieben. Wie gehen wir mit dieser Erfahrung um? Auch hier sollten wir uns einen emotionalen Schutzschild gegen Ärgernis und Streß zulegen. Ich habe ihn im Gebet gefunden. Ich bitte den Heiligen Geist, mich zu erleuchten und mit der Geduld und Kraft zu erfüllen, die es mir ermöglicht, mich über diese negativen Gefühle hinwegzusetzen wie ein Düsenjet, der vor einem Sturm in höhere Sphären ausweicht.

Ein Mensch, der eine positive Einstellung zu seinen Gefühlen hat und sich um Ausgeglichenheit bemüht, schärft sein Gespür für den emotionalen Gehalt von Worten. Wir sind auf unsere Augen und Ohren angewiesen, um festzustellen, ob die Worte in uns positive oder negative Gefühle auslösen. Worte wie ,,niemals'' erscheinen einem konstruktiven Denker von vornherein suspekt. Er weiß, daß das Wort ,,unmöglich'' ihn aller positiven Gefühle beraubt und die Schleusen für negative Gefühle weit öffnet.

Dr. Smiley Blanton konnte einen seiner Patienten, der unter Depressionen litt, allein dadurch heilen, daß er ihm vorschlug, die Worte ,,wenn nur . . .'' aus seinem Vokabular zu streichen und durch ,,beim nächsten Mal . . .'' zu ersetzen. Diese simple Therapiemethode wirkte Wunder!

Ich habe immer wieder empfohlen, das Wort ,,nur'' im Zusammenhang mit der eigenen Person oder dem eigenen Tätigkeitsbereich nicht mehr zu benutzen. Ich bin ,,nur'' Hausfrau, ,,nur'' Putzfrau, ,,nur'' ein Laie, ,,nur'' Student, ,,nur'' Lastwagenfahrer. Dieses ,,nur'' raubt den Stolz auf die eigene Arbeit, den man eigentlich empfinden sollte.

Ich werde nie vergessen, wie Doris Day mich zurechtwies, als ich im Zusammenhang mit dem Tod ihres Mannes von ,,Verlust'' sprach. Sie machte mich auf den negativen Bedeutungsgehalt dieses Wortes aufmerksam. Er setzt sich im Unterbewußtsein fest, dem die Fähigkeit fehlt, rational zu urteilen, und löst spontan negative Gefühle aus.

Dr. Daniel K. Poling erteilte mir eine ähnliche Lektion, als ich ihm nach dem Tod seiner Frau einen Kondolenzbrief schrieb. Er antwortete: ,,Ich habe meine Frau nicht ,verloren'. Ich weiß ja, wo ich sie finden kann.'' Dieser Mann kannte in der Tat die emotionale Gewichtigkeit und den Wert der richtigen Worte!

Wenn ich mich um eine positive Einstellung zu meinen Gefühlen und um emotionale Ausgeglichenheit bemühe, räume ich alle Hindernisse aus meinen Gedanken und mache Platz für den Einzug kreativer Ideen. Wut und Ärger schaffen Spannungen, die kreatives Denken blockieren. Deshalb trägt das Streben nach emotionaler Stabilität dazu bei, meine Sinne neuen, schöpferischen, hoffnungsvollen und erfolgversprechenden Ideen zu öffnen.

7
Sind Sie bereit, Kreativität als etwas Positives zu betrachten?

Ein Mensch, der konstruktiv denkt, zollt seinen eigenen Gedanken Achtung und Aufmerksamkeit. Er ist sich folgender Tatsachen bewußt:

Niemand scheitert an Geldmangel; das eigentliche Problem ist der Mangel an guten Ideen. Wer den richtigen Einfall hat, findet stets jemanden, der ihn finanziert.

Niemand scheitert an Zeitmangel; das eigentliche Problem ist die Unfähigkeit, aus einer Idee etwas zu machen.

Jemand, der ständig das Wort „unmöglich" im Munde führt, läßt die Ideen, die ihm durch den Kopf gehen, unbeachtet und ungenutzt davonziehen. Ein negativ eingestellter Mensch versetzt seinen Gedanken unbekümmert und rücksichtslos den Todesstoß. Ihm fehlt die positive Haltung und die Erkenntnis, welche Macht positive Gedanken besitzen.

Im Gegensatz dazu ist sich ein konstruktiv und positiv denkender Mensch der Tatsache bewußt, daß er mit einer einzigen zündenden Idee eine ganz neue Industrie ins Leben rufen kann. Oft führt ein simpler Einfall zur Erfindung oder Entwicklung eines Produkts, das den Lebensstil von Millionen Menschen nachhaltig zu ändern vermag. Er mißt seinen Ideen den gleichen Wert bei wie ein Bauer dem Samenkorn.

Gute Ideen sollte man nie mit den fadenscheinigen, längst überholten Ausreden verwerfen, die negativ eingestellte Menschen auf Anhieb parat haben. Ich habe mir in den vergangenen zwanzig Jahren die Mühe gemacht, all die gängigen Entschuldigungen zu sammeln, zu ordnen und aufzulisten, die von Negativ-Denkern vorgebracht werden, wenn sie eine vielversprechende Idee zurückweisen:

1. ,,Das geht nicht.''
2. ,,Das steht außer Frage.''
3. ,,Uns fehlt, was man dazu braucht.''
4. ,,Das ist zu riskant.''
5. ,,Dem kann ich nichts abgewinnen.''
6. ,,Wir sind zu spät dran! Jemand anderer ist längst damit befaßt.''
7. ,,Das hat noch niemand gemacht, und ich habe keine Lust, das Versuchskaninchen zu spielen.''
8. ,,Wir haben auch so schon genug Probleme.''
9. ,,Was soll das? Uns geht es doch gut.''
10. ,,Die Prognosen lauten aber ganz anders. . .''

Wie viele Entschuldigungen werden leichtfertig und törichterweise dazu benutzt, um eine Idee im Keim zu ersticken, die vielleicht den Samen ungeahnter Möglichkeiten in sich bergen würde?

Der konstruktive Denker setzt sich vielleicht mit den gleichen Einwänden auseinander. Aber er versteht es, sie in eine Chance umzuwandeln. Das bedeutet nicht, daß er sich Hals über Kopf in ein Abenteuer stürzt, sich unbesonnen und unverantwortlich, ohne Recherchen und die erforderliche Vorbereitung auf ein Vorhaben einläßt. Nein, er prüft den Nutzwert einer Idee und stellt sich folgende grundlegende Fragen:

1. ,,Ist sie irgend jemandem von Nutzen?'' Er weiß, das Geheimnis des Erfolges besteht darin, ein Bedürfnis zu entdecken und zu befriedigen.

2. ,,Warum ist noch niemand darauf gekommen?'' Und wenn jemand die Idee bereits verwirklicht hat: ,,Könnte ich das Produkt oder die Dienstleistung verbessern oder billiger anbieten?''

3. ,,Ist die Idee eine Schlagzeile wert? Kann ich damit Aufmerksamkeit erregen?'' Wie großartig das Produkt auch sein mag, die potentiellen Käufer müssen wissen, daß es erhältlich ist. Und wenn es sich um eine Innovation oder eine merkliche Verbesserung einer bereits im Handel befindlichen Ware handelt, stellt sie unter Umständen eine Sensation dar, die für Schlagzeilen und kostenlose Werbung sorgt.

4. ,,Paßt dieses Produkt zum Image unseres Unternehmens? Wenn nicht, lohnt es sich, eine neue Firma zu gründen, die es vertreibt?''

5. ,,Gibt es eine Möglichkeit, das Produkt in Lizenz nachzubauen, wenn wir das Patent aus finanziellen Gründen nicht erwerben können?''

6. ,,Sollten wir diese Idee im Auge behalten, wenn wir sie zum gegenwärtigen Zeitpunkt noch nicht realisieren können? Sollten wir den Aufschub nutzen, um die erforderliche Vorarbeit zu leisten und Marktforschung zu betreiben, bevor wir investieren?

7. ,,Spricht es den Verbraucher wirklich an?'' Dem ist so, wenn es gelobt wird, durch seine Schönheit besticht, die Menschen inspiriert und ihr Leben bereichert.

Ja, die positive Einstellung zu Kreativität und Ideenreichtum ist eine unverzichtbare Komponente im Persönlichkeitsbild jedes erfolgreichen, konstruktiv denkenden Menschen!

Sind Sie bereit, den Entscheidungsfindungsprozeß
als etwas Positives zu betrachten?

Viele gute Gedanken werden weggewischt von der Entscheidung, negativ statt konstruktiv zu denken. Deshalb ist die Entscheidungsbereitschaft von fundamentaler Bedeutung.

1. Der konstruktive Denker weiß, daß jede Entscheidung ein gewisses Risiko enthält. Es gibt keine absolut sicheren Entscheidungen. Wer das behauptet, zieht eine voreilige Schlußfolgerung, die keine Entscheidung ist. Sich entscheiden heißt, zwischen verschiedenen Alternativen und Optionen zu wählen, Gut und Schlecht gegeneinander abzuwägen. Das Risiko besteht oft darin, der weniger guten statt der besseren Möglichkeit den Vorzug zu geben. Als Pfarrer habe ich meinen Gemeindemitgliedern oft erklären müssen, daß unsere Sünden nicht daraus resultieren, daß wir der Versuchung des Bösen nicht zu widerstehen vermöchten. Wir gestatten vielmehr den weniger guten menschlichen Elementen, uns von unseren höheren Zielen ablenken zu lassen, die unsere volle Aufmerksamkeit verdienen!

2. Der konstruktive Denker weiß, daß auch Unentschlossenheit eine Entscheidung sein kann. Mitunter ist es ratsam, einen ,,Spargang'' einzulegen. Aber gelegentlich kann sich diese Zurückhaltung auch als eine bedauernswerte und äußerst nachteilige Verzögerung erweisen. Nichts tun bedeutet nicht, daß man sich nicht entschieden hat. Wenn der Verzicht zu handeln jedoch auf Trägheit, mangelndem Interesse oder Apathie beruht, dann haben Sie bewußt die Entscheidung getroffen, andere über Ihr Leben bestimmen zu lassen, das Ruder aus der Hand zu geben anstatt Ihre Gedanken und Gefühle selbst zu steuern. Wer darauf verzichtet, seine eigenen Ziele zu setzen und seine Gedanken zu kontrollieren, hat eine unverantwortliche Entscheidung getroffen. Das Ausmaß unserer Bereitschaft, Verantwortung zu übernehmen, wird nicht zuletzt an unserer Fähigkeit gemessen,

Entscheidungen ohne unnötige Verzögerungen und Ablenkungsmanöver zu fällen.

Ein konstruktiv denkender Mensch hat eine positive Einstellung zur Entscheidungsfindung. Er scheut sich nicht, ein Risiko einzugehen, aber er prüft es sorgsam und macht sich dabei nichts vor. Wer andere bittet, ihm die Fehler in einem Projekt, die Punkte, die gegen die Durchführung sprechen, oder das Schlimmste aufzuzeigen, mit dem zu rechnen ist, denkt nicht unkonstruktiv. Entscheidungsfreudige Menschen halten nichts von unliebsamen Überraschungen. Sie sind bemüht, widrige Umstände einzukalkulieren, so daß sie sich absichern, eine Pufferzone errichten, sichtbar oder indirekt Sicherheitsmaßnahmen treffen und einen „Fallschirm" mitführen können, für den Fall, daß sie „aussteigen" müssen. Die Risikobereitschaft beinhaltet eine positive Einstellung zu Kontrollmechanismen, die im Notfall greifen und vor einem unwiderruflichen Schaden bewahren. Wir konstruktiven Denker glauben an eine glückliche Vorsehung, aber wir sind auf alles vorbereitet!

Vorbereitung und Überprüfung gehören zu den natürlichen Merkmalen eines konstruktiv denkenden und entscheidungsfreudigen Menschen. Wir erproben eine Idee. Wir weigern uns, einen Vorschlag zu verwerfen, der nur geringe Aussichten auf Erfolg bietet. Wir wissen, daß jede zündende Idee einen Haken, jeder gute Einfall auch seine schlechten Seiten hat. Aber wir gehen davon aus, daß wir diese negativen Elemente bei der Überprüfung eliminieren oder zumindest ihre Auswirkungen eingrenzen können, so daß es uns möglich ist, die Idee weiterzuverfolgen und uns auf die positiven Aspekte zu stützen.

Wir konzentrieren uns deshalb auf Forschung und Entwicklung.

Wir streben danach, die Risiken soweit wie möglich zu reduzieren und Sicherheitsvorkehrungen zu treffen.

Wir sind fest davon überzeugt, daß ein Projekt sorgsam geprüft und ständig überprüft werden muß.

Wir berücksichtigen den Zeitfaktor, der mitunter eine ausschlaggebende Rolle spielt.

Wir befassen uns mit den vorhandenen Kommunikationsstrukturen. Wer wird wem diese Entscheidung mitteilen?

Vor allem vergewissern wir uns, ob unsere Entscheidung eine echte und dringend notwendige Problemlösung darstellt oder ob wir damit lediglich unsere eigenen Bedürfnisse zu befriedigen trachten.

Kein Wunder, daß konstruktive Denker oftmals Entscheidungen fällen, die Aufsehen erregen! Wir sind geschickt. Wir sind gut in unserem Metier. Wir sind entschlossen. Wir sind erfolgsverwöhnt.

Sie dürfen sich selbst beglückwünschen! Sie sind auf dem besten Weg, über sich selbst hinauszuwachsen. Sie erleben Ihre Wandlung vom negativ zum konstruktiv denkenden Menschen. Sie haben das Wunder vollbracht, Ihre Persönlichkeit grundlegend umzustrukturieren und den Erfolg vorzuprogrammieren!

Kapitel 6

Verankern Sie die Macht des konstruktiven Denkens in Ihrem Leben!

Startklar? Dann lassen Sie uns das Konzept des konstruktiven Denkens in die Praxis umsetzen. Gönnen wir uns die Freude, die Wandlung eines negativ in einen positiv denkenden Menschen mitzuerleben.

Wenn Sie bereit sind, die zuvor genannten positiven Einstellungen zu akzeptieren, dann werde ich aus Ihnen einen dynamischen, erfolgsorientierten, konstruktiv denkenden Menschen machen. Vergessen Sie nicht, daß konstruktives Denken — wie der Erfolg — ein Prozeß ist. Sie müssen lernen, wie man es in die Praxis umsetzt, übt und in sämtliche geistigen Aktivitäten integriert. Fangen wir also an, auch in Ihrem Leben die entscheidende Wende einzuleiten. Der Weg, den Sie gehen werden, führt

- vom Traum zur Verwirklichung.
- vom negativen zum positiven Denken.
- vom Versagen zum Erfolg.
- von der ersten zur nächsten Sprosse auf der Erfolgsleiter.

In einer uralten Legende wird die Geschichte eines Eremiten erzählt, der in einer Holzhütte in den Bergen lebte. Er war, wie es heißt, fähig, alle Fragen zu beantworten, die man ihm stellte. Eines Tages beschlossen zwei Lausbuben, ihm einen Streich zu spielen und ihm eine Frage zu stellen, die er nicht würde beantworten können.

Nachdem sie eines Abends Kriegsrat in einer Scheune abgehalten hatten, blendeten sie mit ihrer Laterne einen Spatz, der in den Dachsparren nistete. Sie holten den verstörten

Vogel aus dem Nest und machten sich auf den Weg zur Behausung des alten Einsiedlers. Der Junge, der den verängstigten Vogel vorsichtig in der Hand trug, konnte sein kleines Herz aufgeregt pochen hören. Die beiden hatten den Plan ausgeheckt, sich vor den alten Mann zu stellen – die Hände auf dem Rücken verborgen – und zu fragen: ,,Was haben wir in der Hand?" Hätte er richtig geraten, daß es sich um einen Vogel, um einen Spatz handelte, dann konnte die Falle zuschnappen, denn die nächste, trickreiche Frage sollte lauten: ,,Sag uns, weiser Mann, ist er tot oder lebendig?" Wenn er sagte, ,,lebendig", dann würden sie den Spatz in der Hand zerquetschen und somit beweisen, daß der Alte sich irrte. Erwiderte er: ,,Er ist tot", konnten sie ihn eines Besseren belehren und den kleinen Vogel fliegen lassen!

Sie marschierten also den Berg hinauf, fanden im Schein der Laterne die Holzhütte und klopften an. Sie warteten ungeduldig, die zitternden Hände auf dem Rücken verborgen. Langsam und mit einem quietschenden Geräusch öffnete sich die schwere Tür. Auf der Schwelle stand ein hochgewachsener, uralter Mann mit langem Haar und einem Bart, der ihm fast bis zur Taille reichte. Er starrte sie aus schmalen Augen an und sagte: ,,Was wollt ihr von mir?"

Aufgeregt antworteten sie: ,,Alter Mann, sag uns, was wir in unseren Händen halten, wenn du kannst!"

Seine durchdringenden Augen schienen sie zu durchbohren. Er wartete. Dann sprach er bedächtig: ,,Einen Vogel."

,,Nun, was für ein Vogel ist das?"

,,Ein Spatz."

Sie grinsten sich heimlich zu. ,,Sag uns, Alter, ist er tot oder lebendig?"

Der Einsiedler sah zu Boden und dachte nach. Dann sagte er: ,,Ganz wie ihr wollt!"

Was haben Sie im Augenblick in der Hand? Ihr Schicksal! Ihre Zukunft! Ist sie tot oder lebendig? Die Antwort lautet: Ganz wie ihr wollt, meine Freunde!

Genug der Geschichten. Machen wir uns an die Arbeit und beginnen wir mit der Umstrukturierung, der Feineinstellung und Aufrüstung Ihrer Denkprozesse. Folgen Sie mir nach. Ich kenne den Weg. Ich bin ihn schon oft gegangen. Ich habe Tausende geführt. Vertrauen Sie mir. Ich werde gut auf Sie achtgeben!

Bewahren Sie sich Ihre Einstellung!

Im letzten Kapitel haben wir über die positive Einstellung gesprochen, die das Fundament des konstruktiven Denkens bildet. Aber machen Sie sich nichts vor. Es bleiben immer noch ein paar negative Gedanken übrig, die sich ungehindert, ganz natürlich und auf schnellstem Weg wieder zerstörerisch an ihr Werk machen. Denken Sie stets daran: Probleme sollten für Sie kein unüberwindliches Hindernis darstellen. Probleme sind dazu da, gelöst zu werden! Und so lassen Sie uns gemeinsam das erste und immer wiederkehrende Problem in Angriff nehmen, nämlich die sehr menschliche Neigung, auf alte negative Denkmuster zurückzugreifen.

Es ist erschreckend, mit welcher Verführungskunst, welchen geheimen Tricks und flüchtigen Illusionen es den negativen Gedanken immer wieder gelingt, sich in die intimsten und unschuldigsten Winkel des Bewußtseins einzuschleichen und dort unsere noch unausgereiften Träume anzugreifen, zu schänden und zu zerstören.

Haben Sie am Strand vielleicht einmal jemanden mit einem Detektor spazierengehen sehen? Mit Hilfe dieses kleinen Metallgeräts kann man Geld, Uhren, Schmuck und selbst Abfall aufspüren, der unter dem Sand verborgen ist. Diese Leute gehen nicht nur einem interessanten Hobby nach, sondern tragen auch dazu bei, unsere Strände sauber zu halten.

Oder denken Sie an die Sicherheitsvorkehrungen in den

Flughäfen. In modernen Abflughallen sind Fotozellen in den Türrahmen eingebaut. Bei grünem Licht darf man passieren. Leuchtet rotes Licht auf, schrillt die Alarmanlage, und man wird gebeten, nochmals durch die Tür zu gehen. Ertönt die Sirene ein zweites Mal, muß man seine Taschen leeren. Meistens hat ein Gegenstand aus Metall den Alarm ausgelöst, beispielsweise ein Nagelclip in der Hosentasche oder eine Gürtelschnalle.

Wir alle brauchen einen solchen Detektor, aber nicht um Metall, sondern um unsere positiven und negativen Denkmuster aufzuspüren und uns selbst zu helfen, unseren Geist so weit wie möglich von allen verneinenden Gedanken zu befreien.

Lassen Sie mich Ihnen erklären, was den Alarm auslöst, der anzeigt, daß noch ein Restbestand negativer Gedanken vorhanden ist!

Als erstes tragen wir alle noch den Keim negativer Denkansätze in uns. Diese heimlichen, noch nicht enttarnten, stillschweigenden Überzeugungen können unermeßlichen Schaden anrichten.

Beispiel: ,,Ich glaube nicht an Gott.''

Im Klartext bedeutet das: Ich bin insgeheim davon überzeugt, daß ein praktizierender Christ ein Moralapostel, ein weltfremder, nach Vollkommenheit strebender, freudloser Langweiler ist. Falsch! Das ist eine irrige Annahme, die bedauerliche Konsequenzen haben kann.

Beispiel: ,,Ich brauche Geld oder gute Beziehungen, wenn ich Karriere machen will.''

Im Klartext: Es geht um die stillschweigende Überzeugung, wer aus einem weniger betuchten Elternhaus stammt und nicht über die richtigen Verbindungen verfügt, hat von vornherein keine Chance, seine Vorstellungen vom Leben zu verwirklichen. Falsch, falsch und nochmals falsch!

Beispiel: ,,Ich weiß, was ich tue. Ich hab's ja nicht zum erstenmal geschafft. Ich mache es auf meine Weise.''

Im Klartext: Wer diese Ansicht vertritt, glaubt, daß er

stets die richtigen Antworten parat hat, daß keiner gewitzter oder kompetenter ist als er selbst. Er mag den Mut besitzen, zu träumen, sich ehrgeizige Ziele zu setzen und einen Kopfsprung in unbekannte Gewässer zu wagen – aber eines fehlt ihm: der gute Rat, wie man es besser machen könnte, und das ist eine traurige Bilanz.

Es dürfte Sie nicht überraschen zu erfahren, daß einige dieser negativen Überzeugungen, die uns blockieren oder ins Verderben ziehen, das Ergebnis unserer negativen Vorprogrammierung sind. Wir sind beispielsweise nur selten geneigt, in Frage zu stellen, was man uns in Schulen oder Universitäten gelehrt hat. Wir gehen davon aus, daß unsere Lehrer sich nie irrten. Aber die Geschichte hat bewiesen, daß die Experten ständig zu neuen Erkenntnissen und Einsichten gelangt sind. Was wir für die uneingeschränkte Wahrheit hielten, basiert vielleicht auf einer beschränkten menschlichen Vorstellungsgabe. Und dennoch lassen wir diese subjektiven Aussagen als absolut richtig gelten und gestatten ihnen, unser Denkvermögen zu trüben und die Entwicklung unserer Persönlichkeit zu hemmen.

Der Alarm sollte auch ausgelöst werden, wenn wir uns selbst sagen hören: ,,Das habe ich noch nie gemacht!'' Mangelnde Erfahrung ist kein Grund, es nicht zu versuchen. Lassen Sie sich dadurch nicht einschüchtern. Ein konstruktiver Denker durchbricht diese Barriere, indem er einfach beginnt. Auch Rembrandt hat einmal klein angefangen. Selbst ein Genie wie Einstein mußte zunächst die vier Grundrechenarten lernen. Jeder Fußballstar, der in der Nationalmannschaft spielt, hat seine Karriere auf der Reservebank begonnen.

Denken Sie nur an das ungeheure menschliche Potential, an die Energie, die Entwicklungsmöglichkeiten und die Kreativität, die ungenutzt und unausgeschöpft bleiben, wenn wir uns von unserer Unerfahrenheit zurückhalten lassen. Um diese Barriere niederzureißen, müssen Sie sich zu der Einstellung durchringen, daß Sie sich von Ihrem Mangel an Erfahrung nicht besiegen lassen! Geben Sie niemals der Versuchung nach zu behaupten, Ihnen fehle es an Erfahrung, um Ihren Traum zu verwirklichen, denn Mut und eine positive Haltung sind weit wichtigere Attribute.

Ich erinnere mich an die Geschichte von einem kleinen Jungen, der im Hinterhof spielte — die Baseballkappe auf dem Kopf und in der Hand Ball und Schlagholz. Er murmelte vor sich hin: ,,Ich bin der größte Baseballspieler der Welt." Dann warf er den Ball in die Luft, schlug danach — und verfehlte ihn. Unverdrossen hob er den Ball wieder auf, warf ihn hoch und sagte sich: ,,Ich bin ein Superstar!" Er schwang den Schläger — und traf wieder ins Leere.

Da hielt er einen Augenblick inne und untersuchte Schlagholz und Ball. Danach warf er den Ball erneut in die Luft. ,,Ich bin der beste Baseballspieler, der je gelebt hat", redete er sich ein. Wieder daneben! ,,Dritter Schlagfehler", schrie er, und: ,,Wow, was für ein irrer Wurf!"

Es geht nichts über eine positive Einstellung! Sie gibt uns den Mut, uns an alles zu wagen. Ihnen fehlt die Erfahrung? Was für ein Glück. Dann wartet ein neues, verlockendes Abenteuer auf Sie! Vielleicht kennen Sie folgende Verse, die von einem unbekannten Dichter stammen:

,,Wein nicht um mich,
auf den ein Abenteuer wartet;
der freudig und erwartungsvoll des Abschieds harrt,
begleitet nur von seinem kühnen Herzen.

Bewahren Sie sich Ihre Erwartungen und schützen Sie sich vor negativen Gedanken wie ein Arzt, der sich die Hände nach jeder Untersuchung gründlich wäscht, um keine Keime zu übertragen. Stellen Sie Ihre negativen Einstellungen in Frage, bei denen es sich in Wirklichkeit um irrige Annahmen handelt, wie ,,Das ist gesetzlich verboten" (man geht von der falschen Voraussetzung aus, daß Gesetze sich niemals ändern) oder ,,Das können wir uns nicht leisten" (man läßt außer acht, daß man Geld sparen, verdienen, leihen oder durch Veräußerung von Sachgütern erwerben kann).

Prüfen Sie kritisch jede einzelne unmögliche Idee oder negative Einstellung, die sich vielleicht noch im Labyrinth Ihrer Gedanken verborgen halten mag. Machen Sie sich an die Aufgabe, sie auszugraben, zu enthüllen, an die Oberfläche Ihres Bewußtseins zu zerren und zu demaskieren. Befassen Sie sich solange mit jeder einzelnen, bis Sie entdeckt haben, daß Sie von einer stillschweigenden Voraussetzung ausgegangen sind, die Ihre Gedankengänge verzerrt. Vorurteile? Ignoranz? Ein irreales Weltbild? Räumen Sie damit gründlich auf!

Und vergessen Sie nicht, hier handelt es sich um eine Kunst, die geübt sein will und unabdingbar bei der Entwicklung unseres Erfolgsdenkens und -strebens ist.

Analysieren Sie Ihre Möglichkeiten!

Wenn Sie den Keim des negativen Denkens aus Ihren Denkmustern verbannt haben, werden Sie auch solche Vorschläge willkommen heißen, die Sie früher als lächerlich oder unrealisierbar eingestuft hätten. Jetzt sehen Sie sie in einem ganz anderen Licht. Sie stellen plötzlich eine Gelegenheit oder Möglichkeit dar, die sich zu verfolgen lohnt.

Öffnen Sie Tür und Tor und lassen Sie Ihrer Phantasie freien Lauf. Wovon würden Sie träumen, wenn Sie wüßten, daß sich Ihre Wunschvorstellungen realisieren ließen?

Möchten Sie Medizin studieren, obwohl Sie älter als fünfzig sind? Warum nicht? Cory SerVaas hat es geschafft und sich nicht nur als Ärztin, sondern auch als Kolumnistin der *Saturday Evening Post* einen Namen gemacht.

Meine Tochter Carol träumte nach der Amputation davon, Skirennläuferin zu werden. Sie hat inzwischen einige Goldmedaillen in der Behindertenolympiade gewonnen.

Ich vergesse nie, wie ich in einem Buchladen in Brooklyn meine Bücher signierte. Der erste in der langen Schlange der

Wartenden war ein sympathisch aussehender, gut gekleideter und offenbar erfolgreicher junger Mann. Er sagte zu mir: „Dr. Schuller, ich bin jetzt 28 Jahre. Ich habe Ihren Werdegang schon vor vierzehn Jahren verfolgt, als ich noch mit meiner Familie in einem schäbigen, engen Apartment wohnte. Sie haben behauptet, daß es jeder zu etwas bringen kann, der konstruktiv zu denken versteht.

Ich habe Ihre Bücher gekauft und bin zum christlichen Glauben übergetreten. Ich dachte mir: ‚Wenn ich wüßte, daß ich nicht versagen könnte, würde ich gerne Anwalt werden. Sie haben mir klargemacht, daß es allein auf mich und meine Bereitschaft ankommt, meine Träume zu verwirklichen, Ziele zu setzen und im Leben Erfolg zu haben.

Nun, Dr. Schuller, ich bin inzwischen Mitglied der Anwaltskammer des Staates New York. Mein nächstes Ziel steht auch schon fest: Ich möchte an den Obersten Gerichtshof. Ich weiß, daß ich es schaffen kann. Ich warte hier seit zwei Stunden aus einem ganz anderen Grund: Ich möchte Ihnen dafür danken, daß Sie aus mir einen konstruktiv denkenden Menschen gemacht haben!"

Bringen Sie Ihr Boot nicht zum Kentern!
Bestimmen Sie Ihre gegenwärtige Position!

An diesem Punkt möchte ich betonen, daß konstruktive Denker nicht überstürzt oder ziellos handeln und dabei die Wirklichkeit ignorieren. Deshalb sollten Sie Ihre Lage überprüfen, bevor Sie eine Möglichkeit verfolgen. Eines der wichtigsten Prinzipien im Marketing ist die Positionierung des Produkts. Auch Sie sollten lernen, wie ein erfolgreicher Geschäftsmann zu denken, bevor Sie sich an die Verwirklichung Ihres Vorhabens oder Traumes machen. Sie müssen Ihr Produkt oder Ihre Dienstleistung geschickt vermarkten, um sicherzugehen, daß diejenigen darauf aufmerksam werden, die von Ihrer Kreativität profitieren und darin einen nützlichen Beitrag zum Wohl der Allgemeinheit sehen.

Ein kluger konstruktiver Denker überprüft die Chancen, die ihm der Markt bietet. Er beobachtet die Konkurrenz. Er hält nach bisher unbefriedigten Bedürfnissen Ausschau. Gibt es irgendwo eine Marktlücke, die noch niemand entdeckt und besetzt hat?

Ein Topmanager des Automobilkonzerns Ford hat mir einmal anvertraut: ,,Wir versuchen seit langem vergebens, unsere Position am Markt für Luxuslimousinen zu stärken. Wir können den Marktführer Mercedes nicht aus seiner Spitzenposition verdrängen. Dieser Konkurrent ist zu stark und der Wettbewerb extrem hart.''

Unsere Kirche hat nicht zuletzt deshalb so viele Mitglieder, weil wir positives Denken ohne Dogmatismus praktizieren. Wir konnten uns bei den Fernsehzuschauern einen Namen machen, weil unsere Position im Wettbewerb mit anderen Glaubensgemeinschaften klar definiert ist. Wir müssen die Konkurrenz nicht fürchten. In Amerika gibt es Millionen Menschen, für die wir Repräsentanten des positiven Denkens und eines praxisorientierten, aktiven Christentums darstellen, nach dem viele Menschen heute suchen. Wir versuchen nach besten Kräften, ihnen dabei mit unserer Fernsehsendung ,,Hour of Power'' zu helfen.

Mit voller Kraft voranzustürmen, um seine eigenen Bedürfnisse zu befriedigen oder die vorhandene Antriebskraft auszunutzen, ohne die Konkurrenz, die Wettbewerbsbedingungen oder die Positionierung am Markt zu berücksichtigen, könnte sich als Katastrophe erweisen. Wir müssen darauf vorbereitet sein, unseren Kurs zu ändern und ihn den unbefriedigten Bedürfnissen anderer Menschen anzupassen.

Die Zeitungen waren vor einiger Zeit voll von Berichten über eine Kreuzfahrt, die Prinz Charles und Lady Diana an Bord der Königlichen Yacht in tropische Gewässer führte. Nach einem Festmahl mit dem Paar entschuldigte sich der Kapitän des Schiffes, er müsse nun wieder seinen Pflichten nachgehen und den Kurs überprüfen.

Als er die Kommandobrücke betrat, sah er Positionslichter vor sich, eindeutig erkennbar auf Kollisionskurs. Er gab den Befehl, dem Schiff durch Lichtsignale zu bedeuten, es solle sofort den Kurs ändern. Gleich darauf kam die Antwort: ,,Ändern Sie den Kurs!"

Der Kapitän war wütend. ,,Wir haben als erste Signal gegeben. Sie ändern den Kurs!"

Die Reaktion ließ nicht lange auf sich warten: ,,Das geht nicht. Sie ändern den Kurs!"

Nun riß dem Kapitän die Geduld. Auf seine Anordnung signalisierte der Funker: ,,Ich bin John Smith, Kapitän der Königlichen Privatyacht. An Bord befinden sich Prinz Charles und Prinzessin Diana. Das ist ein Befehl von höchster Stelle: Sie ändern umgehend Ihren Kurs!"

Einen Augenblick lang blieb alles dunkel. Dann kam das Lichtsignal: ,,Ich bin Fred Smith und seit zwanzig Jahren Leuchtturmwärter!"

Selbst wenn jemand die Marktnische, die Sie entdeckt haben, bereits besetzt hält, sollten Sie Ihre Idee nicht sofort aufgeben. Vielleicht können Sie ebenfalls Marktanteile gewinnen, wenn Sie mehr zu bieten haben als die Konkurrenz. Aber bevor Sie Ihr Vorhaben realisieren, sollten Sie sich fragen: ,,Bin ich bereit, mich für den Anfang mit einem bescheidenen Marktpotential zufriedenzugeben?" Viele kleine und mittelständische Unternehmen können heute beachtliche Erfolge verbuchen, weil sie ihre Ansprüche und Gewinnerwartungen zurückgeschraubt haben oder weil sie bessere Produkte und Dienstleistungen anbieten als die mächtigen etablierten Konzerne.

Manche Firmen haben Erfolg, weil sie sich eine Position unter den Marktführern sichern konnten. Jeder Läufer, der an einem Wettkampf teilnimmt und einen Platz unter den ersten hält, weiß, wie wichtig es ist, wenn man sich an seinem ,,Nebenmann" orientieren kann und erst im Endspurt überholt. Vielleicht bietet sich auch Ihnen diese Ausgangsposition, die Ihnen erlaubt, Ihre Stärke erst in einem späteren Stadium auszuspielen, oder die Chance, sich durch eine Änderung Ihrer Strategie an die Spitze vorzukämpfen.

Überprüfen Sie Ihre Wertvorstellungen!

Jetzt gilt es, den wichtigsten Schritt im Erfolgsprozeß zu vollziehen, nämlich Ihre Wertvorstellungen eingehend zu überprüfen. Konstruktives Denken ohne fundierte Wertvorstellungen könnte sich als Weg erweisen, der geradewegs in den Abgrund führt. Wünschen Sie sich beispielsweise sehnlichst, irgendwann einmal ein Millionenvermögen zu besitzen? Ohne Beachtung der Zehn Gebote oder Respekt vor Recht und Gesetz könnten Sie dabei leicht auf die schiefe Bahn geraten. Wer den Erfolg um jeden Preis und gegen alle Moral anstrebt, begeht eine höllische Dummheit. ,,Denn was hülfe es dem Menschen, wenn er die ganze Welt gewänne und nähme an seiner Seele Schaden?'' sprach Jesus zu seinen Jüngern. (Markus 8.36)

Sie haben Träume. Großartig! Überprüfen Sie sie anhand eines Wertsystems, das höchsten Ansprüchen gerecht wird. Es gibt keine schriftlich verankerten ethischen Grundsätze und keine Moralvorstellungen, die sich von ihrem Anspruch her mit der Bibel vergleichen ließen. Nehmen Sie sich das Buch der Bücher vor. Lesen Sie es und überprüfen Sie Ihre persönlichen Wertvorstellungen anhand dieses klassischen Werks der Literatur.

,,Ich wollte ein Hollywoodstar werden. Um mein Ziel zu erreichen, habe ich alle Hemmungen beiseite geschoben und mit meinem Agenten und jedem Produzenten geschlafen, der mir eine Rolle versprach. Ich durfte in einem Film mitspielen – und hinterher meinen Tripper auskurieren!'' Die Schauspielerin weinte, als sie mir dies erzählte. Sie bereute ihr bisheriges Leben zutiefst. Ich empfand großes Mitleid mit ihr.

Ich war einmal eingeladen, in San Francisco anläßlich einer Tagung von Bankiers eine Rede zu halten. Ich begann den Vortrag mit der Frage: 1) Worin besteht unsere Aufgabe im menschlichen Bereich? 2) Erreichen wir auf unserem Weg wirklich das, was wir anstreben? Und 3) Können wir stolz und zufrieden sein, wenn wir unser Ziel erreicht haben?" Am Ende des Vortrags stand das Schlußwort: ,,Denken Sie daran, daß in Ihrem Metier unter dem Strich keine Zahlen stehen, sondern Menschen!"

Um Ihre Wertvorstellungen nicht aus den Augen zu verlieren, sollten Sie am Ende Ihres Lebensweges mit Stolz zurückblicken, Liebe um sich und Hoffnung vor sich sehen können. Erst dann wissen Sie, daß Sie den richtigen Weg gewählt haben, den Weg, der zu Gott führt.

Dr. Charles S. Judd Jr. starb in Honolulu, als ich dieses Kapitel verfaßte. Bob Krauss, Kolumnist beim *Honolulu Advertiser* verfaßte den Nachruf:

Ein Regenbogen spannte sich über die Kirche Central Union — ein Zeichen des Himmels, das symbolisch schien für den Trauergottesdienst und seine besondere Bedeutung. Wer war Dr. Charles Sheldon Judd Jr.? Seine Frau Mary nannte ihn oft den ,,honorarfreien Arzt". Sie half ihm in der Praxis und befaßte sich mit der Abrechnung.

,,Wenn ein Patient nicht bezahlen konnte, notierte er ,,Keine Rechnung" auf einem Blatt Papier. Ein ganzer Wust solcher Blätter stapelte sich im Karteikasten", sagte sie.

. . . Nie hat man auf einer Beerdigung in Honolulu so viele Alohas gehört. Auf dem Kirchhof standen die Autos so dicht, daß kein Zentimeter Platz mehr blieb. In der Kirche drängte sich die Menge bis zu den Wänden und Ausgängen. . .

Den eindrucksvollsten Tribut zollten ihm die Bewohner von West-Samoa. Sie überreichten Mary im Namen ihres Staatsoberhauptes einen feingewebten Teppich und einen Umhang.

Samoa ist für seine kunstvollen Teppiche und Umhänge bekannt.

Aber diese beiden Gaben stellten etwas Besonderes dar, wie Reverend Sualauvi Tuimalealiifono erklärte. Sie waren nicht nur ein Geschenk der Regierung, sondern aufgrund der eingewebten Muster und Farben „samoanischen Stammeshäuptlingen und Königen vorbehalten".

Nur ein einziger Fremder hatte bisher eine solche Ehrenbezeugung erfahren. Ein solcher Umhang war Robert Louis Stevenson im vergangenen Jahrhundert zum Geschenk gemacht worden. „Heute wurde er zum erstenmal außerhalb West-Samoas verliehen", informierte uns Tuimalealifono.

Die Samoaner drückten damit ihre Dankbarkeit und Anerkennung für die Arbeit aus, die Charlie dort von 1965 bis 1969 im Auftrag der Regierung geleistet hatte.

Mary und Charlie ruhten nicht eher, bis sämtliche Patienten, die auf dem Rasen vor dem Haus warteten, versorgt waren. Viele stammten vom anderen Ende der weitläufigen Insel und hatten eine ermüdende Tagesreise in einem klapprigen alten Bus hinter sich.

Sie nannten ihn ihren „Retter". Sie sprachen ihn an, wenn er durch die Straßen von Apia ging, um ihm die Narben von einer Operation zu zeigen, die er durchgeführt hatte.

Viele Redner würdigten während des Trauergottesdienstes seine Verdienste. Er war gut und sanft wie ein Heiliger. Er erreichte mit seiner tätigen Hilfe mehr als Vater Damian oder der heilige Franz von Assisi mit ihren Predigten.

Charlie hatte eines mit ihnen gemein: Er war stark. Er besaß Willenskraft und Selbstdisziplin. An einem durchschnittlichen Tag im Krankenhaus von Kalihi, das eine kostenlose medizinische Behandlung bot, versorgte er 72 Patienten in zwei Stunden, obwohl er die halbe Nacht mit einem Notfall beschäftigt gewesen war.

Seine Persönlichkeit spiegelte die seltene, einzigartige
Verbindung von Sanftmut und Stärke wider. Ich glaube,
deshalb erschien der Regenbogen über der Central Union
Church, als der Trauergottesdienst beendet war.[8]

Listen Sie Ihre Aktiva auf!

Auch wenn Ihre Hoffnungen illusorisch und Ihre Träume
unrealisierbar erscheinen, sollten Sie sich nicht davon ab-
bringen lassen! Jetzt ist es an der Zeit, Ihre Aktiva aufzulisten, zu prüfen und nachzukontrollieren. Welche Möglichkeiten stehen Ihnen offen? Welche Optionen können Sie als
freier Mensch wählen? Wenn Sie in einem demokratischen
Land wie Amerika leben, sind Ihrem Entscheidungsspek-
trum keine Grenzen gesetzt. Vergessen Sie nicht – das
größte Hindernis auf dem Weg zum Erfolg ist die Unfrei-
heit, und dieses Problem wurde schon von Ihren Vorfahren
gelöst. Sie können sich frei entscheiden zu studieren, Karriere zu machen, zu arbeiten, zu sparen und sich mit Ihrer eigenen Firma oder einem gewagten Vorhaben zu profilieren.
Stellen Sie sich nur die Frage: ,,Was mache ich mit und aus
der Freiheit, die ich habe?''

Schauen Sie nach vorne! Leiten Sie den nächsten Schritt
ein! Listen Sie zunächst Ihre Mittel und Möglichkeiten auf!
Sie sind nicht so arm, wie Sie vielleicht glauben. Es gibt
nicht nur solche Aktiva, die sich in Zahlen ausdrücken lassen – wie Bargeld, Immobilien, Kleider und Schmuck. Sie
verfügen auch über einen nicht auf Anhieb sichtbaren, im-
materiellen Besitz wie Wissen, Erfahrung, Freiheit, Freunde, Glauben.

Vergessen Sie bei Ihrer Rechnung nicht Ihr verborgenes,
vielleicht noch unentwickeltes Potential! ,,Ich habe gar

---

8 Honolulu Advertiser

nicht geahnt, was in dir steckt", erklärte eine stolze Mutter ihrem erfolgreichen Sohn.

„Ich auch nicht, Mutter. Mir ist, als hätte ich völlig unerwartet eine Erbschaft gemacht", erwiderte dieser.

Jeder Mensch besitzt solche geheimen, unentdeckten Werte. Wir alle sind befähigt, Großes zu leisten. Wir müssen diese Fähigkeit nur erkennen, uns bewußtmachen, sie in die richtigen Bahnen lenken und voll entwickeln und ausschöpfen.

Mein Enkel Jason, vier Jahre alt, beklagte sich neulich: „Ich weiß nicht, was ich werden soll, wenn ich groß bin. Polizist geht nicht, weil ich nicht schnell genug rennen kann, um die Verbrecher zu fangen. Feuerwehrmann geht nicht, weil ich Angst hab', mich zu verbrennen. Und Krankenwagenfahrer geht nicht, weil ich nicht stark genug bin, die Trage hochzuheben."

Seine Mutter meinte daraufhin: „Nun, du könntest Prediger werden wie dein Großvater."

„Kann ich nicht!"

„Warum nicht?"

„Ich weiß nicht, was ich dann sagen soll!"

Kinder und Jugendliche sind nicht die einzigen, die ihre Aktiva noch nicht entdeckt haben. Ich besuchte einmal eine Kirche, als ich noch Theologie studierte. An der Tür stand eine Frau, die mich anlächelte, und ich fragte sie, ob sie aktiv in der Gemeinde mitarbeite und eine bestimmte Aufgabe übernommen habe.

„Oh, keine besondere", antwortete sie. „Ich besitze kein Talent."

„Was meinen Sie damit?" wollte ich wissen.

„Nun, ich kann nicht singen. Ich bin ziemlich gehemmt, also kommt Unterrichten auch nicht in Frage. Ich kann eigentlich überhaupt nichts besonders gut. Aber man hat mir immer wieder gesagt, ich hätte ein herzliches Lächeln. Und da die Kirche ein Ort ist, der einladend wirken sollte, stelle ich mich eben an die Tür. Ich dränge die Leute nicht einzutreten; ich stelle auch kein Ein-Mann-Begrüßungskomitee dar. Ich stehe nur dort und lächle die Leute an, wenn sie kommen und gehen."

Genau das war ihr Talent, ihre Gabe. „Laß nicht außer acht die Gabe in Dir." (1.Timotheus 4.14) Jeder verfügt über eine besondere Fähigkeit, eine göttliche Gabe.

Venita Van Caspel führt heute die Liste der namhaftesten Finanzplaner in den USA an. Viele ihrer Bücher stehen auf der Bestsellerliste der *New York Times.*

Venita hat es verstanden, ihre verborgenen Aktiva zu entdecken und zu entwickeln. Sie wuchs in einem christlichen, liebevollen Elternhaus auf. Die Familie war arm, was ihrer Ansicht nach dazu beitrug, daß sie das Geld schon in jungen Jahren achten und schätzenlernte. Sie dachte beizeiten darüber nach, was sie mit ihrem ersten eigenen Gehalt anfangen sollte. Während sie am College Wirtschafts- und Finanzwissenschaften studierte, nahm sie verschiedene Jobs an. Sie heiratete noch während der Studienzeit und mußte ihr Wissen zunächst „auf Eis legen".

Dann starb ihr Mann bei einem Flugzeugabsturz. Sie erhielt eine bescheidene Summe aus der Lebensversicherung und wußte, daß sie das Beste daraus machen mußte. Sie konnte sich keinen Fehler leisten. Deshalb kehrte sie ans College zurück und spezialisierte sich auf Anlageberatung. Sie lernte nicht nur, ihr eigenes Geld gut und sicher zu investieren, sondern auch das Kapital anderer Menschen.

Als sie studierte, las sie eine verblüffende Statistik: Nur zwei Prozent ihrer Mitbürger, die das 65. Lebensjahr erreichten, waren finanziell unabhängig! In ihren Augen war das eine Tragödie, und sie beschloß, solchen Menschen zu größerer finanzieller Sicherheit zu verhelfen. Darin sah sie ihre Aufgabe und eine göttliche Berufung, die ihr erlaubte, ihre von Gott gegebenen Talente nach bestem Wissen und Gewissen zu nutzen.

Venita war die erste Frau, die am *Pacific Coast Stock Exchange,* einem bekannten Börsenplatz, zugelassen wurde.

Zu ihren Klienten zählen viele prominente Bürger, die Rat und Hilfe suchen. Sie verstand es, ein zeitweilig brachliegendes Talent in einen Aktivposten zu verwandeln, der ihr nicht nur Ruhm und Ehre, sondern auch finanzielle Sicherheit einbrachte.

Wir alle haben solche unentdeckten Werte, die wir für uns arbeiten lassen sollten. Vielleicht sind Sie Maler und stecken gerade in einem kreativen Tief, haben Pinsel und Ölfarben in die Ecke gestellt? Oder Sie besitzen eine Geige, die Sie seit Jahren nicht mehr aus dem Futteral genommen haben! Steht in Ihrer Wohnung ein Klavier, und Sie haben seit langem keine Noten mehr angesehen oder geübt? Oder sind Sie Schriftsteller und haben vor Monaten die letzte Zeile geschrieben?

Listen Sie Ihre Aktiva auf! Stellen Sie Ihr Licht nicht unter den Scheffel, wenn die Umwelt Ihnen nicht auf Anhieb Anerkennung zollt. Es besteht kein Grund, Trübsal zu blasen oder zu verzweifeln, wenn man Ihnen sagt, Sie hätten kein herausragendes Talent, seien nicht intelligent genug, Ihre Bilder seien schlecht, Ihre Musik eine Zumutung oder Ihre tänzerische Darbietung mittelmäßig.

Über dem Kamin des verstorbenen Tänzers und Schauspielers Fred Astaire hing ein Spruch, der von dem Regisseur und Besetzungschef der Show stammt, in der Astaire seine erste Rolle erhielt. Darauf war zu lesen:

Name: Fred Astaire
Bemerkung: Miserabler Schauspieler, fast glatzköpfig, kann leidlich tanzen.

Listen Sie Ihr gesamtes Haben auf und überprüfen Sie sorgfältig die Bilanz. Sie sind stärker, reicher und haben eine bessere Ausgangsposition und größere Chancen, etwas daraus zu machen, als Sie es sich vorstellen!

Schlagen Sie aus Ihrer Erfahrung Kapital!

Sie wissen, daß man unter Kapital all das versteht, was sich zur Steigerung der eigenen Produktivität investieren läßt. Diese Investition ist eine der wichtigsten Voraussetzungen und zugleich eine der größten Hürden auf dem Weg in ein unbekanntes Gelände.

Was Sie vielleicht nicht wissen, ist, daß selbst die Fehler der Vergangenheit eine Investition darstellen, mit der sich Ihre Produktivität steigern läßt. Sie dürfen mir Glauben schenken, denn ich weiß es aus eigener Erfahrung. Haben Sie in Ihrem Beruf oder mit Ihrem Geschäft einen Fehlschlag erlitten? Wollen Ihre Mitmenschen wissen, warum? Machen Sie sich ihren Wissensdurst zunutze und übernehmen Sie die Rolle des Beraters!

Als ich vor 37 Jahren der Aufforderung folgte, eine neue Kirche im Süden Kaliforniens zu gründen, mußte auch ich eine Bestandsaufnahme machen. Die Liste war kurz und beschränkte sich auf drei Aktivposten: Ich selbst, meine Frau Arvella, die Orgel spielen konnte, und 500 Dollar in bar. Das war mein ganzes „Kapital".

Ich grübelte darüber nach, wie sich dieser Besitz kreativ vermehren ließe, um meinen Traum von einer eigenen Kirche für meine künftige Gemeinde zu verwirklichen. Zunächst mußte ich einen Platz finden, wo ich den Gottesdienst abhalten konnte. Die „Seventh Day Adventist Church" (‚die Adventisten des siebten Tags' – eine Religionsgemeinschaft, die lehrt, daß Christus in naher Zukunft wiederkehren wird; die Abstinenz übt und die Erwachsenentaufe vertritt), der „Elks Club" und die Aussegnungshalle konnten uns aufgrund des Zustroms nicht aufnehmen. Es schien, als sei mein Unternehmen bereits gescheitert, bevor es überhaupt begonnen hatte.

Aber eines Tages blätterte ich in der Zeitung und stieß auf die Kinoanzeigen, darunter auch die des neuen Autokinos. Plötzlich kam mir eine brillante Idee. Ich suchte den Geschäftsführer auf und bat ihn um Hilfe. Er gestattete mir, das Gelände für die heilige Messe und andere kirchliche Zwecke zu benutzen. Damit machte ich mich allerdings zur Zielscheibe des Spotts. Viele waren der Meinung, ich hätte alle Möglichkeiten ausgeschöpft und auf ganzer Linie versagt – Gottesdienst im Autokino, unvorstellbar! Aber mir gefiel der Gedanke, unter freiem Himmel, bei Sonnenschein oder unter dahinziehenden Wolken das Wort Gottes zu verkünden. Zwanzig Jahre lang setzte sich diese Idee in mir fest, bis ich beschloß, eine gläserne Kirche zu bauen, die mir wieder einen ungehinderten Blick auf den Himmel erlaubte. Die Crystal Cathedral resultierte letztlich aus meinem Fehlschlag, eine geschlossene ,,Halle'' für meine Gemeinde zu finden!

Auch Sie sollten den Kopf nicht hängenlassen, wenn Sie einen Fehlschlag hinnehmen mußten. Es könnte sich als das Beste erweisen, das Ihnen je passiert ist! Vielleicht trägt er dazu bei, Ihnen die Augen für einen neuen Weg zu öffnen, den Sie schon vor Jahren hätten einschlagen sollen, wenn Sie den Mut dazu besessen hätten.

Zahllose Männer und Frauen sind im Laufe der Zeit zu mir gekommen und haben mir erklärt: ,,Als ich meinen Arbeitsplatz verlor, habe ich geglaubt, das sei das Ende der Welt. Aber dann boten sich mir plötzlich weit bessere Chancen.'' Einer von ihnen gründete seine eigene Firma; ein anderer nahm eine Stellung an, die ihm größere Entscheidungsfreiheit, die volle Entfaltung seiner Kreativität und ein höheres Gehalt einbrachte.

Setzen Sie Prioritäten!

Erfolg stellt sich nur dann ein, wenn man sich ein Ziel setzt. Und jedes Mal, wenn Sie sich ein neues Ziel setzen, müssen Sie überprüfen, welche Priorität ihm zukommt. Das ist nicht ganz einfach. Dabei können Ihnen sogar äußerst diffizile Entscheidungen abverlangt werden. Aber denken Sie stets daran, das größte Problem ist nicht greifbar, sondern existiert nur in Ihrem Kopf. Vielleicht müssen Sie Ihr Lieblingsprojekt eine Weile aufschieben oder auf andere Wünsche verzichten, um ein bestimmtes Ziel zu verwirklichen. Unter Umständen ist jetzt der Augenblick gekommen, wo Sie eine Aufgabe anderen überlassen oder zurückstellen müssen, weil sich Ihnen keine zweite Chance wie diese bietet. Ich mußte in meinen mehr als 30 Amtsjahren unzählige Male Prioritäten setzen.

Um die Entscheidung zu erleichtern, sollten Sie wieder einmal Bilanz ziehen. Listen Sie 1) Ihre Aufgaben, 2) Ihre Hobbys, 3) Ihre außerberuflichen Verpflichtungen und 4) Ihre Ideen auf. Wägen Sie sorgfältig ab, welcher Stellenwert den einzelnen „Posten" zukommt. Beweisen Sie, daß Sie stark genug sind, auf das eine oder andere – vielleicht nur vorläufig – zu verzichten, und weise genug, die richtige Reihenfolge zu wählen. Zeigen Sie Mut zur Lücke! Durchforsten Sie Ihre Gedanken nach dem Wort „unmöglich", das sich einschleichen und Ihre Träume und wichtigsten Ziele torpedieren kann.

Vielleicht können Sie bestimmte Aufgaben delegieren. Ich war in der Lage, meine Gemeinde auszubauen, Bücher zu schreiben und im Fernsehen zu predigen, weil ich nicht darauf bestehe, alles selbst in die Hand zu nehmen. Es gibt nur wenige Dinge, die ich meiner Ansicht nach selbst tun sollte und muß. Innerhalb dieses Rahmens entscheide ich, welchen Aktivitäten Vorrang gebührt. Sonntags sehe ich meine Aufgabe darin, auf der Kanzel der Crystal Cathedral zu stehen und zu predigen. Der Montagabend bleibt meiner Frau und der Familie vorbehalten. Im Sommer reise ich im Auftrag meiner Kirche oder um Studien zu treiben kreuz und quer durch die USA und ins Ausland. Und es gibt Zeiten, wo ich mich „in Klausur" begebe, um ungestört an einem neuen Buch zu arbeiten.

Lernen Sie, Ihre Prioritäten richtig zu setzen, und Sie haben einen wichtigen Schritt auf Ihrem Weg zum Erfolg getan.

Planen Sie Ihre Zeit!

Der Kalender bietet Ihnen die Möglichkeit, Ihre Ziele auf einfache und wirkungsvolle Weise zu kontrollieren, wenn Sie sich angewöhnen, sie nach Prioritäten zu ordnen und schriftlich zu fixieren. Vielleicht sind Sie der Ansicht, Sie sollten sich wieder einmal mehr um Familie, Bekannte oder Geschäftsfreunde kümmern. Dazu brauchen Sie Zeit — und den Kalender, in dem Sie einige wichtige Daten markieren, um den Menschen, die Sie womöglich vernachlässigt haben, Ihre ganze Aufmerksamkeit zu widmen.

Sie sollten im Kalender sowohl Ihre unmittelbaren Zielsetzungen als auch langfristigen Pläne skizzieren. Notieren Sie auch dann und wann eine ,,Denkpause''. Ich kenne einen außerordentlich erfolgreichen Mann, der jeden Tag eine Stunde der Besinnung einlegt, die er nutzt, um zu beten, in der Bibel zu lesen, zu meditieren oder die Ereignisse im Privatleben zu überdenken. Während dieser Zeit kapselt er sich ab, um vor unangemeldeten Besuchern und unwillkommenen, streßfördernden Störungen sicher zu sein. Seine Sekretärin darf ihn bei dieser wichtigen Tätigkeit nur unterbrechen, wenn Nachrichten von seinen nächsten Angehörigen vorliegen, die keinen Aufschub dulden.

Vielleicht müssen Sie gerade überprüfen, ob Ihr nächstes Projekt durchführbar ist. Um die Übersicht zu behalten, sollten Sie in Ihrem Kalender Gesprächstermine mit wichtigen Leuten notieren, die Sie zu Rate ziehen wollen.

Haben Sie das Gefühl, sich in der letzten Zeit verändert zu haben? Ist Ihnen aufgefallen, daß sich bei Ihnen Auseinandersetzungen, Ärger und Ermüdungserscheinungen häufen? Dann sollten Sie Ihren Kalender zur Hand nehmen und sich ab und zu eine Pause gönnen, um Ihrem Hobby nachzugehen oder einfach nur auszuspannen. Ich habe mir stets zum Ziel gesetzt, Beruf und Privatleben gleichermaßen erfolgreich zu gestalten, meine geistige und physische Gesundheit zu pflegen und ein harmonisches Ehe- und Familienleben zu führen. Deshalb halte ich in mehr oder weniger regelmäßigen Abständen ein „Meeting" mit meiner Frau und den wichtigsten Mitarbeitern ab, das ich im Kalender vermerke. Wir legen schon ein Jahr im voraus fest, welche Zeiten der Entspannung, Studien und dem Urlaub vorbehalten bleiben.

Aber Vorsicht: Kontrollieren Sie Ihren Terminkalender, bevor er Sie kontrolliert!

Halten Sie sich Ihre Ziele vor Augen!

Jetzt können Sie damit beginnen, sich von Ihren Zielen ein „Bild" zu machen oder sich eine „Ich will"-Liste anzulegen (und die wichtigsten Daten in Ihren Kalender zu übertragen). Das menschliche Gedächtnis ist ein erstaunliches, geheimnisvolles, wunderbares Instrument. Im Mai 1985 erschien in der Zeitschrift *Psychology Today* ein aufschlußreicher Artikel unter der Überschrift: „In the Mind's Eye" (‚Aus dem Blickwinkel des Gedächtnisses'). Er befaßt sich in erster Linie mit dem Prozeß der Visualisierung, der nicht auf einer rein optischen Wahrnehmung, sondern auf einer inneren Vision beruht, die sich aus der menschlichen Vorstellungskraft ableitet. In der Bibel ist ein ähnliches Konzept erwähnt. Dort heißt es: „Wo keine Offenbarung ist, wird das Volk wild und wüst" (Sprüche 28.29).

Ich habe festgestellt: Sobald ich meine Ziele bildhaft vor mir sehe, komme ich ihnen einen großen Schritt näher. Einmal führte ich ein Gespräch mit einem Architekten über ein bestimmtes Projekt. Wir überprüften sämtliche Aspekte und analysierten, ob es den tatsächlichen Bedürfnissen entspräche. Schließlich zog der Mann zur Veranschaulichung eine Aquarellzeichnung hervor. Erst in diesem Augenblick begann mein Ziel Gestalt anzunehmen, für mich etwas Faßbares, Reales zu werden. Ich nahm das Bild in mein Gedächtnis auf, um es dort wie eine Fotografie zu speichern, mit der man jederzeit wieder Erinnerungen hervorrufen kann. Das Bild blieb in meinem Unterbewußtsein verhaftet und wurde zur Triebfeder meines Handelns. Ich habe entdeckt, daß ich in der Lage bin, ein Ziel zu visualisieren, es mir bildlich vorzustellen. Erst dann zapfe ich alle anderen Quellen an, die mir die Kraft geben, ein Projekt sicher durch die schwierigen, noch vor mir liegenden Phasen zu bringen.

Wenn Sie sich Ihre Ziele vergegenwärtigen, sollten Sie lernen, Ihren Blick wie eine Kamera auf einen Brennpunkt zu konzentrieren. Dr. David Burns, Autor des Bestsellers *Fühl Dich gut − Angstfrei mit Depressionen umgehen*,[9] gehört zu den bekanntesten Vertretern einer psychotherapeutischen Richtung, die man als kognitive Therapie bezeichnet. Er führt zur Veranschaulichung den Vergleich mit einem Feldstecher an. ,,Wenn Sie sich kein genaues Bild von Ihrem Leben machen, haben Sie vermutlich auch kein bestimmtes Ziel vor Augen.''[9]

Also greifen Sie nach Ihrem geistigen ,,Feldstecher'' und konzentrieren Sie sich auf Ihr Ziel. Rücken Sie es mit Hilfe Ihrer Vorstellungskraft und Ihres inneren Ortungssystems in den Brennpunkt; richten Sie Ihre volle Aufmerksamkeit darauf, bis es scharf sichtbar, meßbar und erreichbar geworden ist. Erfassen Sie es mit Ihrem geistigen Auge, vereinnahmen Sie es − und es wird Sie vereinnahmen!

Wenn Sie sich auf Ihre innere Vision und Ihren Wunsch konzentrieren, sollten Sie nicht vergessen, einen ,,Filter'' zu

---

9 David Burns, *Fühl Sich gut − Angstfrei mit Depressionen umgehen* (Trier: éditions trèves)

benutzen. In Ihrem Kopf wirbeln die Bilder vielleicht durcheinander und richten Verwirrung an. Widersprüchliches und Doppelsinnigkeiten können Ihre Begeisterung dämpfen, Ihre Antriebskraft lähmen und Ihre feste Absicht untergraben, ein bestimmtes Ziel zu verfolgen. Manche Menschen sehen sich ständig vor dieses Problem gestellt. Sie sind wie Reisende in einem Bus, die aus dem Fenster schauen, während draußen die Landschaft vorbeifliegt. In Wirklichkeit haben sie nichts gesehen, geschweige denn einen emotionalen Bezug zu den Orten hergestellt, die viel zu schnell an ihren Augen vorbeigezogen sind.

Interessanterweise habe ich meinen Blick für die Psychologie und Theologie durch den häufigen Umgang mit namhaften Architekten merklich schärfen können. Als es an der Zeit war, die Gestaltung unseres ersten Gotteshauses in Angriff zu nehmen (das wie ein Drive-in gebaut war und schließlich zu klein wurde), setzte ich mich mit einem der renommiertesten Architekten des 20. Jahrhunderts, Richard Neutra, in Verbindung, der inzwischen verstorben ist. Als wir über den Entwurf sprachen, erklärte er mir: ,,Bob, wir brauchen eine Konstruktion, die Sie aufgrund des Symbolgehalts bei Ihrer Aufgabe unterstützt. Bevor wir irgendwelche Baupläne oder Skizzen zeichnen, müssen wir uns deshalb Gedanken über das geistige Fundament machen. Die Kirche sollte im Besucher positive Gefühle wecken und, so Gott will, alle negativen Gedanken blockieren.''

Ich muß wohl nicht betonen, wie sehr mich dieser Lösungsansatz faszinierte. Ich hatte mir schon seit langem eine ganz bestimmte Vorstellung von dem Bauwerk gemacht, das unsere Gemeinde beherbergen sollte. Wichtig und interessant ist in dieser Phase des konstruktiven Denkens − der Veranschaulichung unseres Ziels − daß wir uns Raum lassen für Veränderungen und eine bessere Anpassung an die aktuellen Bedürfnisse, die letztlich für den Erfolg oder Mißerfolg eines Projekts ausschlaggebend sein können.

,,Was meinen Sie damit, Mr. Neutra?'' fragte ich ihn.

,,Nun, wir suchen einfach nach Symbolen, die im Unterbewußtsein negative Strömungen freisetzen könnten. Dann entwickeln wir eine Konstruktion, die alle negativen Impulse ableitet und sich auf die positiven Gefühle und Gedanken konzentriert.''

Er merkte, daß ich nicht ganz bei der Sache war und ihn verständnislos ansah. Also griff er zu einer einfacheren Erklärung.

,,Dort drüben befindet sich beispielsweise ein Hochspannungsmast.'' Er zeigte mit seinem knochigen Zeigefinger darauf. ,,Das Unterbewußtsein registriert dieses Bild, und schon entsteht eine innere Spannung. Im Unterbewußtsein wissen wir: Wenn wir die Drähte berühren, erhalten wir einen Stromstoß. Wir sollten deshalb jedes Objekt, das negative Gefühle erzeugt, hinter einer Mauer aus Stein verbergen. Dort, wo der Ausblick wunderschön ist und Ruhe vermittelt, werden wir Glasfenster anbringen, damit sich der Betrachter auf das Positive konzentrieren kann. Wir dürfen den Blick auf etwas, das positive Gefühle weckt, wie etwa den Himmel, das Meer oder einen Garten, nicht versperren. Die Bilder, die vor unserem geistigen Auge entstehen und unsere Persönlichkeit prägen, werden von den äußeren, auf uns einströmenden Eindrücken bestimmt.''

Richard Neutra gelang es, meine Vorstellung von einem kirchlichen Bauwerk drastisch zu ändern. Erst vor kurzem hatte ich eine im konventionellen Stil erbaute Kirche besucht, mit einer massiven Steindecke, Fenstern, die rechts und links im Seitenschiff wie Soldaten ausgerichtet waren, und einer Kanzel, in der man mit dem Rücken zur Wand predigte. Nachdem wir unsere Ziele visualisiert hatten, überdachten wir noch einmal das Konzept und führten einige wichtige Korrekturen durch. Sie trugen dazu bei, uns auf unser Ziel einzuschwören und unglaubliche Energien freizusetzen. Kein Wunder, daß uns der Erfolg sicher war!

Immer wieder kommen Leute zu mir, um mir von ihrem Wunschtraum oder ihren hochfliegenden Plänen zu berichten. In der Regel weise ich sie darauf hin, daß ich keine Zeit zum Zuhören habe, solange sie keine Zeit haben, ihre Vorstellungen zu durchdenken. Ich rate ihnen: „Zeichnen Sie das Ganze auf oder beschreiben Sie es mit Worten, wenn Ihnen die künstlerische Begabung fehlt. Versuchen Sie, Ihr Projekt so zu komprimieren, daß es auf einer einzigen Seite Platz findet. Bevor Sie nicht in der Lage sind, es klarer zu sehen, können Sie kaum damit beginnen, es zu realisieren."

Haben Sie sich nun ein genaues Bild gemacht? Sich Ihre Vision ins Bewußtsein gerufen? Ihre negativen Gedanken und Fehlhaltungen ausgefiltert? Ihr Ziel in den Brennpunkt gerückt? Gut, dann können wir weitermachen.

Aber warten Sie noch – sind Sie ganz sicher, daß Sie sich nicht verschätzt haben, was Größe und Umfang Ihres Ziels betrifft? Sie haben es vor Augen, aber können Sie es auch richtig ermessen? Wenn Sie Zweifel hegen, finden Sie vielleicht im Gebet die Antwort auf die Frage, ob die Dimension Ihres Traums im richtigen Verhältnis zu Ihrer Persönlichkeit und Ausgangsposition steht. Manche beißen ein zu großes Stück vom Kuchen ab und ersticken fast daran. Fangen Sie klein an und genießen Sie die ersten bescheidenen Erfolge. Schaffen Sie sich eine solide Basis – und strecken Sie dann Ihre Fühler in alle Richtungen aus.

Andererseits gibt es auch Menschen, die in allzu bescheidenen Dimensionen denken. Wenn Sie Ihren Traum ohne Gottes Hilfe verwirklichen können, ist er nicht groß genug. Nur derjenige, der ein angemessen hohes Ziel anstrebt, verfolgt einen von Gott gegebenen und Gott würdigen Traum, der sich ohne Beistand des Allmächtigen nicht in die Praxis umsetzen läßt. Gott hat diese Sicherheitsvorkehrungen getroffen, damit wir Menschen uns in Demut üben und, wenn wir Erfolg haben, niemals vergessen, wem wir ihn verdanken.

Wenn Sie Ihr Projekt klar vor Augen und seine Dimension richtig eingeschätzt haben, greifen Sie danach! Umgeben Sie es mit einer Schutzhülle, die Sie mit innerer

Entschlossenheit versiegeln. Nehmen Sie sich fest vor, es mit allen zu Gebote stehenden Mitteln zu realisieren. Selbst wenn andere Ihnen keine Chance einräumen, sollten Sie sich nicht beirren lassen. Wollen Sie Ihren Traum verwirklichen? Dann erleben Sie ihn kraft Ihrer inneren Vision, ergreifen Sie ihn, erfühlen Sie ihn – und folgen Sie dem Weg zum Erfolg!

Mobilisieren Sie Ihre Ressourcen!

Nun ist es an der Zeit, alle verfügbaren Kräfte zu mobilisieren. Die meisten Fehlschläge sind nicht auf Mangel an Begabung, Ausbildung oder Gelegenheit, sondern auf den Mangel an Aufmerksamkeit zurückzuführen, den ein Projekt seitens seines Leiters oder seiner Leiter erfährt. Als erklärter und geübter konstruktiver Denker habe ich mich stets darum bemüht, mich auf jedes einzelne Projekt voll und ganz zu konzentrieren und mich mit allen Mitteln dafür einzusetzen. Jedesmal habe ich mir ausgemalt, wie es nach der Beendigung aussehen würde – ob es sich dabei um ein Bauwerk, ein Buch, ein Fernsehprogramm, meine Familie oder mein Heim handelte. Dann war ich in der Lage, jeden einzelnen Schritt nachzuvollziehen, der mich meinem Ziel näher brachte. Ich habe meine Kräfte und Ressourcen vereint, um sie auf die Verfolgung meines unmittelbaren Ziels zu konzentrieren.

Nun ist der Zeitpunkt gekommen, an dem voller Einsatz verlangt wird. Wie war es, als Amerika Japan nach dem Überfall auf Pearl Harbour den Krieg erklärte oder die Invasion der Alliierten in der Normandie begann? Auch hier wurden sämtliche Kräfte zentralisiert, alle Ressourcen mobilisiert. Jetzt ist es an der Zeit, auf einige Stunden Schlaf zu verzichten und länger zu arbeiten. Halten Sie keine Energie zurück. Nehmen Sie notfalls sogar eine zeitweilige Überlastung in Kauf, um Ihrem Projekt den Start zu ermöglichen. Schaffen Sie sich eine starke Ausgangsbasis und benutzen Sie Ihre ersten Erfolge als Stützpfeiler für alle weiteren Schritte. Stellen Sie sich vor, Sie wären ein „eiserner Keil, den man in hart gefrorenen Boden getrieben hat" – um Winston Churchills Worte zu zitieren, mit denen er die Verdienste eines seiner großen Generäle würdigte.

Beten Sie inbrünstig für das Gelingen Ihres Vorhabens. Suchen Sie Hilfe bei den kompetentesten und wagemutigsten Menschen. Wenden Sie sich an die Kapazitäten auf dem Gebiet, das Sie beschreiten, und überzeugen Sie sie davon, daß es sich lohnt, Ihnen Unterstützung zu gewähren. Vielleicht müssen Sie auch überprüfen, wie gut Ihre Verbindung zur größten Kraftquelle ist – zu Jesus Christus. „Mir wird alles gelingen durch Jesus, meine Stärke und Zuversicht."

Sie brauchen nun alle Ressourcen, derer Sie habhaft werden können – Beistand in religiöser, finanzieller und intellektueller Form, kompetente Ratgeber und, nicht zu vergessen, Ihre volle Einsatzbereitschaft. Sie wissen ja, daß die Supererfolgreichen, die Champions, die Besten der Besten, über unglaubliche physische Kräfte verfügen, die es ihnen ermöglichen, unermüdlich und schnell zu arbeiten.

Aktivieren Sie Ihr Denken!

Wenn Sie 1) sich Ihre Einstellung bewahrt, 2) Ihre Möglichkeiten analysiert, 3) Ihre Position bestimmt, 4) Ihre Wertvorstellungen gründlich überprüft, 5) Ihre Aktiva aufgelistet, 6) Ihre Erfahrungen zu Kapital gemacht, 7) Prioritäten gesetzt, 8) Ihre Termine auf den neuesten Stand gebracht, 9) Ihre Ziele visualisiert und 10) Ihre Ressourcen mobilisiert haben – dann bereiten Sie sich jetzt darauf vor, Ihre Gedanken mit einem gehörigen Schuß Begeisterung oder Enthusiasmus zu aktivieren. Denn Begeisterung ist eine Form von Energie!

Wie definiert man Begeisterung? Diese Eigenschaft ist die

geheimnisvolle Kraft, die einen unscheinbaren Menschen in einen außergewöhnlichen verwandelt. Sie läßt die Lebensjahre eines alten Menschen vergessen, und wenn sie fehlt, einen jungen Menschen uralt erscheinen. Sie ist die verborgene Quelle, aus der unsere Energie gespeist wird. Sie gleicht einem endlosen Laufband, das uns von mittelmäßigen Leistungen zu herausragenden führt. Sie läßt die stumpfen Augen aufleuchten, bis jemand vor Freude strahlt und seine Persönlichkeit sich sichtbar zu verändern scheint. Sie zieht wie ein Magnet alle hilfsbereiten und glücklichen Menschen an, die unsere Freundschaft und einen fruchtbaren Gedankenaustausch suchen. Sie ist wie ein emotionaler Brunnen, der perlt und schäumt, so daß viele unsere Nähe suchen, um an der Freude teilzuhaben, die von Herzen kommt. Sie enthält die Botschaft eines positiv denkenden Menschen, der aller Welt verkündet: ,,Ich kann das. Es ist möglich. Wir schaffen es!''

Begeisterung − was ist das? Wie erklären Sie dieses Wort, das Berge zu versetzen vermag? Wie kommen Sie dazu? Es gibt Synonyme und verwandte Begriffe, die den Bedeutungsgehalt veranschaulichen, wie ,,Enthusiasmus''. Das Wort stammt aus dem Griechischen: ,,en Theos'' heißt soviel wie ,in Gott'. Wir sprechen von Inspiration, abgeleitet vom lateinischen ,,in spiritu'', im Geiste. Füllen auch Sie Ihr Leben mit dem Geist Gottes, und Sie werden spüren, wie Seine Kraft auf Sie übergeht.

Niemand bringt es in seinem Leben zu etwas, wenn es ihm an göttlicher Inspiration und Begeisterungsfähigkeit fehlt. Nehmen Sie einen Stift und ein Blatt Papier zur Hand und machen Sie sich an die Aufgabe, sich in der Kunst des konstruktiven, positiven Denkens zu üben. Listen Sie alle energiespendenden Einfälle und Ziele auf, die Sie verwirklichen wollen.

Jede Hausfrau weiß, wie wichtig eine Liste sein kann, wenn man den Einkaufswagen durch den Supermarkt schiebt. Wer sich strikt an den Einkaufszettel hält, spart

Zeit, Geld und Ärger. In den Regalen türmt sich das Warenangebot. Die Auslagen sind so angeordnet, daß sie unseren Blick magnetisch anziehen und zum Kaufen verführen. Eine Einkaufsliste sorgt dafür, daß wir uns nur auf die Dinge konzentrieren, die wir wirklich benötigen – und nicht ständig zu Sonderangeboten greifen, an denen im Augenblick kein wirklicher Bedarf besteht.

Ein älteres Ehepaar saß abends gemütlich beisammen. Sie hatte großen Appetit auf Eis und bat ihren Mann, schnell in den nächsten Supermarkt zu fahren.

,,Aber bring Vanille mit, keinesfalls Schokoladeneis, und schreib's dir auf, damit du es nicht vergißt", ermahnte sie ihn.

Und als er schon auf dem Weg zur Haustür war, rief sie ihm nochmals nach : ,,Und vergiß nicht, ich möchte eines mit Schokoglasur, nicht Erdbeer!"

,,Kein Problem, das vergesse ich schon nicht!"

Als er im Wagen saß, bat sie ihn das Fenster herunterzukurbeln und erteilte ihm noch den Auftrag: ,,Bring auch noch ein paar Nüsse mit!"

,,Ja, mache ich." Der Mann fuhr los – mit den besten Absichten. Aber als er im Supermarkt angekommen war, konnte er sich nicht mehr erinnern, was er alles einkaufen sollte. Er irrte durch die Gänge in der Hoffnung, daß es ihm wieder einfiele.

Als er nach Hause zurückkehrte, geriet seine Frau in Zorn. Alles, was er in seiner Tüte hatte, war ein Dutzend Eier.

,,Was hast du gekauft . . . Eier? Ich wußte doch, daß du nichts behalten kannst! Du hast den Schinken vergessen?"

Wir alle brauchen eine Liste als Gedächtnisstütze, ob sie nun dem Einkauf dient oder unser Leben ordnen soll. Ohne sie verlieren wir die Orientierung, wenn wir ein Projekt angehen, eine Rede halten, bestimmte Aufgaben erledigen müssen oder unsere Träume und Ziele auf die Reihe bringen. Und von der Orientierungslosigkeit ist es nicht weit bis zur nächsten Stufe, der Depression. Wir sollten uns eine Liste anlegen und in drei Rubriken aufteilen. Die erste könnte die Überschrift tragen ,,Was ich tun will''; die zweite ,,Was ich gerne tun würde, wenn. . .'' und die dritte ,,Wäre das nicht phantastisch, wenn. .?'' Werfen Sie jeden Tag einen Blick auf Ihre Liste und prüfen Sie Ihre Möglichkeiten! Sie werden sehen, allein das genügt, um stets aufs neue von Begeisterung erfüllt zu sein.

Kein Schwung ohne Orientierung!

Auf einem Seminar, das ich vor einiger Zeit besuchte, fragte einer der Teilnehmer den Referenten, einen Arzt: ,,Warum scheint es, als besäßen manche Menschen mehr Energie als andere?''

Er erwiderte: ,,Das ist in erster Linie genetisch festgelegt. Manche haben besonders aktive endokrine Drüsen, die für einen hohen Adrenalinausstoß in die Blutbahn sorgen.''

Mir reichte diese Erklärung nicht. Ich fragte deshalb: ,,Wie kommt es dazu, daß die Adrenalinproduktion so aktiv ist?''

Der Arzt antwortete: ,,Die Drüsen werden bei manchen Leuten stimuliert und schütten Sekrete aus, die in Energie umgesetzt werden. Anderen fehlt dieses Stimulans, und sie fühlen sich kraftlos.''

,,Und welches Stimulans trägt zu einer verstärkten Produktion der energiespendenden Drüsensekrete bei?'' hakte ich nach.

,,Das müßten Sie eigentlich wissen, Dr. Schuller'', lautete die Antwort, ,,positives Denken.''

Negative Gefühle wie Zweifel, Angst, Sorgen, Wut, Aggressivität, Selbstmitleid und Eifersucht kosten enorm viel Kraft. Durch Begeisterung und Engagement werden ungeheure Kräfte freigesetzt und kanalisiert − physischer, emotionaler und geistiger Natur. Vertrauen Sie auf Gott, denn

ER ist allmächtig. Er öffnet die Schleusen und überflutet den mit Kraft und Energie, der an Ihn und an sich selbst glaubt. Ein lohnendes Projekt wie die Errichtung eines Bauwerkes, Hilfe, die man einem Mitmenschen gewährt, der Kampf für eine gute und gerechte Sache sind ein unermeßlicher Energiespender. Sie zehren nicht an den eigenen Kräften, sondern dient im Gegenteil als nie versiegende Quelle der Kraft. Sie verbrauchen keine Energie, sondern erneuern ständig Ihren Energievorrat.

Wagen Sie von einer Vision zu träumen! Stellen Sie sich eine Liste mit guten Taten zusammen, um jene nicht aus den Augen zu verlieren, die Ihrer Hilfe bedürfen. Es herrscht soviel Leid und Elend auf der Welt, daß eine Liste nicht ausreicht. Angesichts der Tatsache, daß es noch immer emotionale und physische Unterdrückung, Armut, Hunger und Gewalt gibt, können wir uns nicht damit herausreden, wir hätten nicht die leiseste Ahnung, wie wir uns selbst und anderen helfen sollen.

Knüpfen Sie ein weitläufiges Beziehungsnetz!

Analysiert man Werdegang und Umfeld erfolgreicher Menschen oder Institutionen, die sich durch ihre Leistungen profiliert haben, stößt man unweigerlich auf ein weit verzweigtes, offen sichtbares oder geheimes Netzwerk, das sie umgibt. Es ähnelt einem stark verästelten Netzwerk in unserem Körper — den Blutbahnen. Letzteres besteht aus kräftigen Arterien, die zum Herzen führen und winzigen Kapillargefäßen, die für die Versorgung der Zellen mit Blut zuständig sind. Ohne dieses Netzwerk würde unser so robust und stark wirkendes Herz nicht schlagen. Auf dieselbe Weise zieht sich ein Netzwerk von Nervenzellen und -fasern vom Gehirn bis in jeden Muskel und jede Faser unseres Gewebes, das Reize empfängt und weiterleitet. Ohne dieses weitverzweigte Netzwerk könnte das Gehirn nicht die Kontrolle über unsere Reaktionen und Reflexe ausüben und sie steuern.

Unsere Fernsehsendung „Hour of Power" läuft über rund zweihundert Fernsehstationen in etwa neunzig Prozent aller amerikanischen Haushalte. Sie sind unser Netzwerk.

Die Sendezeit im Fernsehen ist teuer. Wir haben uns deshalb nach und nach ein Netzwerk von rund 20 000 Spendern aufgebaut, die unser Programm mit ihrem Beitrag von 500 bis 1000 Dollar im Jahr finanziell unterstützen. Sie gehören zu unserem „Eagles Club" („Club der Adler'), ohne den dieses Medienprojekt nicht durchführbar wäre.

Fast 2000 Mitglieder unserer Kirche haben sich freiwillig und nach entsprechender Einweisung und Anleitung für die Gemeindearbeit zur Verfügung gestellt. Sie befassen sich mit den unterschiedlichsten Aktivitäten: Sie basteln Weihnachtsgeschenke für die Insassen des Staatsgefängnisses, haben als erste eine Telefonseelsorge-Station für Suizidgefährdete eingerichtet, die rund um die Uhr besetzt ist, und sorgen für das leibliche und seelische Wohl der zahllosen Menschen, die unsere Kirche und die dazugehörigen Einrichtungen besuchen. Sie bilden ein Netzwerk, das entscheidend zu unserem Erfolg beigetragen hat.

Brauchen auch Sie ein solches Netzwerk von Freunden, Kollegen oder Mitarbeitern? Denken Sie einmal darüber nach! Vergessen Sie nicht, daß Sie selbst eine positive Einstellung zur Führungsrolle und zu den Menschen brauchen, die geführt werden, und bauen Sie Ihre Organisation auf diesem soliden Fundament auf.

Fangen Sie klein an. Testen Sie Ihr System und merzen Sie alle Unzulänglichkeiten aus, solange Sie noch in bescheidenem Rahmen operieren, für alles Neue aufgeschlossen sind und die Vorgänge selbst „unter Kontrolle" haben. Wenn es sich zu bewähren scheint, entwickeln Sie es weiter. Weiten Sie Ihr Netzwerk aus, wenn der Erfolg für Sie arbeiten soll.

Streben Sie nach innerer Harmonie!

Bei erfolgreichen Menschen und Institutionen sticht ein weiteres charakteristisches Merkmal auf Anhieb ins Auge: Hier herrschen Harmonie und Einklang. Der moralische Anspruch an sich selbst und andere ist hoch und setzt ungeheure Energien frei. Mit anderen Worten: Man spürt die Antriebskraft, das Leistungsbewußtsein und die Begeisterung, die sie zu beflügeln scheinen. Unternehmen, in denen ein solch mitreißendes Klima herrscht, zeichnen sich durch Spitzenprodukte oder hervorragende Dienstleistungen aus. Sie bestechen sowohl durch die Quantität als auch die Qualität ihrer Arbeit. Schlampige Fertigung, Lieferverzögerungen oder mangelhafte Produkte und Dienstleistungen sind hier eine Seltenheit.

Sie sehen nun, wie wichtig es ist, positives Denken auch im Alltag zu üben, Konflikte zu bereinigen und zu einer inneren Harmonie zu gelangen.

Fangen Sie bei sich selbst an, bei den Kämpfen, die Sie auszufechten haben, wenn Sie sich mit widersprüchlichen Wertvorstellungen konfrontiert sehen. Sie verfolgen ein bestimmtes Ziel, wissen jedoch, daß Sie damit einige Leute verletzen. Überprüfen Sie unbedingt, ob Ihre moralischen und ethischen Prinzipien klar, zuverlässig und fest in Ihnen verankert sind, und messen Sie sie an dem hohen Anspruch, den die Bibel stellt. Erst dann sollten Sie Ihren Weg fortsetzen.

Es ist unerläßlich, daß Sie sich mit Ihren inneren Konflikten und den unvermeidbaren Widersprüchen auseinandersetzen. Wenn Sie diese Notwendigkeit ignorieren, fehlen Ihnen die Begeisterung und Entschlossenheit, die zum Ziel führen. Wenn Sie einem Betrieb oder einer Abteilung vorstehen, resultiert daraus ein Führungsverhalten, das von Wankelmut und Entscheidungsunlust geprägt ist und den Mißerfolg geradezu vorprogrammiert. Es geht nicht ohne das Gebet, ohne die Bitte um Gottes Anleitung und Erleuchtung. Seien Sie hart gegen sich selbst. Sie können nicht gleichzeitig Jäger und Beute sein, mit den Hunden kläffen und mit den Hasen um Ihr Leben rennen.

In Ihren ganz persönlichen Führungsstil ist eine Art moralischer Nerv eingewoben. Sagen Sie klar und entschieden ,,ja'', wenn Sie etwas für richtig halten, und ,,nein'', wenn es Ihnen falsch erscheint. Nur dann finden Sie zur inneren Harmonie, die Ihnen die Stärke gibt, sich mit den Konflikten auseinanderzusetzen, die sich in Ihrer Umwelt abzeichnen.

Machen Sie sich selbst nichts vor: Erfolg erzielt man nicht, ohne Konflikte zu lösen. Jedesmal, wenn Ihnen etwas Außergewöhnliches gelingt, hat jemand etwas daran auszusetzen. Man kann es nicht jedem recht machen. Außerdem denken Sie daran: Niemand ist perfekt. Jedes Vorhaben hat nicht nur Licht-, sondern auch Schattenseiten. Mit jedem neuen Ziel, das Sie sich setzen, entstehen neue Spannungen. Jede zündende Idee hat einen Haken. Also bereiten Sie sich auf die Konflikte vor, die auf Sie warten.

Bemühen Sie sich beizeiten, innere und äußere Widersprüche aufzulösen. Versuchen Sie im voraus zu erkennen, wer Ihnen die Stirn bieten, Widerstand leisten oder die Harmonie stören könnte. Bevor ich eine Entscheidung von größerer Tragweite treffe, setze ich mich in der Regel mit solchen Mitarbeitern oder Beratern zusammen, die mein bedingungsloses Vertrauen genießen und durch ihre Sachkenntnis brillieren. Wir suchen gemeinsam einen Weg, Konflikte zu vermeiden. Auch hier hat sich das Sprichwort bewahrheitet, daß Vorsicht besser ist als Nachsicht.

Söhnen Sie sich mit Gegnern aus

Wenn sich ein Konflikt nicht vermeiden läßt, gilt es, ihn zu lösen. Versuchen Sie, Ihre Gegner als Verbündete zu gewinnen. Diffamieren Sie sie nicht, sondern achten Sie ihre Würde. Menschen, die anderen Geringschätzung entgegenbringen, sind selbst geringzuschätzen und nur zu geringzuschätzenden Taten fähig.

Ich habe mich bei Konferenzen und Besprechungen immer bemüht, einen Konsens zu erzielen. Als Vorsitzender zahlloser Komitees respektiere ich konträre Meinungen. Ich möchte auch diejenigen zu Einwänden motivieren, die sich nicht trauen, den Mund aufzumachen: ,,John, ich merke schon, daß Sie damit nicht ganz einverstanden sind. Ist Ihnen vielleicht etwas aufgefallen, was wir übersehen haben?" Eine offene Diskussion hat uns bisher immer unserem Ziel und einer Entscheidung näher gebracht. Zum Abschluß frage ich dann: ,,John, haben wir Ihre Bedenken nun zerstreut? Wenn nicht, sollten wir unseren Kurs bis zum nächsten Treffen noch einmal überprüfen und überlegen, ob sich eine Kompromißlösung finden läßt, auf die wir uns einigen können. Das neue Projekt erfordert vollen Einsatz von jedem Beteiligten!" Denken Sie daran:

Wer *fordert*, muß mit Widerstand rechnen.
Wer *aufgibt*, muß mit Gleichgültigkeit rechnen.
Wer sich *voll einsetzt*, kann mit Hilfe rechnen![10]

Deshalb lassen Sie Ihre Gegner unter allen Umständen zu Worte kommen. Vielleicht irren sie sich, aber sie könnten auch in manchen Punkten recht haben. Hören Sie zu und lernen Sie daraus. Überdenken Sie in Ruhe die Argumente, die für und wider ein Projekt sprechen, anstatt sie zu ignorieren und für diese Unterlassung später einen hohen Preis auf dem Markt oder im Privatleben zu zahlen.

Können wir alle Opponenten neutralisieren? Ja, meistens. Versuchen Sie es zumindest. Erst wenn Ihren Gegnern jedes Mittel recht ist, um Ihre Träume wie eine Seifenblase zum Platzen zu bringen, sie zu besiegen und zu zerstören, haben Sie das Recht, sich von ihnen abzuwenden und Ihren eige-

---

10 Schuller, *You Can Become*, S. 153.

nen Weg zu gehen. Manchmal ist es sogar angezeigt, einen Konflikt herbeizuführen und offen, freundlich, fair und entschlossen auszutragen. Sie selbst oder Ihre Mitarbeiter werden sich wie befreit fühlen, wenn das Hindernis aus dem Weg geräumt und die Atmosphäre bereinigt ist.

Reduzieren Sie Risiken auf das notwendige Maß!

Wenn Sie die inneren und äußeren Konflikte gelöst und die Opposition auf konstruktive Weise in Ihr Projekt einbezogen haben, können Sie noch keinen Heimvorteil verbuchen. Es gilt, noch andere Risiken einzukalkulieren. Wenn Sie sich zum Experten für die Verringerung oder Ausschaltung von Risiken entwickeln, befinden Sie sich auf dem Weg an die Spitze. . . wo man Sie im Kreis derer willkommen heißen wird, die sich in Beruf und Privatleben durch Risikofreudigkeit auszeichnen.

Hier begegnen Sie echten Herausforderungen, die Sie zwingen, Ihre Fähigkeit, positiv und konstruktiv zu denken, unter Beweis zu stellen. Als Realist wissen Sie, daß jedes Vorhaben gewisse Risiken beinhaltet. Aber Sie sollten sich sowohl im Beruf als auch im Privatleben von dem Gedanken an den Erfolg und nicht von der Angst vor dem Risiko zu versagen leiten lassen. Risiken stellen eine Herausforderung dar, der man sich stellen sollte, und keine Entschuldigung, um von vornherein zu ,,kneifen'' oder aus einem Projekt ,,auszusteigen''.

Trotzdem käme ich nie auf die Idee, mit dem Auto zu verreisen oder auch nur durch meinen Heimatort zu fahren, ohne einen Ersatzreifen mitzuführen. Ich plädiere für Fallschirme, Fluchtrouten und ähnliche Notvorkehrungen. Auf jedem Schiff gibt es Schwimmwesten und Rettungsboote. Denke ich deshalb negativ? Keineswegs. Ich will lediglich sichergehen, daß ich im Notfall überleben — und noch einmal von vorne beginnen — kann. Diese Einstellung gibt mir die

Möglichkeit, mich darauf verlassen zu können, daß eine Panne oder ein Versagen nichts Endgültiges sein muß.

Als die Baupläne für die Crystal Cathedral fertig waren, rechneten wir mit Kosten in Höhe von zehn Millionen Dollar. Aufgrund der Inflationsrate von 30 Prozent, die in den folgenden drei Jahren zu Buche schlug, erhöhten sich die Kosten jedes Jahr um schätzungsweise drei Millionen Dollar und blähten sich unterm Strich schließlich auf knapp 20 Millionen Dollar auf. Wir hatten mit dem Bau begonnen, ohne daß die gesamte Finanzierung stand. Wenn wir nicht schnellstens Bargeld auftrieben, mußten wir die Bauarbeiten vorläufig einstellen. Die Banken zeigen in der Regel wenig Neigung, Darlehen für Bauprojekte zu gewähren. Überraschenderweise – meine Mitarbeiter hielten es fast für ein Wunder – bot uns eine Bank in Kalifornien einen Zehn-Millionen-Kredit und eine langfristige Tilgung an. Ich befand mich gerade im Ausland, als mein Baukomitee eine Sitzung einberief und das Angebot akzeptierte.

Als man mich telefonisch darüber informierte, fragte ich als erstes nach dem Zinssatz.

Ich rechnete mir blitzschnell aus, daß wir damit allein eine Million Dollar Zinsen pro Jahr zurückzahlen mußten. Und Zinsen können steigen! Wenn wir dieses Angebot annähmen, würden sich unsere Risiken noch vermehren. ,,Das kann und will ich nicht akzeptieren", erwiderte ich. ,,Ich mache notfalls von meinem Vetorecht als Vorstandsvorsitzender Gebrauch. Das Risiko können wir nicht eingehen! Wir müssen versuchen, weitere Gönner aufzutreiben und sie von unserer Idee zu überzeugen."

Gott sei Dank wurde diese Entscheidung einstimmig angenommen. Wir setzten alles daran, das benötigte Kapital aus eigener Kraft zu beschaffen und bar zu zahlen. Das war unser Glück, denn zwei Jahre später stiegen die Zinsen auf 21 Prozent, und wir hätten 2,3 Millionen im Jahr für die Tilgung des Darlehens aufbringen müssen! Und das hätte die Crystal Cathedral mit Sicherheit nicht verkraftet.

Sie sind doch nicht auf den Kopf gefallen! Also nutzen Sie Ihre Fähigkeit, konstruktiv zu denken, und versuchen Sie, mögliche Risiken vorauszusehen und weitgehend auszuschalten. Sie wollen ja nicht nur Ihren eigenen Weg gehen, sondern auch an Ihrem Ziel ankommen und Erfolg haben!

Entwickeln Sie positive Gewohnheiten!

Sie haben sich geschworen, Erfolg zu haben, Ihren Traum zu verwirklichen. Ihr Projekt muß gelingen! Sie sind fest entschlossen, Ihre gesamte Energie explosionsartig – ähnlich einem Vulkanausbruch – freizusetzen und auf Ihr Vorhaben zu konzentrieren. Ihnen stehen ausreichende Mittel und Möglichkeiten zur Verfügung, um Ihren Berg zu bezwingen.

Auch wenn es zunächst merkwürdig klingen mag – überprüfen Sie Ihre Gewohnheiten, das heißt Ihre ganz persönlichen Eigenheiten. Der Mensch ist ein ,,Gewohnheitstier'', wie es so treffend heißt. Daran ist nichts auszusetzen. Im Gegenteil – diese Eigenschaft können wir uns zunutze machen, weil sie dazu beiträgt, unser Verhalten in positive Bahnen zu lenken.

Die Frage ist nur: Handelt es sich um gute oder schlechte Gewohnheiten? ,,Hmm, beides'', lautet vermutlich die Antwort. Auch das ist ganz natürlich. Deshalb wollen wir uns nun an die Aufgabe machen, die guten von den schlechten zu trennen. Überprüfen Sie Ihre Gewohnheiten beim Essen, Lernen, im Sexualleben, beim Lesen oder Entspannen. Ich muß Ihnen ja wohl keine Moralpredigten halten, oder? Ich glaube, Sie sind intelligent genug, um selbst zu wissen, was richtig oder falsch ist. Ich möchte Sie vielmehr auf die konstruktiven Möglichkeiten positiver Gewohnheiten aufmerksam machen.

Hätte ich nicht den Ehrgeiz entwickelt, das Rauchen aufzugeben, wäre ich vielleicht irgendwann an Lungenkrebs gestorben. Ich gehörte zu den geladenen Gästen, als Glenn Ford in seinem Haus in Beverly Hills seine Hochzeit feierte. James Stewart, Frank Sinatra, John Wayne, Bill Holden — der als Trauzeuge fungierte — und ich waren in ein zwangloses Gespräch vertieft, als Sinatra sich eine Zigarette anzündete. "Wann hörst du endlich auf zu rauchen, Francis?" wollte Wayne wissen.

„Wann hast du denn damit aufgehört, Duke?" parierte ‚Ol' Blue Eyes'.

„Als ich beschlossen habe, zu leben statt mich in Rauch aufzulösen!" lautete die Antwort.

Ich war Mitte vierzig, als ein Gemeindemitglied mir liebevoll den Zeigefinger in die füllige Mitte rammte und meinte: „Reverend Schuller, Sie sind noch immer jung genug, um einen möglicherweise tödlichen Fehler zu korrigieren!" Er erbot sich, mir dabei zu helfen. Nachdem ich fünfzehn Jahre lang jeden Morgen mein Lauftraining absolviert hatte, entdeckte ich, daß ich eine positive Gewohnheit entwickelt hatte. Ich war geradezu versessen auf das Jogging. Ich komme von dieser Sucht nicht los. Ich weiß nicht, wie oft ich dabei Ordnung in meine wirren Gedanken gebracht und mich somit für all die kreativen Gedanken frei gemacht habe, die zur Basis meines Erfolgs wurden.

Entwickeln Sie positive Gewohnheiten, denn schlechte zerstören den Menschen, wie man allenthalben beobachten kann.

Da gibt es den, der auf dem Weg an die Spitze ist — entschlossen, kompetent und mit besten Verbindungen ausgestattet. Ein weitläufiges Netzwerk von Kontakten steht ihm zur Verfügung. Plötzlich verändern sich seine sexuellen Bedürfnisse und Gewohnheiten: Zuerst pocht er auf seine Freizügigkeit, dann fallen die restlichen Tabus, und zum Schluß pfeift er auf die Moral und die öffentliche Meinung. Gerüchte tauchen auf, er sei ein notorischer Weiberheld — nicht gerade eine Empfehlung für einen Mann, der bald im Sessel des Chefs sitzen soll. Er leugnet alles, aber der Skandal läßt sich nicht mehr aufhalten. Seine Karriere ist über Nacht zu Ende. Er hat sich als schlechter Geschäftsmann erwiesen und auf einen kläglichen Handel eingelassen.

Oder nehmen Sie den Senkrechtstarter, der leider allzu früh verstarb. Lungenentzündung – heißt es. Vielleicht kannte ihn jemand näher (und hat es unterlassen, ihm zu helfen, von seinen Gewohnheiten loszukommen) und weiß, daß er in Wirklichkeit an ungesunden Lebensgewohnheiten gestorben ist.

Jetzt sind Sie an der Reihe! Mit Hilfe des konstruktiven Denkens sollten Sie Ihre Gewohnheiten erforschen und diejenigen ausfiltern, die Sie in eine Sackgasse führen.

Dann wagen Sie sich an die Aufgabe, positive Gewohnheiten zu entwickeln. Dabei hilft Ihnen eine wahre Kettenreaktion: Sprechen Sie ein Gebet – vielleicht kommt Ihnen dabei eine gute Idee; verfolgen Sie die Idee – sie führt möglicherweise zum Handeln; handeln Sie und entwickeln Sie dabei positive Gewohnheiten; nutzen Sie diese Gewohnheiten, sie tragen dazu bei, Ihr Ansehen zu stärken; setzen Sie Ihr Ansehen ein, um Ihr Schicksal in die Hand zu nehmen!

Geben Sie Ihren Plänen den letzten Schliff!

Sie haben nun einen Punkt im Erfolgsprozeß erreicht, wo die Vorbereitungsphase abgeschlossen ist und die Aktionsphase beginnen kann. Das Flugzeug steht auf der Rollbahn und wartet auf die Startgenehmigung der Lotsen. Aber zuvor sollten Sie – wie die Piloten im Cockpit – Ihre Checkliste durchgehen.

1. Haben Sie Ihren ,,Flugplan'' eingereicht? Wissen Sie, welches Ziel Sie ansteuern?
2. Haben Sie die Route festgelegt?
3. Sind Sie in der richtigen Verfassung ,,abzuheben'' – das heißt, haben Sie einen klaren Kopf und genug Ruhe vor dem Take-off gehabt?

4. Sind Sie auf Probleme vorbereitet und haben Sie eine Vorstellung davon, wie sie gelöst werden könnten?
5. Haben Sie sich die Wettervorhersage durchgeben lassen? Ist ein Start bei den augenblicklichen Witterungsbedingungen angeraten? Oder wäre es klüger, damit noch zu warten, bis sich die Sicht bessert?
6. Haben Sie Ihre Flugvorbereitungen gründlich genug durchgeführt, das heißt jeden einzelnen Schritt erwogen, geprüft und nachkontrolliert? Halten Sie sich an das alte russische Sprichwort: ,,Es ist besser, mit dreierlei Maß zu messen, als einmal zu schneiden.‘‘
7. Alles klar zum Start? Dann los! Preschen Sie nicht blind, sondern mit offenen Augen vor, wie mein konstruktiv denkender Sohn Robert Anthony zu sagen pflegt.

Formulieren Sie Ihre Erwartungen!

Nun ist es an der Zeit, den Kopfsprung zu wagen. Ihre Erwartungen haben Sie sich bewußtgemacht. Viele Fehler resultieren daraus, daß man sich nicht im klaren ist über die Erwartungen, die man mit einem Projekt verbindet. Ihr Traum hat in Gedanken Gestalt angenommen. Ihr Ziel nimmt die ihm gebührende Vorrangstellung ein. Sie haben alle nötigen Vorarbeiten und Recherchen durchgeführt. Jetzt gilt es, nicht nur konstruktiv zu denken, sondern seine Gedanken auch konstruktiv zu artikulieren.

Machen Sie die Neuigkeit publik. Halten Sie eine Pressekonferenz ab. Holen Sie Ihren Traum aus den Kulissen hervor und rücken Sie ihn in den Blickpunkt der Öffentlichkeit. Das ist der Augenblick, um den Sie gebetet, auf den Sie gewartet und für den Sie sich so große Mühe gegeben und vorbereitet haben. Sie stehen auf dem Podest und müssen eine Rede halten, sich exponieren. Dieser Moment beweist Ihr persönliches Engagement — ob es sich dabei um die Ankündigung handelt zu heiraten oder die Unterzeichnung eines

Mietvertrages für das erste eigene Geschäft. Sie setzen Ihre Unterschrift im wörtlichen oder übertragenen Sinn unter ein Dokument und leisten eine Anzahlung, die nicht zurückerstattet wird. An diesem Punkt gibt es kein Zurück mehr. Verspüren Sie jetzt Angst oder ein gewisses Unbehagen? Dafür besteht nicht der geringste Grund! Dieser Augenblick besiegelt den Beginn eines aufregenden Abenteuers, ein Ereignis, über das die Leute morgen reden werden!

Und dann erleben Sie eine freudige Überraschung: Glückwunschtelegramme, Anrufe und die besten Wünsche treffen ein – von Menschen, mit deren Unterstützung Sie nie gerechnet hätten! Sie schöpfen Kraft und Zuversicht aus diesen völlig unverhofften Quellen. Aus heiterem Himmel werden Sie von Unbekannten angesprochen. Das sollte Sie eigentlich nicht überraschen. Viele Menschen warten insgeheim auf jemanden, der Pioniergeist zeigt und ein Produkt oder eine Dienstleistung anzubieten hat, an denen sich die eigene Phantasie entzünden kann. Sie wissen vielleicht gar nicht, wie viele Vögel in Ihrer unmittelbaren Umgebung beheimatet sind, bis Sie merken, daß Ihre Nachbarn Futterplätze eingerichtet haben. Und ebensowenig war Ihnen aufgefallen, wie viele Freunde Sie besitzen, bis Sie Ihrem Traum Schwingen verliehen.

Herzlichen Glückwunsch! Ich bin stolz auf Sie. Und was nun? Wie geht es weiter? Ganz einfach, Sie haben sich zu Ihrem Ziel bekannt – jetzt kommt es vor allem auf Ihre persönliche Integrität an. Sie müssen sich nun voll und ganz Ihrer Aufgabe widmen. Es ist erstaunlich, wieviel Energie sich durch Engagement und Begeisterung freisetzen und in die richtigen Bahnen lenken läßt.

Bringen Sie Ihre Träume auf den neuesten Stand!

Blicken Sie nach vorne, dorthin, wo der Erfolg schon auf Sie wartet. Er beobachtet, ob Sie dem eingeschlagenen Weg folgen, sich nicht beirren lassen und bereit sind, persönliche Opfer zu bringen, wenn es die Umstände oder die aktuelle Entwicklung erfordern. Von diesem Punkt an können nur noch Sie selbst Ihren Traum zu Ende führen. Er hat ein Eigenleben angenommen, das keiner außer Ihnen zu beenden vermag. Sie müssen allerdings damit rechnen, enttäuscht und von neidischen oder kurzsichtigen Menschen bei der Verwirklichung Ihres Traums behindert zu werden. Nur ein einziger Mensch besitzt die Vollmacht, das Todesurteil für Ihren von Gott inspirierten Traum zu unterzeichnen – und das sind Sie selbst!

Aber bis zu diesem Zeitpunkt haben Sie bereits zuviel investiert – vor allem Ihre persönliche Glaubwürdigkeit und Integrität –, um diesen drastischen Schritt zu tun. Sie können nicht mehr aufgeben, Ihren Traum nicht mehr im Stich lassen.

,,I have a dream . . '' Erinnern Sie sich an den Mann, der diese Worte weltberühmt machte, der noch träumen konnte? Es war Dr. Martin Luther King. Seine Witwe Coretta Scott King sagte einmal bei einem Besuch der Crystal Cathedral zu mir: ,,Martin war sich der Tatsache bewußt, daß er einen gefahrvollen Weg beschritten hatte. Aber er glaubte fest daran, daß er im Namen Christi handelte und Gott und seinen Mitmenschen verpflichtet war. Er wußte, daß Menschen mit solchem Engagement zu allen Zeiten dafür mit dem Leben gebüßt haben.''

Dr. Martin Luther King fiel einem Attentat zum Opfer. Aber die Bewegung, die er ins Leben gerufen hatte, ließ sich nicht mehr aufhalten. Erfolg hat kein Ende, wie man sieht.

Worin lag das Geheimnis seines Erfolges? In dem festen Willen und der Bereitschaft, alles Menschenmögliche zu tun, um seinen Traum zu verwirklichen. ,,Ich glaube, daß man viele Menschen inspiriert und zu innerer Einkehr und Änderung motiviert, wenn man sich selbst voll und ganz für etwas einsetzt'', erklärte Coretta King.

Nur wenige Einladungen, zu predigen oder eine Rede zu

halten, stellten für mich eine größere Ehre dar als die Bitte von Coretta Scott King, im Januar 1987 anläßlich des Geburtstages ihres verstorbenen Mannes in der Ebenezer Baptistenkirche in Atlanta auf der Kanzel zu stehen. ,,Man könnte Martin Luther King als konstruktiven Denker bezeichnen, der es verstand, seinen Traum zu verwirklichen'', begann ich meine Predigt. ,,Und wie realisieren Sie die Träume, die Sie im Augenblick haben?'' fragte ich die Gemeinde, in deren Reihen ich viele Prominente entdeckte.

,,Ich bin!''

,,Ich kann!''

,,Ich werde!''

,,Nur mit dieser Einstellung befinden Sie sich auf dem rechten Weg'', erwiderte ich.

,,Ich bin. Ich bin ein Kind Gottes. Ich bin ein Freund von Jesus Christus. Auch wenn ich nicht lesen und schreiben gelernt oder eine Ausbildung genossen habe, ich bin jemand! Gott kann mir die Aufgabe stellen, Seinen Traum zu erfüllen, und ich glaube fest daran, daß er mich dazu auserwählt hat. Ich bin Seine Chance, ihn zu verwirklichen. Fragen Sie mich nicht, warum sich Gott so oft der Unwissenden, Unscheinbaren bedient, um das Unmögliche zu wagen. Er wählte ein Bauernmädchen aus Nazareth, das Jesus gebären sollte. Ein anderes Bauernmädchen aus Jugoslawien wurde als Engel der Slums, als Mutter Theresa, weltweit bekannt. In der Geschichte gibt es unendlich viele Beispiele dafür, daß Gott einfache Menschen zu seinem Werkzeug erwählt.''

,,Wann begann Ihr Traum?'' fragte ich Coretta King.

,,Als ich das Antioch-College besuchte und der Gründer, Horace Mann, einen Satz sagte, der mich tief bewegte und motivierte. Er gab seiner ersten Klasse, die er Ende der fünfziger Jahre zum Examen führte, das Abschiedswort mit auf den Weg: ,Schämen Sie sich zu sterben, bevor Sie nicht wenigstens einen Sieg für die Menschheit errungen haben.'''

Es gibt keine großen Menschen – die sogenannten großen Menschen hatten einen großen Traum, für den sie lebten und sogar starben, einen Traum, der sie verzehrt hat.

„Ich kann!"

„Wenn Gott mich für die Erfüllung seines Traums auserselen hat, dann kann ich ihn verwirklichen. Ihm liegt noch mehr an der Realisierung seiner göttlichen Möglichkeiten als mir. Und Er wird mir helfen, das Werk, das Er begonnen hat, zu vollenden." Ich kann Berge versetzen, wenn Christus mir die Kraft dazu gibt.

„Ich werde!"

„Ich bin! Ich kann! Ich werde meinen Traum verwirklichen."

„Ich werde kräftig ausschreiten auf dem Weg, der vor mir liegt!"

„Ich werde ihn zum Ziel führen."

„Ich werde alle Probleme lösen."

„Ich werde bereit sein, Opfer zu bringen."

„Ich werde ihn nie im Stich lassen, bis er mich verläßt — erfüllt von neuer Lebenskraft."

Maximieren Sie Ihre Ergebnisse!

Erinnern Sie sich noch an den zehnten Schritt eines Traumes? Dort sind Sie nun angelangt, in der Gefahrenzone. „Was ist, sollte nie das, was sein sollte, einholen." Dieser weise Spruch stammt von Dr. Viktor Frankl. Ich habe ein Buch zu diesem Thema geschrieben: *„Aufwärts zum Erfolg"*. Wenn Sie den Gipfel erreicht haben, ruhen Sie nicht aus . . . bis alle Hungernden auf der Welt zu essen haben; bis jeder, der trauert, getröstet ist; bis Menschen, die verzweifelt sind, wieder einen Grund haben zu lächeln; bis jeder, der verzagt ist, neuen Mut faßt; bis jeder Teilnahmslose aus seiner Lethargie gerissen ist. Hören Sie nicht auf, Ihre Möglichkeiten auszuschöpfen!

„Denn welchem viel gegeben ist, bei dem wird man viel suchen", lehrt uns Jesus. (Lukas 12.48) Erfolg bringt die wundervolle Verpflichtung mit sich, die Hebelwirkung seiner neuen Macht zu nutzen, um unsere Mitmenschen Gott näherzubringen. Jetzt ist nicht der richtige Zeitpunkt, um sich in seinem Ruhm zu sonnen, davon zu zehren oder ihn zu verewigen, sondern es gilt, ihn in den Dienst eines höheren Ziels zu stellen.

Sie haben das Fundament Ihrer Macht errichtet; nun nutzen Sie es auch! Schwingen Sie es wie eine Waffe. Sie haben jetzt Erfolg. Teilen Sie ihn mit anderen! Wenn Sie auf dem Gipfel angekommen sind, riskieren Sie einen Blick in die Ferne – auf die nächste Vision, einen neuen Traum, ein noch höheres Ziel! Ihr Weg ist nicht zu Ende.

Vernetzen Sie Ihre Erfolge!

Wohin geht's nun vom Gipfel? Nun, er ist nicht mehr als Ihre Ausgangsbasis, Ihre Abschußrampe. Als wir mit unserem Fernsehprogramm 1970 und 71 spektakuläre Erfolge erzielten, weiteten wir unser ,,Netz'' auf New York, Chicago und Philadelphia aus. Nach fünf Jahren waren weitere fünf Städte ,,vernetzt''. Wir expandierten erst, wenn jede Basis völlig autark war. Wir haben zum Glück nie den Fehler gemacht, mit geliehenem Kapital möglichst schnell die ganze Nation mit einem Sendenetz zu überziehen. Wir haben uns Zeit gelassen und dennoch inzwischen rund zweihundert Niederlassungen gegründet.

Wenn Sie Erfolg hatten, rate ich Ihnen: Vernetzen Sie ihn! Wenn Sie sich auf Ihren Lorbeeren ausruhen, sich nicht weiterentwickeln, beginnen Sie zu sterben.

Knüpfen Sie auf Ihrem Erfolg basierend ein dichtes Netzwerk. Bauen Sie es nach und nach auf einem gesicherten Fundament auf, nicht zu schnell und nicht zu langsam.

Wirtschaftsexperten und Wall Street waren gleichermaßen erstaunt über das Wachstum einer Firma namens Wal-Mart – einer Diskountkette, die 1962 in Arkansas gegründet worden war. Als das Unternehmen 1970 in eine Aktiengesellschaft umgewandelt wurde, konnte man hundert Aktien für 1650 Dollar kaufen. Heute sind sie mehr als 700 000 Dollar wert!

Der Gründer und Vorstandsvorsitzende des Mammutunternehmens, Sam Walton, hat seinen beispiellosen Erfolg so hervorragend zu nutzen gewußt, daß das Magazin *Time* ihn im Mai 1987 als „reichsten Mann Amerikas" bezeichnete.

Sam Walton ist bescheiden geblieben. Er fährt einen Ford-Kombi, mit dem er manchmal Schmalzgebäck an seine Lagerarbeiter verteilt. Nicht selten findet man ihn auch im Büro, wo er einem Buchhalter bei der Überprüfung eines Schecks hilft.

Die erste Wal-Mart-Filiale wurde 1962 eröffnet. Sam Walton hielt sich an die Prinzipien, die seinen Geschäftserfolg begründet hatten, und verankerte sie in jeder neuen Niederlassung. Bald zog sich eine Kette von Filialen kreuz und quer durch das ganze Land, die sein Unternehmen als derzeit viertgrößten Einzelhändler in den USA ausweist.

Er hat es geschafft, weil er die Bedürfnisse seiner Kunden zu befriedigen verstand, die vor allem Wert auf niedrige Preise und gute Qualität sowie ein Geschäftsgebaren legen, das ohne Tricks und doppelten Boden ist! Er beschäftigt mittlerweile 151 000 Mitarbeiter, die auf ihn eingeschworen sind und sowohl an seinem Ideenreichtum als auch an den Gewinnen teilhaben. Viele gute Einfälle stammen von der Unternehmensbasis. Und da man bei Wal-Mart stets für alles Neue aufgeschlossen ist, ändern sich in den Filialen täglich tausend kleine Dinge, die unter dem Strich den Riesenvorsprung vor der Konkurrenz ergeben.

Haben Sie Erfolg? Dann profitieren Sie davon, indem Sie den Profit wieder in Ihr Unternehmen zurückfließen lassen, um damit das Fundament für eine weitere Expansion und Vernetzung zu legen. Ihren Möglichkeiten sind keine Grenzen gesetzt!

Entzünden Sie Ihre Vorstellungskraft!

Nun ist es soweit: Sie haben gelernt, konstruktiv zu denken, und sind bereit, sich mit einer Macht zu verbünden, die Ihren Erfolg zu konsolidieren und Sie zu immer neuen, noch höheren Zielen anzuspornen vermag. – Von welcher Macht ist hier die Rede? Wer oder was

- ist schneller als das Licht?
- dringt durch härteste Materie wie Stahl oder Granit?
- kennt keine Zeit, ist weder an die Vergangenheit noch an die Zukunft gebunden, befähigt den Menschen, die Uhr zurück- oder vorzudrehen, den Kalender beliebig umzublättern?
- trägt Gedanken und Bewußtsein des Menschen über alle Kontinente und Kulturen hinweg, öffnet die Sinne, um fremde Töne, Bilder und Düfte aufzunehmen?
- ermöglicht uns einen verführerischen Ausblick auf die Ewigkeit und Unsterblichkeit, vermittelt uns die Einsicht, daß eine Existenz ohne die Bürde des Körpers, ohne Knochen, Haare, Fleisch und Blut, wahres Leben bedeutet?
- gewährt den Menschen Zutritt zur Quelle der Kreativität, die sich stets selbst erneuert – ihn befähigt, mit Ölfarben und Leinwand ein Meisterwerk zu schaffen; Noten aneinanderzureihen und zu Melodien und musikalischen Kompositionen zu verdichten, die die Hand eines gottbegnadeten Künstlers verraten; die ihn befähigt, seine Mittelmäßigkeit oder sein Alter zu überwinden durch einen Traum, der ihn in höhere Sphären versetzt, Besitz von ihm ergreift, ihn motiviert, sich mit Haut und Haaren einem phantastischen, aufregenden Ziel oder Projekt zu widmen?
- verankert in unserem Unterbewußtsein Daten und Informationen, die uns bahnbrechende Ideen und Wege aus einer Sackgasse oder Lösungen für Probleme aufzeigen, die unüberwindlich schienen?

- verändert das Klima in einer Gesellschaft und trägt dazu bei, daß Mißstände, soziale Ungerechtigkeiten und zwischenmenschliche Spannungen abgebaut werden, um Raum für ein emotionales Umfeld zu schaffen, in dem es sich leichter und besser leben läßt?
- schärft die Aufmerksamkeit des Menschen, bringt sie auf den Punkt — bis der Basketball im Korb landet, der Baseball eine nahezu unglaubliche Kurve beschreibt, der Fußball mit einem Bombenschuß, selbst für den besten Torhüter unhaltbar, ins Netz geht?
- bringt innere Widersprüche auf einen gemeinsamen Nenner, bis unüberwindlich erscheinende Gegensätze durch konstruktive Kompromisse überbrückt werden?

Was ist das für eine Kraft? Welche Macht kann so Unglaubliches vollbringen? Diese Macht, die das Feuer der Kreativität im Herzen eines konstruktiven Denkers entfacht, nennt man Imagination oder Vorstellungskraft.

Sie ist jedem Menschen zugänglich, ungeachtet seines wirtschaftlichen oder sozialen Status. Selbst die Angehörigen der weitgehend unerforschten Bergstämme Neuguineas oder zentralafrikanischer Länder, von denen viele weder lesen noch schreiben können, geschweige denn über eine fundierte Schulbildung verfügen, haben diese ungeheure Macht entdeckt und verstanden, sie zu nützen.

Machen auch Sie Ihren Anspruch auf dieses bemerkenswerte, wundervolle Geschenk geltend, das es Ihnen ermöglicht, einen Blick in die Zukunft zu werfen. Es ist eine Gabe Gottes und der wohl überzeugendste Beweis dafür, daß Er den Menschen an seiner konstruktiven, göttlichen Kreativität teilhaben läßt. Hier bewahrheitet sich der Bibelspruch: ,,Der Mensch wurde nach Gottes Ebenbild geschaffen.''

Für mich bedeutet das Wort Imagination ,,Imago'', ein inneres Leitbild oder Abbild Gottes, das in unserer Seele verankert ist. Es kann wie ein Fenster glänzen und einen freien Ausblick auf den Horizont gewähren. Dieses Fenster der Seele, in dem sich Gottes Abbild widerspiegelt, kann aber auch mit einem Schmierfilm überzogen sein, der langsam dichter und undurchdringlicher wird, bis das Glas blind ist und das Bild verzerrt. Ermüdung, Frustrationen, Versagen und Ängste trüben unseren Blick und die Leinwand, auf die Gott das Programm unseres Lebens projiziert.

Deshalb beginnen Sie mit dem Großputz, bringen Sie Ihre Vorstellungskraft auf Hochglanz, um Ihre düsteren Gedanken in Technicolor erstrahlen zu lassen. Handeln, Zuhören, Energie, Enthusiasmus, Motivation, Entschlossenheit, Eifer, Ehrgeiz und Vitalität sind angesagt!

Was passiert, wenn Sie sich an die Grundüberholung gemacht haben? Das Fenster ist wieder sauber, die Leinwand strahlend weiß, der Projektor präzise eingestellt. Plötzlich sind alle Ängste weggewischt, die Dunkelheit beiseite gefegt, der innere Blick auf unsere Vision wieder ungetrübt. Wir sind von dem unerklärlichen und überwältigenden Drang beseelt, um unseren Erfolg zu kämpfen und die Quellen anzuzapfen, die unsere Motivation und Energie speisen. Sie sind auf Ihr Ziel eingeschworen. Niemand kann Sie aufhalten. Sie haben Ihre Vision klar im Visier. Sie sehen das Bild scharf vor sich, das Gott für Ihr Leben entworfen hat. Sie fühlen sich wieder in Ihre Jugend versetzt, möchten tanzen, mit olympiareifen Leistungen beeindrucken. Sie sind auf dem besten Weg, die Welt zu erobern, und würden am liebsten jedem zurufen: ,,Paß auf, jetzt komme ich!''

Die Vorstellungskraft kanalisiert unsere unbegrenzte spirituelle Macht. Sie ist ein audiovisuelles Kommunikationsmittel, das Gott dazu dient, Seinen Traum in unser aufnahmebereites Bewußtsein weiterzuleiten. Nur wer über ein ausgeprägtes Vorstellungsvermögen verfügt, ist wirklich lebendig. Kein Medikament, keine Droge kann uns so ,,high'' machen wie dieser heilige Höhenflug, der unsere geistige Gesundheit stärkt. Dreht man das Licht der Vorstellungskraft aus, wird der Bildschirm dunkel und der Mensch gelangweilt und langweilig. Er ist extrem anfällig für destruktive Gedanken und Stimuli, um sein emotionales Vakuum zu füllen und seinen natürlichen Drang nach Abenteuern zu befriedigen.

Erfolg läßt sich nur erzielen, wenn man voller Tatkraft steckt und seine Vorstellungskraft immer neu entzündet. Ein Architekt kann das Bauwerk, das er zu errichten plant, vor seinem inneren Auge sehen – mitsamt allen Wasserrohren, Stahl- und Glaselementen, Rolltreppen und Fahrstühlen.

Der Student kann sich den Tag vorstellen, an dem das bestandene Examen oder Diplom gefeiert wird und er die heißersehnte Urkunde endlich in den Händen hält.

Angehende Eltern sehen ihr Eigenheim vor sich. Sie sammeln Ausschnitte aus Zeitschriften für schönes Wohnen, blättern in Möbelkatalogen, schauen sich Kinderzimmer und Babyausstattungen an und träumen von einer großen Familie.

Ein Verkäufer malt sich die Gesichter seiner Kunden aus, die entdeckt haben, daß sein Produkt oder seine Dienstleistung genau das richtige für sie ist.

Ein Redner stellt sich vor, wie die Zuhörer seine Botschaft begierig in sich aufnehmen und ihm applaudieren.

Ein Chirurg sieht sich selbst, wie er das Skalpell exakt ansetzt und sicher den Schnitt führt – eine gelungene Operation, die eine geübte, geschickte Hand erfordert und sich mit dem schwungvollen Pinselstrich eines Künstlers vergleichen läßt.

Der Lehrer stellt sich vor, seine Schüler zu reifen, verantwortungsbewußten Menschen zu erziehen, die ihren Beitrag zum Wohl der Gesellschaft leisten.

Der Autor sieht sein Werk in gedruckter Form vor sich, mit seinem Bild auf der Rückseite des Einbandes. Er kann es kaum erwarten, seine Ideen zu Papier zu bringen.

Ein Manager kann sich die Veränderung im Gesicht seiner Untergebenen vorstellen, wenn es ihm gelingt, sie so zu motivieren, daß sie seine Führungsrolle akzeptieren und seine Anleitung willkommen heißen.

Der Finanzexperte läßt seine Phantasie spielen: Er vergrößert sein bescheidenes Anfangskapital, erwirbt schließlich ein Vermögen und errichtet ein Finanzimperium, das sich mit unglaublicher Schnelligkeit ausweitet und seinen persönlichen Besitz mehrt − bis er es sich leisten kann, die Freuden eines Philanthropen zu genießen!

Eine Hochspringerin malt sich aus, ihren Körper durch Training und Routineübungen so aufzubauen und in Höchstform zu bringen, daß sie ihr Spiegelbild kaum wiedererkennt. Sie sprintet so leichtfüßig und schnell wie eine Gazelle, ein Windhund, ein Fuchs. Keine Hürde ist ihr zu hoch, die Stange wird höher und höher gelegt − und bleibt liegen. Sie erzielt einen neuen Weltrekord. Die Sensation wird durch das Läuten der Glocke verkündet. Der Beifall ist ohrenbetäubend. Sie hat es geschafft, sie hat tatsächlich den Rekord gebrochen!

Erfolg kennt keine Grenzen, und Versagen ist keine Sackgasse für einen Menschen, der es versteht, seine von Gott gegebene Vorstellungskraft immer wieder neu zu entzünden und zu stimulieren.

Wissen Sie wie? Es gibt viele Möglichkeiten: Lesen Sie in der Bibel oder lassen Sie sich durch die Lebensberichte in Zeitschriften, im Sport- oder Wirtschaftsteil der Tageszeitungen inspirieren. Betrachten Sie Ihre Umwelt mit wachem Blick, und Sie werden zahllose Beispiele von Menschen finden, die Großes geleistet haben, obwohl sie sich auf Anhieb kaum von anderen unterscheiden. Entzünden Sie Ihre Vorstellungskraft an ihren Taten und folgen Sie ihrem Beispiel.

Wenn Sie sich mit diesen erfolgreichen Personen und Persönlichkeiten vergleichen, wissen Sie: Was sie geschafft haben, können auch Sie schaffen.

Wie entfacht man die Phantasie? Ich habe diese Frage einem Freund gestellt, der als außerordentlich kreativ gilt. Seine Antwort lautete: ,,Meine Phantasie entzündet sich im Umgang mit Menschen, die mich respektieren und aufbauen.'' Also erneuern Sie Ihre Vorstellungskraft, indem Sie in

Ihren zwischenmenschlichen Beziehungen neue Impulse suchen. Vertiefen Sie den Kontakt zu Menschen, die konstruktiv denken, die Ihr verborgenes Potential und Ihre menschlichen Werte entdeckt haben und bestätigen. Wenn Sie deren Achtung genießen, beginnen Sie, sich selbst zu achten und an sich zu glauben.

Die wichtigste Beziehung, die es zu überprüfen und zu erneuern gilt, ist die zu Jesus Christus, der Sie „aufbaut" und niemals fallenläßt. Beten Sie, schließen Sie die Augen und führen Sie einen Dialog mit ihm. Oder gehen Sie in sich und geben Sie ihm die Chance, zu Ihnen zu sprechen. Stellen Sie ihm offen und ernsthaft Ihre Fragen und warten Sie auf seine Antwort. Geben Sie ihm die Möglichkeit, in Ihrer Vorstellung sein Bild von dem Menschen zu verankern, der Sie sein könnten, und von den großen und wundervollen Dingen, die Sie vollbringen könnten. Es ist sein Wunsch, daß Sie handeln und Ihr Leben gemäß seinem Programm gestalten. Halten Sie diese göttliche Vision fest. Schwelgen Sie in Ihrer gottgewollten und gottgegebenen Phantasie, die Sie in die Praxis umsetzen können und werden. Die Macht des Herrn offenbart sich in Ihrer Vorstellungskraft. Niemand weiß zu sagen, wie weit Sie davongetragenwerden!

TEIL II

. . . FEHLSCHLÄGE SIND NIEMALS ENDGÜLITG!

Ich glaube nicht an glückliche Zufälle!
Ich glaube an die eigene Kraft,
die ich aus dem Gebet und umsichtiger Planung schöpfe.

Kapitel 7
Wohin aus dem „Abseits"?

1985 stand ich in Mobile, Alabama, vor einem Auditorium, zu dem die bestaussehenden und talentiertesten jungen Frauen Amerikas gehörten. Sie nahmen hier an einem Schönheitswettbewerb teil, der eine Vorentscheidung für die Wahl der Miß Amerika darstellte. Die jungen Frauen repräsentierten ihren jeweiligen Bundesstaat mit Charme und Geschick.

Ich sah in die hübschen Gesichter und fragte mich, wen man wohl zur Miß Amerika küren und wessen Foto am nächsten Tag in allen Zeitungen und Fernsehprogrammen zu bewundern sein würde. Die Öffentlichkeit erinnert sich, zumindest eine Zeitlang, an die strahlenden Sieger − aber was ist mit den Verlierern? Diese jungen Frauen hatten bereits einige Hürden genommen, aber nur eine würde auf das Treppchen steigen. Alle anderen standen im *Abseits*!

Mir taten die Verliererinnen und die Siegerin gleichermaßen leid. Die Mädchen, die leer ausgingen, würden sich als Versager fühlen; und die neue Miß Amerika mußte die Embleme ihrer Macht nach einem Jahr wieder abgeben. Auch sie würde dann in Vergessenheit geraten. Besaßen diese hübschen, begabten und ehrgeizigen jungen Frauen die Kraft, einen Weg aus dem „Abseits" zu finden? Waren sie verbittert über die Niederlage? Desillusioniert? Oder so frustriert, daß sie nie wieder einen zweiten Anlauf wagen würden?

Ich glaubte, ihnen am besten über die Enttäuschung hinweghelfen zu können, wenn ich ihnen klarmachte, wer sie waren und was sie bisher erreicht hatten. Ich nahm mir vor, ihr Selbstbewußtsein zu stärken und ihnen das Gefühl zu geben, etwas ganz Besonderes zu sein.

Ich begann meine Rede mit den Worten: „Morgen abend wird eine von Ihnen zur Miß Amerika gewählt. Nur eine kann den Titel erringen, nur eine die Krone tragen. Deshalb möchte ich Ihnen heute eine Frage stellen, über die Sie sorg-fältig nachdenken sollten. Die Frage lautet: ,,Wohin aus dem *Abseits*?"

,,Viele Menschen haben aus dem einen oder anderen Grund das Gefühl, im Abseits zu stehen. Sie werden nicht eingeladen zur Feier, bei der Beförderung übergangen oder bei einer Preisverleihung übervorteilt. Manche Leute leben in einer Villa, andere in einer Mietskaserne. Einige wenige sind reich, die Mehrheit ist arm. Manche haben alles, andere nichts. Die meisten von uns befinden sich auf die eine oder andere Weise im Abseits, außerhalb eines bestimmten Krei-ses, zu dem sie keinen Zugang haben. Morgen wird eine un-ter Ihnen auf das Siegerpodest steigen und zum Kreis der Schönheitsköniginnen zählen; alle anderen stehen außer-halb. Diejenigen, denen der Zugang zu diesem Kreis ver-wehrt ist, sollten sich bewußtmachen, daß sie zu einem anderen, weit größeren Kreis gehören, nämlich der Mensch-heit.

Im Buch Jesaja heißt es: ,Denn ihr sollt in Freuden aus-ziehen und im Frieden geleitet werden." (Jesaja 55.12)

Ich fuhr fort: ,,Auch wenn Sie nicht gewinnen, können Sie mit Freuden nach Hause zurückkehren und in Frieden gehen, denn jede von Ihnen hat einen Sieg errungen, einen großartigen Erfolg verbucht. Ja, auch diejenigen gehören zu den Siegern, die es versucht, aber nicht geschafft haben.

Zu den Verlierern gehören die Menschen, die es aus Ver-sagensangst gar nicht erst versucht haben. Die meisten erlei-den Schiffbruch, weil ihnen der Mut fehlt, das Schicksal herauszufordern. Sie verzichten darauf, weil sie nicht das Risiko eingehen wollen, enttäuscht zu werden.

Wer aber etwas versucht, kann bereits einen Punkt für sich verbuchen, denn er hat die Angst vor dem Versagen be-siegt. Sie haben die Chance wahrgenommen, die sich Ihnen bot, und deshalb gehören Sie zu den Gewinnern. Die Angst vor einem Fehlschlag konnte Sie nicht davon abhalten, Ihr Ziel zu verfolgen.

Seit Jahren hängt in meinem Büro ein gerahmter Wahlspruch: ‚Ich ziehe es vor, etwas zu versuchen und dabei zu scheitern als nichts zu riskieren und Erfolg zu haben.'

Niemand, der es versucht hat, steht wirklich im *Abseits.* Vielleicht haben Sie das Gefühl, nicht dazuzugehören, versagt zu haben. Sie mögen enttäuscht und desillusioniert sein. Aber damit verzerren Sie die Realität, denn es ist eine unbestrittene Tatsache, daß Sie zum Kreis der Sieger zählen. Sie sind Teil einer ganz besonderen Gruppe, nämlich der Menschen, die es versucht haben.

,,Die künftige Miß Amerika, die morgen im Rampenlicht steht, mag sich vielleicht wundern, wie schnell die Öffentlichkeit ihren Erfolg vergessen wird, wenn man sie nicht daran erinnert. Ruhm ist genauso kurzlebig wie Reichtum; beides kann über Nacht schwinden.

Deshalb müssen wir alle lernen, uns einen würdevollen Abgang zu verschaffen. Meine Mutter hat mir eine wichtige Lektion erteilt, als ich noch ein kleiner Junge war. Bevor ich ein Klavierstück vor Publikum vorspielte, pflegte sie zu sagen: ‚Du solltest noch einmal den Anfang üben. Und dann das Ende.' Als ich protestierte, erklärte sie: ‚Hör zu, Bob — du mußt für einen schwungvollen Auftakt und einen ebenso großartigen Schluß sorgen, dann vergessen die Zuhörer die Fehler, die dir in der Mitte unterlaufen sind!' Lernen Sie, so zu leben, daß Sie einen würdevollen Abgang finden.''

Verschaffen Sie sich einen würdevollen Abgang!

In vielen landesweit erscheinenden Zeitschriften und Zeitungen findet man am Jahresende, kurz vor Silvester, eine Liste der Personen und Dinge, die gerade ,,in'' oder ,,out'' sind, beispielsweise Spezialitätenrestaurants, Modetrends, Fernsehmoderatoren oder Politiker.

Wie die Kandidatinnen des Schönheitswettbewerbs, Modedesigner und Politiker werden auch wir irgendwann einmal mit der Tatsache konfrontiert, daß wir abtreten müssen, plötzlich und unerwartet im Abseits stehen!

— Sie dachten, jetzt stünde Ihrer Karriere nichts mehr im Weg, der Stuhl des Unternehmenspräsidenten sei Ihnen sicher. Wie viele Jahre Ihres Lebens haben Sie der Firma geopfert! Und dann fiel im Vorstand die Entscheidung: Man hat einem Außenseiter den Vorzug gegeben und Sie übergangen. Sie wurden aufs Abstellgleis geschoben. Was nun?

— Sie glaubten den Markt wie Ihre Westentasche zu kennen und haben einen großen Warenbestand geordert. Ihr Lager ist bestens bestückt. Und plötzlich liegen Sie mit Ihrer Kollektion nicht mehr im Trend. Die Mode hat sich geändert. Es gehen keine Aufträge mehr ein. Sie bleiben auf Ihrer Ware sitzen, ausmanövriert, im Abseits. Was nun?

— Sie haben einen Hit gelandet und sind im Showbusineß gefragt. Über Nacht ist der Starrummel zu Ende: Niemand bietet Ihnen mehr einen Vertrag, ein lohnenswertes Engagement, eine größere Rolle oder einen wirklich guten Song an. Die Agenten reißen sich nicht mehr um Sie. Sie sind out, passé. Was nun?

— Ihr Lebenspartner hat Sie verlassen, ist gestorben oder die Scheidung steht bevor. Alle Menschen scheinen glücklich zu sein, nur Sie sind allein, im Abseits. Was nun?

— Ihre Zukunft schien gesichert. Ihr Leben entwickelte sich wie geplant. Im Beruf und Privatleben lief alles wie am Schnürchen. Und plötzlich die unerträglichen Schmerzen, der Besuch beim Arzt und die Diagnose: Krebs. Was nun?

Auf jeden von uns wartet irgendwann, irgendwie und irgendwo das *Aus*. Die Frage ist nicht, muß ich abtreten, sondern: Wie trete ich ab?

Wie verhalten Sie sich, wenn Sie ins Abseits geraten — wenn der mühevoll errungene Erfolg Sie verläßt, wenn Sie sich schon zu den Versagern gezählt haben und Ihnen über Nacht der Erfolg winkt, wenn Sie immer gesund waren und plötzlich schwerkrank werden, wenn Sie aus dem Arbeitsleben ausscheiden müssen und in den Ruhestand treten, wenn Sie Ihren Partner verloren haben und nun alleine leben müssen, wenn Sie wissen, daß Ihre Zeit auf Erden nur noch kurz bemessen ist? Wie Sie diesen Wechsel verkraften, ist nicht nur wichtig für Ihr Ansehen, sondern auch für Ihren weiteren Weg und Ihre Einstellung zum Leben entscheidend.

Manche Menschen reagieren verbittert, wütend oder gekränkt auf das *Aus*, schwelgen in Kummer und Selbstmitleid. Sie sind neidisch auf diejenigen, die dazugehören. Sie bieten für andere ein schwaches Bild, weil sie sich selbst in eine schwache Position manövriert haben.

Und es gibt solche, die mit Würde und Zuversicht abzutreten verstehen. Für sie ist der Abgang der Beginn eines neuen Lebensabschnitts. Sie befinden sich in einer starken Ausgangsposition, denn sie betrachten ihr ,,Versagen'' oder die ,,rote Karte'' als etwas Positives, als ihre große Chance.

Als Pfarrer und Berater in vielen Lebensbereichen betrachte ich es als meine Aufgabe, die Menschen zu beobachten und zu erforschen. Ich kenne viele, die angesichts einer persönlichen Tragödie zusammengebrochen, und andere, die aufgrund ihrer positiven Einstellung über den Schicksalsschlag und sich selbst hinausgewachsen sind. Sie ließen sich nicht unterkriegen, sondern überwanden alle Hürden. In meine Sprechstunde kamen auch einige Superstars, deren kometenhafter Aufstieg plötzlich im Nichts endete. ,,Mir wurde bedeutet, der Publikumsgeschmack habe sich geändert.'' Manche verstanden es, mit Würde abzutreten, aber viele suchten Trost und Vergessen im Alkohol.

Ich habe mich mit einigen Farmern in meiner Heimatstadt unterhalten, die aufgrund finanzieller Schwierigkeiten ihren Hof aufgeben mußten. Sie konnten die öffentliche Versteigerung kaum verkraften, denn Land und Anwesen befanden sich oft schon seit Generationen im Familienbesitz und

stammten noch von ihren Vorfahren, die aus Europa einge-
wandert waren. Jetzt standen sie vor dem Nichts. Der Name
des Käufers wurde im Grundbuch eingetragen, die Schlüssel
wechselten den Besitzer.

Aus? – Gefeuert? Geschieden? Getrennt? Vom vorge-
zeichneten Weg abgekommen? Im Abseits? Den Tod vor
Augen? Bankrott? Vom eigenen Anwesen vertrieben? Eine
unerwartete Marktveränderung? Der Pavillon des Lebens,
errichtet auf dem Planeten Erde, hat unendlich viele
Ausgänge!

Aber denken Sie daran: ,,Erfolg kennt kein Ende und keine Grenzen, Versagen ist keine Sackgasse! Es ist verständlich, daß Sie leiden, denn man hat Ihnen eine tiefe Wunde
zugefügt. Aber nun muß der Heilungsprozeß beginnen. Er
erfolgt in zwei Stufen. Stufe eins besteht darin, den Schaden
zu überprüfen und in Grenzen zu halten, Stufe zwei ist der
Erneuerung und Rekonvaleszenz gewidmet.

STUFE EINS: Schadensdiagnose

Sie stehen im Abseits, schockiert, weil Sie nie damit gerechnet haben, daß so etwas ausgerechnet Ihnen passieren könnte! Sie sind vielleicht überrascht, daß das Leben dennoch
weitergeht, wenn auch auf Sparflamme. Wenn Ihnen jemand diese Entwicklung vorausgesagt hätte, wären Sie
kaum bereit gewesen, den Unkenrufen zu glauben – geschweige denn, daß Sie das Tief durchstehen würden!

Aber Sie fühlen sich zutiefst verletzt, gebrandmarkt und
werden mit einer Situation konfrontiert, die sich mit keiner
bisherigen vergleichen läßt.

Lernen Sie Ihre Lektion von denen, die aus Erfahrung
wissen, wie man Schmerz und Enttäuschung erträgt, verarbeitet und konstruktiv umsetzt. Sie haben es geschafft, auf
den Trümmern ihres Lebens etwas Neues aufzubauen, den
Abgrund zu überbrücken, der sich pötzlich vor ihnen auf-

tat. Um nicht den Mut zu verlieren, sind sie in die Offensive gegangen. Sie haben eine Therapie eingeleitet, die mit der Diagnose beginnt, und sich gesagt: ,,Hauptsache, der Patient kommt lebend im Krankenhaus an. Er wird schon wieder! Jetzt müssen wir erst einmal feststellen, was ihm im einzelnen fehlt. Dann gilt es, die Wunden zu versorgen, damit sich sein Zustand nicht weiter verschlechtert.''

Lernen Sie von denen, die zahllose Narben davongetragen haben. Wie sind sie durchgekommen? Welchen Rat können sie uns geben?

1. Den Humor bewahren. Es ist kein Sakrileg, bei einer Beisetzung zu lachen. Durch ein Lachen befreit man sich von innerer Anspannung. Bestattungssunternehmern, Ärzten, Geistlichen und Soldaten ist das Lachen nicht vergangen, sonst hätte sie der Anblick des Leids, das sie mit ansehen mußten, vermutlich übermannt. Humor und Lachen haben durchaus ihre Daseinsberechtigung, also lernen Sie wieder zu lachen!

2. Nehmen Sie Trost und Hilfe an. Widerstehen Sie der Versuchung, Beileidsbezeugungen und Worte der Ermutigung von wohlmeinenden Menschen zurückzuweisen. Jeder braucht seine ,,Streicheleinheiten''. Nehmen Sie sie dankbar entgegen.

3. Kapseln Sie sich nicht ab, sondern suchen Sie die Nähe Ihrer Familie und engsten Freunde, die Ihnen helfen möchten. Zeigen Sie, daß Sie bereit sind, ihnen dabei einen Schritt entgegenzukommen und sich helfen zu lassen. Sie machen sich Sorgen um Sie, Ihr Wohl liegt ihnen am Herzen. Hoffnung ist nicht das Fehlen von Kummer und Leid. Hoffnung offenbart sich in der Liebe und Zuneigung, die einem andere Menschen entgegenbringen.

4. Kämpfen Sie mit allen Mitteln um Ihre Zukunft. Gehen Sie nicht sorglos mit Ihrem Leben um, auch wenn es im Augenblick in Trümmern liegt. Wer sich in seinem Schmerz verliert, läuft Gefahr, sein restliches Leben zu zerstören. Ich habe miterlebt, wie nach dem tragischen Tod ihres Kindes die Ehe eines jungen Paares zerbrach. Ich kenne einen Top-manager, der aufgrund firmeninterner Intrigen fristlos entlassen wurde. Plötzlich fehlte eine Speiche im Rad seines Lebens. Er war wütend, fluchte und versetzte dem Vehikel einen Fußtritt, so daß die übrigen Speichen auch noch herausfielen. ,,Meine Frau, die Familie, Religion, Gesundheit – was soll's?'' tobte er. ,,Moment mal'', versuchte ich seinen Wutausbruch zu stoppen. ,,Sie brauchen die restlichen Speichen noch. Es sind noch so viele vorhanden, daß Sie losfahren und eine Reparaturwerkstatt suchen können. Jetzt lassen Sie uns den Schaden einmal genau ansehen. Zerstören Sie nicht auch noch die Speichen, die Ihnen geblieben sind, sondern machen Sie sich auf den Weg, um die restlichen zu ersetzen!''

Wenn Sie plötzlich im Abseits stehen, brauchen Sie
Sinn für Humor!

Wenn Sie Ihrer persönlichen Situation trotz aller Tragik noch immer eine komische Seite abgewinnen können, tragen Sie Ihren Verlust mit Würde.

Sowohl meine Frau Arvella, die sich einer Brustamputation unterziehen mußte, als auch meine Tochter, die nach einem Motorradunfall ein Bein verlor, trugen ihr Schicksal mit Humor. Eines Tages schilderten beide lachend, wie sie an diesem Vormittag ihre Einkäufe erledigt hatten. Daß Mutter und Tochter miteinander einkaufen, ist an sich ja nichts Ungewöhnliches. Seltener kommt es jedoch vor, daß sie ein ,,Ersatzteillager'' aufsuchen, um sich dort austaffieren zu lassen – nicht mit neuen Kleidern, sondern mit Prothesen. Darüber machten die beiden noch häufig ihre Witze, die außerordentlich heilsam waren. Sie sollten deshalb die Macht des Lachens und des Humors nicht unterschätzen.

Henry Viscardi weiß, wie sehr Liebe und Lachen den Heilungsprozeß beschleunigen, wenn man sich am Boden zerstört fühlt. Er wurde 1912 als Sohn von Immigranten in

Chicago geboren – ohne Beine. Die meiste Zeit seines Lebens verbrachte er im Krankenhaus. Erst mit 27 Jahren paßte man ihm Prothesen an, auf denen er wie jeder andere geht. Aber wie war sein Leben bis dahin verlaufen!

Er gehört heute zu den weltweit bekannten und anerkannten Pädagogen und Rehabilitationsexperten. Er hat sein Leben den Schwerbehinderten gewidmet und seinen Beitrag geleistet, daß auch sie ihre Fähigkeiten und Möglichkeiten voll ausschöpfen können. Viscardi vertritt die Ansicht, daß ein lebender Beweis die größte Überzeugungskraft besitzt.

1952 gründete er das international renommierte Human Resources Center in Elbertson, Long Island. Die dazugehörigen Forschungs- und Trainingsinstitutionen boten ihm eine Möglichkeit, der Welt zu demonstrieren, daß ein Behinderter bei entsprechender Fürsorge und Ausbildung vollkommen in die Gesellschaft und den Arbeitsprozeß integriert werden kann.

Henry hat jeden amerikanischen Präsidenten von Franklin Roosevelt bis hin zu Ronald Reagan beraten. Er wurde mit Ehren und Belobigungen überhäuft. Amerika zollt ihm große Achtung und Bewunderung. Er ist bekannt für seine positive Lebenseinstellung und seinen ansteckenden Humor.

Als ich ihn an einem Frühjahrsmorgen in der Crystal Cathedral bat, ein paar Worte an die mehr als dreitausend Gläubigen zu richten, die sich zum Gottesdienst versammelt hatten, ließ er den Blick über die Menge schweifen und begann: ,,Vielleicht sind Sie beeindruckt von der Tatsache, daß ich hier auf zwei künstlichen Beinen vor Ihnen stehe. Aber das ist kein großes Handicap, lediglich etwas unbequem. Bald ist Ostern, und mir fällt ein, daß ich mindestens seit Weihnachten meine Socken nicht mehr gewechselt habe. Aber ich hoffe, Sie haben daran gedacht!''

Ich fragte ihn: ,,Henry, wie kommt es, daß Sie soviel Lebensfreude ausstrahlen?'' Seine Antwort werde ich nie vergessen:

„Ich nehme an, der Grundstein wurde in meinem Elternhaus gelegt. Als ich ein Kind war, fragte ich meine Mutter: ‚Warum muß ausgerechnet ich so geboren sein?‘ Sie war zwar nur eine einfache Frau vom Lande, aber sehr weise. ‚Als es an der Zeit schien, daß wieder ein behindertes Kind das Licht der Welt erblicken sollte, versammelte der Herr seine Ratgeber um sich und sprach: ‚Ich denke, die Viscardis wären eine gute Familie für einen kleinen behinderten Jungen‘, lautete ihre Antwort.

Ich empfinde große Dankbarkeit für Amerika, das wundervolle Land, in dem wir leben, das mir die Chance gab, meine Fähigkeiten zu entwickeln und unter oft schwierigen Umständen zu nutzen. Wäre ich nicht hier geboren und aufgewachsen, könnte ich wahrscheinlich noch von Glück reden, wenn ich Lotterielose an der Straßenecke verkaufen oder Benzinfässer in einem Depot zählen dürfte. Gott schütze Amerika für das, was es mir gegeben hat.“

Seine positive Lebenseinstellung und sein Sinn für Humor gaben Henry Viscardi die Kraft, seine Behinderung und das damit verbundene Abseits zu überwinden. Dieser Humor kommt ihm heute zugute, wenn er behinderten Kindern hilft, die noch immer eine Randposition in der Gesellschaft einnehmen. Er hat eine Sonderschule errichtet und erteilt dort selbst Unterricht. „Gleichgültig, wie schwer die Behinderung auch sein mag – wenn ein Kind eine gute Ausbildung erhält, ist es nicht länger behindert.“

Einhundertfünfzig Schüler besuchen heute diese Sonderschule für Behinderte, der weiterführende Schulen und ein Kinderhort angeschlossen sind (für Kinder ab sechs Monaten, die den Tag hier gemeinsam mit den Müttern verbringen). Dank der gründlichen Ausbildung und Vorbereitung auf das Berufsleben sind die Absolventen in der Lage, sich den wachsenden Ansprüchen unseres Zeitalters zu stellen und ein eigenständiges, menschenwürdiges Dasein zu führen.

Henry erklärte: „Meine Schüler gehören nicht zu den

Durchschnittsmenschen; sie verfolgen auch keine mittelmäßigen Ziele. Sie sind außergewöhnlich, und sie streben etwas Besonderes an: Sie wollen lieben und geliebt werden, sie möchten wie alle anderen sein und sind es ja vor Gott. Sie haben ihren Humor nicht verloren. Sollten Sie je unsere Schule besuchen, werden Sie feststellen, daß dort Fröhlichkeit herrscht.

Ich werde nie vergessen, wie mich eine Gruppe jüngerer Schüler zum Tee einlud. Ich saß da und wartete und wartete. Es schien eine Ewigkeit zu dauern. Endlich schob ein kleines Mädchen den Teewagen herein, und ihr Lehrer sagte ungehalten: ‚Du bist spät dran; wir warten schon ziemlich lange. Was war denn los?‘ Das Mädchen erwiderte: ‚Ich konnte das Teesieb nicht finden.‘

Ich mußte wieder einmal nachhaken und fragte: ‚Und, was hast du gemacht?‘ ‚Ich hab' das Fliegengitter genommen.‘ Mir blieb keine andere Wahl, als das Gebräu zu trinken. Aber seither mag ich keinen Tee mehr.‘‘

Henry Viscardi führt ein erfülltes Leben; er hat eine wundervolle Frau, Lucille, vier Töchter und acht Enkel. Sie alle unterstützen ihn bei der Verwirklichung seiner Träume und Ziele. Er hat sich geschworen, seine ganze Energie der Aufgabe zu widmen, den Benachteiligten zu helfen – solange es noch einen Behinderten in unserem Land gibt, der die Herausforderungen des Lebens einer behüteten Existenz in beschützenden Werkstätten oder im bloßen Kreis der Familie vorzieht.

Henry schloß seine Rede in der Crystal Cathedral mit den Worten: ,,Meine Freunde, Hoffnung ist eine Pflicht und kein Luxus. Hoffen heißt, dafür zu sorgen, daß Träume wahr werden. Gott segnet Menschen, die noch Träume haben und willens sind, Entbehrungen in Kauf zu nehmen, um sie zu verwirklichen.‘‘

Auch das Abseits läßt sich ertragen – wenn Sie den Humor und Ihre positive Einstellung zum Leben nicht verlieren, die Ihnen Auftrieb und die Möglichkeit geben, die

Grenzen Ihres „Gettos" zu sprengen und über sich selbst und alle Hindernisse hinauszuwachsen.

Wenn Sie plötzlich im Abseits stehen, brauchen Sie „Streicheleinheiten"!

Wir alle brauchen dann und wann ein wenig Trost. Deshalb sollten Sie offen zugeben, daß Sie leiden. Es ist traurig, daß so viele Menschen glauben, ihre Gefühle um jeden Preis vor anderen verbergen zu müssen – vor ihrem Ehepartner, der Familie, dem Pfarrer oder Freunden. Wenn Sie zu stolz sind, um zuzugeben, daß es Ihnen nicht gutgeht, dürfen Sie sich auch nicht wundern, wenn niemand es zu bemerken scheint.

Liebe, Fürsorge und Steicheleinheiten können wahre Wunder wirken. Sie geben uns die Kraft, eine Niederlage mit Würde zu ertragen und einen neuen Anfang zu wagen. Die Macht von Worten, die Trost und Zuspruch vermitteln, sollte man nicht unterschätzen. Streicheleinheiten sind wohltuend und fördern den Heilungsprozeß, wenn man plötzlich im Abseits steht.

Patty Lewis weiß, wie schwer es ist, sich mit dieser Randposition abzufinden. Sie war vierzig Jahre lang mit dem berühmten Filmkomiker Jerry Lewis verheiratet und hat ihm sechs Söhne geschenkt, bevor die Scheidung ausgesprochen wurde.

Patty ist seit ihrer Kindheit praktizierende Christin. Sie erklärte, daß ihr Gott und die Freundschaft mit Frauen, die ein ähnliches Schicksal hatten, eine unschätzbare Hilfe waren. Die Kraft, die sie dadurch gewann, gab sie an andere weiter: Sie gründete in ihrer Heimatstadt gemeinsam mit Jackie Joseph – ehemals mit dem Schauspieler Ken Berry verheiratet – eine Fraueninitiative mit dem Namen LADIES, eine Abkürzung für „Life After Divorce Is Eventually Sane", die Frauen nach der Scheidung betreut und ihnen über den Trennungsschock hinweghilft.

Zu der Gruppe gehören viele Frauen, die mit Prominenten verheiratet waren. Patty erklärte: ,,Man muß den Tatsachen ins Auge sehen. Wir können die Gesichter unserer Ehemaligen täglich in den Zeitungen sehen; da verliert man leicht den Verstand. Gerade nach einer Scheidung, wenn das Selbstwertgefühl schwer angeschlagen ist, fällt es nicht leicht, sich daran zu erinnern, daß man selbst auch etwas Besonderes ist. Viele weinen von morgens bis abends, sind verbittert oder können nicht schlafen. Erst wenn man wütend wird, befindet man sich auf dem Weg der Besserung.

Wut ist die letzte Phase des Heilungsprozesses. Wenn man diesen Punkt erreicht hat, reißen die düsteren Wolken plötzlich auf, und man kann mal wieder so etwas wie Glück empfinden.''

Ich fragte: ,,Patti, haben Sie Jerry verziehen?''

Ihre Antwort kam wie aus der Pistole geschossen und klang sehr selbstbewußt. ,,Ja. Ich trage ihm nichts nach. Wir sind sogar gute Freunde. Aber ich weiß nicht, was aus mir geworden wäre, wenn ich nicht Trost im Gebet gefunden und den Zuspruch und die liebevollen Ratschläge meiner LADIES gehabt hätte.''

Das Abseits läßt sich viel leichter ertragen, wenn man seine Streicheleinheiten erhält.

Wenn Sie sich plötzlich im Abseits befinden,
brauchen Sie Menschen, die zu Ihnen halten.

Ich habe festgestellt, daß Menschen, die ihre Außenseiterposition mit Würde hingenommen und einen neuen Anfang gewagt haben, stets Freunde, Familie oder irgend jemanden hatten, der sie liebte, der ihnen die so wichtige emotionale Unterstützung, Mut und Ratschläge gab.

Vielleicht kennen Sie den Film oder das Buch *Anastasia*. Im Mittelpunkt der Handlung steht eine Frau, die behauptet, sie sei die Tochter des Zaren und während der russischen

Revolution auf wundersame Weise der Ermordung durch die Bolschewiken entronnen. Sie wird nach einem mißglückten Selbstmordversuch aus der Seine gerettet und in eine Irrenanstalt gebracht. Sie ist apathisch und depressiv, hat weder Familie noch Freunde.

Dann stößt einer der Ärzte auf eine Zeitungsmeldung, die in dieser verlorenen Seele den Funken der Hoffnung entzündet, ihr zu einer Identität und einem glanzvollen neuen Leben verhilft. Der Arzt stellt eine verblüffende Ähnlichkeit mit Anastasia fest, der totgeglaubten Tochter des russischen Zaren. Er versetzt seine Patientin in Hypnose und erfährt von der schrecklichen Ermordung ihrer Familie. Sie scheint Details über das Leben am Zarenhof zu kennen, mit denen nur die echte Prinzessin vertraut sein konnte.

Und damit beginnt das große Geheimnis. Diejenigen, die an Anastasia glauben, sammeln Beweise dafür, daß sie in der Tat die russische Prinzessin ist. Diejenigen, die daran zweifeln, haben ebenso viele schlüssige Gutachten und Zeugenaussagen zusammengetragen, um sie als Betrügerin zu entlarven.

Ihre Großmutter, die Kaiserin, akzeptiert sie als Enkeltochter. Anastasia erhält dadurch Auftrieb und neuen Lebensmut. Sie verändert sich auch äußerlich. Die Unscheinbare, vom Schicksal Besiegte, blüht auf und nimmt eine Haltung an, wie man sie von einer Frau ihres Standes erwartet. Sie spricht und bewegt sich anmutig wie eine Prinzessin. Sie hat auch die äußere Hülle der vorzeitig gealterten Frau, die in einem Heim dahinvegetierte, abgestreift.

Wie wurde dieser Wandel bewirkt? Wie fand Anastasia den Weg aus dem Abseits an die Spitze der Gesellschaft? Im Film erklärt sie: „Sie müssen wissen, daß es keine Rolle spielt, ob ich eine Prinzessin bin oder nicht. Es zählt nur, daß ich ich bin, daß irgend jemand − und sei es auch nur ein einziger Mensch − mir die Arme entgegenstreckte, um mich bei meiner Rückkehr aus dem Reich der Toten willkommen zu heißen."

Sie finden einen Weg aus jeder Misere, wenn Sie einen Menschen haben, der an Sie glaubt. Sie können die Leiter des Erfolgs nach oben steigen und Ihre Grenzen hinter sich lassen, wenn es jemanden gibt, der sich um Sie bemüht, Ihnen Mut macht und Sie aufheitert.

Lou Little war Coach des Footballteams der Universität von Georgetown. Eines Tages kam der Dekan zu ihm, nannte den Namen eines Studenten und fragte: „Lou, kennen Sie den jungen Mann?"

„Natürlich", erwiderte Lou. „Er ist seit vier Jahren in meiner Mannschaft. Aber ich habe ihn nie bei einem Spiel eingesetzt. Er ist nicht schlecht, aber ihm fehlt der Ehrgeiz."

„Wir haben gerade erfahren, daß sein Vater gestorben ist", fuhr der Dekan fort. „Würden Sie ihm die Nachricht schonend beibringen?"

Der Coach nahm den jungen Mann in der Umkleidekabine zur Seite. Er legte ihm den Arm um die Schultern und teilte ihm den Tod des Vaters mit. „Es tut mir sehr leid, Junge. Nehmen Sie sich eine Woche frei."

Zu seinem großen Erstaunen traf ihn der Coach am nächsten Tag im Umkleideraum, angezogen für das Spiel. „Was machen Sie denn hier?" wollte Little wissen.

„Heute findet die entscheidende Begegnung statt. Und ich muß mitspielen."

„Aber Sie wissen doch, daß Sie nur Reservespieler sind."

„Geben Sie mir heute meine Chance, und Sie werden es nicht bereuen", bat der junge Mann mit fester Stimme und Tränen in den Augen.

Milde gestimmt beschloß der Coach, ihn im ersten Spiel einzusetzen, falls seine Mannschaft beim Hochwerfen der Münze in den Ballbesitz kam; schließlich konnte er gleich zu Beginn nicht allzuviel Unheil anrichten. Das Los entschied zugunsten von Georgetown. Gleich in der ersten Runde fegte der Junge wie ein Wirbelsturm mit dem Ball über das Feld. Coach Little war völlig überrascht und ließ ihn weiterspielen, eine Runde und noch eine. Der junge Mann mauerte, griff die Gegner im Ballbesitz beherzt an, zeigte hervorragende Pässe, lief wie der Blitz. Ihm war letztlich zu verdanken, daß das Georgetown-University-Team den Sieg verbuchen konnte.

In der Umkleidekabine fragte Little, noch immer ganz perplex, den jungen Mann: ,,Was ist denn da passiert, Junge?''

Der strahlende und verschwitzte Sieger antwortete: ,,Coach, Sie kannten meinen Vater nicht, oder? Er war blind, Sir, und heute konnte er mich zum erstenmal spielen sehen.''[11]

Sie schaffen es, das Abseits und jedes Tief zu überwinden, wenn Sie spüren, daß jemand an Sie glaubt. Jeder von uns kennt jemanden, der zu ihm steht, der ihm ein wahrer Freund ist, dem unser Wohl am Herzen liegt und der uns ermutigt, ein Comeback zu versuchen.

Wenn Sie plötzlich im Abseits stehen, brauchen Sie Speichen, die das Rad Ihres Lebens zusammenhalten!

Sie können das Abseits überwinden, wenn Sie nicht zulassen, daß Ihre Wertvorstellungen aufgrund der widrigen Ereignisse zu Bruch gehen. Wenn ein neuer Lebensabschnitt für Sie beginnt, wenn Sie einen Teil Ihres Daseins hinter sich lassen in der Gewißheit, daß es kein Zurück gibt – dann sollten Sie darauf achten, daß Sie nicht auch Ihren Idealen, Wertvorstellungen, moralischen und ethischen Grundsätzen den Rücken kehren.

Vielleicht leben Sie allein, weil Sie verwitwet oder geschieden sind. Sie haben jedoch weder das Recht noch die Freiheit, Ihre moralischen Grundsätze oder Ideale in den Wind

---

11 Robert Schuller, *Dynamisches Familienleben* (Marburg/Lahn: Francke).

zu schreiben. Vielleicht hat man Sie bei der Beförderung übergangen oder entlassen. Das ist schlimm, aber keine Entschuldigung dafür, die ethischen Prinzipien über Bord zu werfen, nach denen Sie immer gelebt haben.

Sie müssen an den für alle Menschen bindenden, alle Zeiten überdauernden geistigen Werten festhalten. Sie sind die Speichen des Rades, um das sich Ihr Leben auch weiterhin drehen sollte. Sie dürfen sie nicht zerstören.

Ich erinnere mich an die Zeit, als meine Tochter Sheila für ein Musical probte, das in ihrer Highschool aufgeführt werden sollte. Ihr schauspielerisches Talent war bekannt, und deshalb ermutigten wir sie auch dieses Mal, sich für die Hauptrolle zu bewerben. Selbst die Lehrerin, die Schauspielunterricht erteilte, erklärte ihr, sie sei die ideale Besetzung. ,,Die Rolle ist dir auf den Leib geschrieben, Sheila. Nimm das Drehbuch übers Wochenende mit nach Hause, lies es und sag mir, was du davon hältst.''

Sheila war natürlich aufgeregt und fühlte sich geschmeichelt, daß die Wahl der Lehrerin auf sie gefallen war. Sie stürmte mit dem Skript heim, schloß sich in ihr Zimmer ein und träumte vom Starruhm.

Zunächst war sie von der Rolle begeistert. Sie sollte eine charmante, geistreiche und quirlige junge Frau spielen, wobei sie ihr komisches Talent unter Beweis stellen konnte. Aber das Drehbuch enthielt eine Szene, die Sheila zu schaffen machte: Die Hauptdarstellerin lernt einen gutaussehenden Mann kennen, nimmt ihn mit nach Hause und verführt ihn – wobei es zu recht komischen Verwicklungen kommt. Das konnte Sheila nicht mit ihren Wertvorstellungen vereinbaren.

Sie hatte kein gutes Gefühl dabei, die Rolle vorzusprechen. Ihre Mitschüler kannten ihre unerschütterlichen Grundsätze. Sie wußte, daß sie in dieser Szene Zugeständnisse machen mußte, zu denen sie nicht bereit war. Deshalb legte sie das Drehbuch beiseite und betete: ,,Lieber Gott, ich wünsche mir so sehr, Erfolg zu haben – für DICH. Ich möchte, daß sich DEINE Liebe in mir widerspiegelt. Ich bemühe mich, so zu werden, wie DU es willst. Hilf mir dabei und zeige mir wie."

Sheila vertraute sich uns an und erklärte, daß sie die Rolle nicht übernehmen wolle. Sie habe sich statt dessen entschieden, eine Nebenrolle − ein romantisches junges Mädchen − einzustudieren.

Am Nachmittag füllte sie ihre Anmeldungskarte aus und notierte darauf, welche Rolle sie geprobt hatte. Sie kreuzte die komische Rolle wohlweislich nicht an. Als sie an der Reihe war vorzusprechen, forderte die Lehrerin sie auf, eine bestimmte Seite im Drehbuch aufzuschlagen und zu lesen. Es war der Text, den Sheila abgelehnt hatte. Für die Lehrerin stand die Besetzungsliste bereits fest. Sheilas Gesicht rötete sich vor Zorn. Vor ihren fünfzig Mitschülern und den versammelten Lehrern, die den Prüfungsausschuß bildeten, sagte sie so ruhig wie möglich: „Ich habe mich nicht für diese Rolle beworben."

„Ja, warum denn nicht?" wollte die Lehrerin wissen. „Sie ist doch hervorragend!"

„Sie paßt nicht zu mir. Als bekennende Christin kann ich diese Rolle nicht spielen."

„Sheila, ich habe Sie gebeten, den Text vorzusprechen. Wollen Sie jetzt lesen oder nicht?"

Die einzige Möglichkeit, ihre Lehrerin davon zu überzeugen, daß sie für diese Rolle nicht geeignet war, bestand für Sheila darin, sie vorzulesen. Sie las so langsam und monoton wie möglich. Die Lehrerin kannte ihr schauspielerisches Talent und sah sehr wohl, daß Sheila den Text absichtlich herunterleierte. Da die übrigen Lehrer aber Zeuge ihrer unzureichenden Leistung waren, mußte sie die Rolle einem anderen Mädchen geben.

Sheila drückte der verblüfften Lehrerin das Skript in die Hand. Dann marschierte sie mit hocherhobenem Kopf aus dem Raum. Erst als sie draußen war, machte sich die Enttäuschung bemerkbar. Sie lief zum Parkplatz, wo ich im

Wagen auf sie gewartet hatte, riß die Tür auf und weinte: ,,Ach, Daddy, die andere Rolle habe ich auch nicht bekommen. Sie hat mir nicht einmal erlaubt, sie vorzusprechen, weil sie fest davon überzeugt war, daß ich die Hauptrolle übernehmen würde.''

Dann schilderte sie mir die Ereignisse. Tränenüberströmt schluchzte sie: ,,Warum hat sie mir das angetan, vor meinen Mitschülern?''

Ich nahm meine Tochter in den Arm und tröstete sie: ,,Sheila, Gott hat es so gewollt, damit du dich zu deinem Glauben bekennst. Ich bin stolz auf dich. Du bist von Gott heute für eine ganz besondere Rolle ausersehen worden. Er hat dich dazu auserwählt zu beweisen, daß Jesus dein Leben beherrscht.''

Dann sah ich ihr in die Augen und fuhr fort: ,,Heute nachmittag hast du den größten Erfolg errungen. Du wirst von Gott und mir nur lobende Kritik ernten.''

Können Sie sich vorstellen, wie stolz ich erst war, als man Sheila bat, bei der alljährlichen Weihnachtsfeier das Lied ,,Stille Nacht'' vorzutragen?

Sheila hatte es verstanden, mit Würde in den Hintergrund zu treten. Sie sang für das Musical im Chor mit und engagierte sich bei den Proben, obwohl sie keine tragende Rolle spielte. Mit dem Solo ,,Stille Nacht'' feierte sie ein rauschendes Comeback.

Sorgen Sie für ein glänzendes Comeback!

Auch Sie sind in der Lage, mit Würde abzutreten und ein glänzendes Comeback zu starten, wenn Sie über die Grenzen des Heute hinausschauen und sich stets vor Augen halten: Versagen ist keine Endstation – und Erfolg kennt keine Grenzen!

Ich habe im Laufe der Jahre viele Menschen kennengelernt. Die meisten waren wie Sie und ich, aber es gab auch einige berühmte Persönlichkeiten darunter.

Ich hatte das Glück, Sammy Davis Jr. einige sehr private Fragen über seine Einstellung zum Leben, seine Träume und seinen Erfolg stellen zu können. Er sorgte nicht nur auf der Bühne, sondern auch vor Gericht für Schlagzeilen. Seine Straße zum Erfolg war ziemlich steinig.

Zu Beginn seiner Karriere erntete er nur negative Kritik und mußte viele Hindernisse überwinden. Er sagte: „Manchmal macht man sich auf den Weg mit den besten Absichten, aber dann geht man einen Schritt zu weit, weil man unbedingt sein Ziel erreichen will. Der Erfolg ist wie ein Teufel, der dir im Nacken sitzt, sobald du auf den Geschmack gekommen bist, und er flüstert dir immer wieder ein: ‚Du kannst doch mehr haben, mehr, mehr. . .‘ Und schon willst du mehr, das gehört einfach zum Showbusineß. Je bekannter jemand ist, desto höhere Ansprüche kann er stellen. Und du fragst dich: ‚Wie kommt es, daß ich nicht mehr Geld verdiene? Wie kommt es, daß ich dieses oder jenes noch nicht habe?‘

Ich habe anfangs alle persönlichen Mißerfolge beim Film auf die Tatsache zurückgeführt, daß ich schwarz bin. Ich glaubte, deshalb käme ich auf keinen grünen Zweig. Das mag zutreffend gewesen sein, aber nur zu einem geringen Teil.

Ich hatte nicht die leiseste Idee, woher dieser Drang, noch mehr zu erreichen, kommen könnte. Wenn ich heute die Bühne betrete, weiß ich, daß dieser Teufel mich nicht mehr reitet. Ich trete vor das Publikum und merke, daß der Kontakt da ist. Die Frage nach Rasse, Hautfarbe oder Glauben spielt für mich dabei keine Rolle mehr, weil es im Grunde gar nicht darum geht, sondern um den menschlichen Kontakt. Wissen Sie, früher habe ich mir im Fernsehen eine Show angesehen und gezählt, wie viele Schwarze im Publikum saßen. Heute sehe ich dort nur Menschen."

Ich fragte Sammy: „Wer oder was hat Sie zu Beginn Ihrer Karriere besonders stark beeinflußt? Hatten Sie irgendein Vorbild?"

„Das Lied ‚Mr. Bojangles' ist in dieser Hinsicht sehr aufschlußreich. Ich kannte solch einen schwarzen Varietékünstler; er trat auf den Straßen auf. Sein Frack war schäbig, der Kragen und die Manschetten zerschlissen, aber für uns Kinder sah er trotz seines armseligen Aufzugs wie aus dem Ei gepellt aus. Den Zylinder trug er immer keck in die Stirn gezogen. Er gehörte zu den Menschen, die in ihrem Leben immer wieder Enttäuschung und Ablehnung erfahren hatten. Sie waren die ewigen Verlierer. Aber wir Kinder bewunderten ihn und wollten ihm nacheifern."

„Sie haben alle Hürden genommen. Es ging Ihnen gut – und dann hatten Sie 1954 den schweren Unfall", sagte ich.

„Ja. Eigentlich hätte ich tot sein müssen, aber zum Glück verlor ich dabei nur ein Auge. Der traumatische Schock setzte merkwürdigerweise erst zwei Jahre später ein. Ich trug schon ein Jahr lang eine Augenklappe, als Humphrey Bogart eines Tages meinte: ‚Nimm endlich das Ding ab. Willst du, daß die Leute von dir sagen, das ist der beste Entertainer, den ich je gesehen habe, oder das ist der Typ mit der Augenklappe?'

Also nahm ich die Klappe ab. In diesem Jahr drehte ich drei Filme mit meinem künstlichen Auge. Ich bin Gott dankbar, denn Er hat mich als Sein Instrument benutzt. Die Leute kamen zu mir und erklärten, daß auch sie bei einem Unfall ein Auge verloren hätten und nicht klein beigeben würden. Daß ich mit dem Handicap fertig wurde, habe ihnen Mut gemacht. Auch heute höre ich das noch, und das gibt mir ein sehr gutes Gefühl."

Sammy Davis Jr. weiß, wie es ist, wenn man plötzlich im Abseits steht. Nach seinem Unfall war er zunächst gezwungen, sich von der Bühne zurückzuziehen. Er verschaffte sich einen würdevollen Abgang. Er behielt seinen Sinn für Humor. Spaß und Spott bauten ihn auf. Er akzeptierte die Unterstützung von Freunden wie Frank Sinatra, und die Streicheleinheiten halfen. Außerdem waren da noch seine Fans – „Speichen", die er nicht achtlos beiseite warf, weil er wußte, daß sie das Rad seines Lebens weiterbewegten. Deshalb war er in der Lage, ein Comeback zu starten. Er wurde berühmter und konnte mit besseren Leistungen als je zuvor aufwarten. Sammy lernte, sein Talent als Unterhaltungskünstler so auszuschöpfen, daß er andere damit inspirierte.

Irgendwann standen oder stehen wir alle einmal im Abseits, erhalten die „rote Karte", fühlen uns vergessen, abgeschrieben. Aber wir sollten uns stets vor Augen halten, daß das Leben auch dann noch Freuden und daß jedes Ende die Möglichkeit eines neuen Anfangs birgt.

Erfolg kennt keine Grenzen, und Versagen ist in Wirklichkeit eine Verzerrung der Realität, eine Übergangsphase im Erfolgsprozeß.

Ihre Vergangenheit ist Teil Ihres Lebens und Ihrer persönlichen Entwicklung. Ihre einstigen Erfolge tragen auch weiterhin reichere Früchte, als Sie es sich vielleicht vorstellen können. Vor vielen Jahren habe ich einmal eine bekannte Persönlichkeit beraten. Mit diesem Gespräch begann eine enge Freundschaft. Ein paar Jahre später brach er den Kontakt ab. Er strich mich aus seinem Leben, schob mich aufs Abstellgleis. Ich konnte zwar auf einige beachtliche Erfolge zurückblicken, aber in diesem Augenblick kam ich mir wie ein Versager vor.

„Das stimmt ja nicht", munterte mich ein weiser Freund und Ratgeber auf. „Du hast diesem Mann in einer wichtigen Phase seines Lebens seelsorgerisch zur Seite gestanden, ihm geholfen, seine Krise zu überwinden. Jetzt ist er selbstständig und psychisch stark. Du bist doch deswegen nicht weniger erfolgreich, weil er dich nicht mehr braucht! Tatsache ist, daß dein Erfolg in ihm weiterwirkt, denn er wird seinen Weg ohne dich gehen."

Ja, ein einziger Erfolg kann eine wahre Kettenreaktion zur Folge haben: Er bewirkt vielleicht etwas Gutes bei einem anderen Menschen, dieser gibt das, was ihm an Gutem widerfahren ist, an den nächsten weiter, der wiederum an jemand anderen. . . und so setzt es sich von einem Glied zum nächsten fort. Erfolg kennt keine Grenzen und kein Ende.

STUFE ZWEI: Geistige Erneuerung und Gesundung

Sobald sich die Wunde geschlossen und Narbengewebe gebildet hat, sind Sie auf dem Weg der Besserung und wissen, daß Sie anderen noch immer viel zu geben haben.

,,Vor nicht allzu langer Zeit besaß ich keine Energie mehr. Ich war den Anforderungen und dem Streß nicht mehr gewachsen und hatte jegliches Selbstvertrauen verloren'', schrieb die Kolumnistin Beclee Newcomer Wilson über die Zeit ihrer tiefsten Depressionen und ihres Zusammenbruchs.

Für sie war der Kampf zu Ende. Verständlich und ganz natürlich, denn er hatte lange, viel zu lange gedauert. ,,Jeden Morgen brachten mir meine Kinder auf Zehenspitzen das Frühstück ans Bett. Sie hatten Spiegeleier gebraten, der Toast war knusprig und dick mit Butter bestrichen. Es gab kein Wenn und Aber. . . die Kinder waren einfach für mich da. Sie versuchten, mich zu trösten, mich aufzubauen, mein Selbstwertgefühl zu stärken, mich aufzuheitern'', schrieb Frau Wilson.

,,Als mein Tief in ihren Augen zu lange andauerte, teilten sie mir dies auf ihre eigene Weise mit. Jeden Morgen stand eine Vase mit einer Rose auf dem Tablett. Eines Tages erklärte meine Tochter Beth Anne: ‚Mutter, jetzt ist es genug. Wir haben keine Rosen mehr im Garten.'

Jetzt war ich an der Reihe. Ich mußte die Kraft und den Willen aufbringen, gesund zu werden, zu genesen.''[12]

Beginnen Sie wieder zu träumen!

Um zu genesen, sollten Sie Ihr Comeback planen, einen Bereich finden, in dem Sie sich sinnvoll betätigen, verausgaben können.

---

12 *Columbus Dispatch*, 29.Juli 1979.

Wie wäre es, wenn Sie dem Club der konstruktiven Denker beiträten? Vielleicht gibt es sogar einen in Ihrem Heimatort – oder eine Fraueninitiative, eine Zweigstelle der Rotarier, eine Aktionsgruppe der Kirche, einen Bibelkreis?

Wenn Sie gerade eine Krise durchgemacht, Konkurs angemeldet oder einen persönlichen, beruflichen oder finanziellen Rückschlag erlitten haben, dann sollten Sie den Kreis der konstruktiven Denker aus einer neuen Perspektive betrachten. Warum gehören seine Mitglieder zu den Glückspilzen? Wie kommt es, daß sie nicht im Abseits stehen? Schließen Sie sich ihnen an und lernen Sie die kleinen Tricks und Kniffe, die sie offensichtlich beherrschen.

Konstruktive Denker leben nach dem Motto ,,großartig!"

Konstruktiv denkende Menschen sind instinktiv für zündende Ideen zu begeistern. Ich habe nur solche Projekte verfolgt, bei denen mein erster Gedanke war: ,,Großartig!" Rein intuitiv unterläuft unserem Unterbewußtsein ein Freudscher Fehler; es erkennt, daß es sich um eine außergewöhnliche Idee handelt, um etwas ganz Besonderes, Unglaubliches, Phantastisches, das sich realisieren läßt.

Wenn eine Idee diesen ersten, spontanen, positiven Impuls nicht auszulösen vermag, dann ist sie zu schwach, um die kräftezehrenden Phasen bis zur Verwirklichung zu überleben. ,,Großartig!" Diese ungeheure Leistung darf man der Welt nicht vorenthalten. Der erste Preis geht an den Einfall oder Menschen, der von einer inneren Antriebskraft, einer alles verzehrenden Leidenschaft beherrscht wird!

Kreative Menschen verfügen über die Gabe, immer neue Ideen zu entwickeln, auf die ihre Mitmenschen mit einem ,,Großartig" reagieren. Konstruktive Denker verfügen über teilweise selbst erdachte und ausgearbeitete Mittel und Methoden, die sie als Meister ihres Denkmetiers auszeichnen. Ich werde nun das Geburtsgeheimnis großartiger Ideen lüften.

Verbesserungen

Frage: Wie gelingt es uns, besser zu sein als alle anderen? Spitzenleistungen zu erbringen? Irgend jemand wird den Rekord brechen – und dieser jemand sind Sie! Was Sie gestern richtig gemacht haben, können Sie morgen besser machen. Aber wie wird man gewitzter, weiser und besser als die Besten, wenn Sie selbst der oder die Beste sind? Denken Sie darüber nach, und Sie befinden sich auf dem besten Weg, die Macht der Großartigkeit für sich zu gewinnen.

Schattenseiten ausleuchten

Der konstruktive Denker erblickt auch dort Licht, wo andere nur Schatten sehen. ,,Betrachten Sie das Ganze doch mal aus dieser Perspektive'', empfiehlt der Optimist und weist auf einen Punkt hin, den bisher niemand berücksichtigt hat.

Ich kenne eine Frau, die das Abseits überwand, weil sie lernte, ihr Leben von der positiven Seite zu sehen. Sie war mit einem Angehörigen der Streitkräfte verheiratet, der versetzt wurde und sie aus dem kultivierten und stimulierenden Umfeld einer großen Stadt an der Ostküste der USA in ein verlassenes Provinznest mitten in der kalifornischen Wüste entführte. Seine dienstlichen Pflichten und das karge Gehalt machten den Stützpunkt zu einem Gefängnis. Seine Kollegen und deren Frauen langweilten sie zu Tode. Die übrigen Einwohner des Ortes waren ihrer Meinung nach ,,Hinterwäldler und Indianer''. Tief deprimiert schrieb sie an ihre Mutter, sie könne dieses Leben nicht mehr ertragen und plane, ihren Mann zu verlassen und nach Hause zurückzukehren. Dort könne sie auch ihr Studium an der Universität wiederaufnehmen.

Ihre Mutter antwortete: ,,Zwei Menschen leben in einer Gefängniszelle. Der eine sieht die Gitterstäbe, der andere nicht. Gib nicht auf, mein Schatz. Werde dort heimisch, wo du bist."

Sie weinte. Nachts unternahm sie einen Spaziergang und erblickte einen Sternenhimmel, wie sie ihn in Philadelphia nie gesehen hatte. Sie lieh sich in der Bücherei ein Buch über die Sterne aus. Ihr Interesse für etwas Neues war erwacht. Daraus entwickelte sich eine Leidenschaft. Sie redete mit einer Indianerfrau im Ort, mit der sie sich manchmal unterhalten hatte, nicht mehr über Geschichte und Kunst, sondern über das Leben ihre Stammes. Diese lehrte sie nicht nur das traditionelle Kunsthandwerk der Indianer, sondern betrachtete sie mit der Zeit auch als eine der ihren. Sie stand nicht länger im Abseits, sondern gehörte dazu!

Ich wurde einmal gefragt: ,,Wozu raten Sie jemandem, der das Gefühl hat, in einer Falle zu sitzen, aus der es kein Entrinnen zu geben scheint?"

Ich erklärte meinem Freund: ,,Man kann ihm zumindest Hoffnung machen. Hoffnung ist wie eine Flamme, die sich den Weg durch einen dunklen Tunnel bahnt. Dieser Tunnel wird zur Fluchtroute."

Hellen Sie Ihre Gedanken auf, und Sie stoßen auf die Macht der Ideen, die man mit ,,Großartig!" quittiert.

Das solide Fundament

Konstruktive Denker fragen sich intuitiv: ,,Läßt sich daraus etwas Konstruktives entwickeln? Etwas aufbauen? Beispielsweise ein Haus, ein Geschäft, die eigene Persönlichkeit, Gemeinsinn, Stolz, eine Institution, die Zukunft, Integrität, ein tadelloser Ruf? Wird dadurch die Bereitschaft zu einer fruchtbaren Zusammenarbeit gefördert? Läßt sich dadurch ein Monument für die Ewigkeit oder etwas langfristig Sinnvolles schaffen? Werden sich die Beziehungen zwischen den Völkern und Religionen dadurch verbessern? Wenn ja, dann haben Sie eine Idee, die zünden und ein ,,Großartig!" hervorrufen kann.

Ist Ihnen eine „glänzende" Idee gekommen? Schönheit hat auch ihre praktischen Seiten. Man kann nur schwer etwas verkaufen, was das Auge nicht fesselt. Kann Ihre Überzeugung, Ihre Lebensphilosophie, Ihre Religion, Ihre Psychologie dazu beitragen, die Menschheit „aufzupolieren"? Meine Ziele sind dazu in der Lage, und deshalb bin ich auf sie eingeschworen!

Denken Sie daran: Das Kompliment „Großartig!" stärkt die Willenskraft, die Sie dazu befähigt, aus der dunklen Kulisse ins Rampenlicht hinauszutreten.

Konstruktiv sein heißt im Jetzt leben!

Wenn sich ein konstruktiver Denker einer einmaligen Chance, einer unwiderstehlichen Herausforderung oder einer zündenden Idee gegenübersieht, greift er zu.

„Wer zuerst kommt, mahlt zuerst." Mit diesem Sprichwort ist ein konstruktiver Denker bestens vertraut. Er gehört zu denen, die die Initiative ergreifen. Er handelt und vereinbart beispielsweise umgehend einen Gesprächstermin: „Wann können wir uns treffen? Es eilt." Er ändert seinen Terminkalender, um die Zeit zu erübrigen. Morgen könnte es bereits zu spät sein! Man muß *jetzt* die Gelegenheit beim Schopf ergreifen.

Das Jetzt zählt. Hören Sie auf, sich selbst zu bemitleiden, und überdenken Sie statt dessen Ihre Möglichkeiten. Bereiten Sie heute Ihr Comeback vor. Das Telefon klingelt nicht von alleine, die Angebote häufen sich nicht von selbst auf Ihrem Schreibtisch. Sie müssen sich aufraffen, aus der Lethargie erwachen und handeln!

Ihr ärgster Feind ist die Unschlüssigkeit, das größte Hindernis die Passivität, die stärkste Versuchung der Aufschub. Aktiv zu werden kann der schwierigste Teil eines Vorhabens sein. Die Fesseln der Untätigkeit zu sprengen und mit der Arbeit zu beginnen ist keine leichte Aufgabe. Wer etwas immer wieder aufschiebt, verspielt unter Umständen seine Chance. Streichen Sie das Wort „irgendwann" aus Ihrem Vokabular. Irgendwann ist heute, jetzt!

Finden Sie es nicht wunderbar, daß Sie nun ganz von vorne beginnen können?

Konstruktiv sein heißt an das Wie denken

Bei einer wirklich guten Idee stellt sich ein konstruktiver Denker Fragen, die nicht mit „falls", sondern mit „wie" beginnen. Zum Beispiel:

Nicht „*falls*", sondern „*wie*" können wir uns das leisten?

Nicht „*falls*", sondern „*wie*" können wir unsere derzeitigen Ausgaben verringern?

Nicht „*falls*", sondern „*wie*" können wir Kosten dämpfen und die Einsparungen in dieses unerwartet günstige Geschäft investieren?

Nicht „*falls*", sondern „*wie*" räumen wir Hindernisse aus dem Weg, die den Einstieg in dieses neue Tätigkeitsfeld blockieren?

Nicht „*falls*", sondern „*wie*" fassen wir wieder Fuß auf dem Markt?

Nicht „*falls*", sondern „*wie*" gelingt uns der große Durchbruch, um das Unternehmen zu sanieren?

Konstruktiv sein heißt Opfer bringen!

„Kein Preis ohne Fleiß." Konstruktive Denker kennen das Motto und sind bereit, Opfer zu bringen. Sie wissen, daß man im Leben nichts geschenkt bekommt.

Sie stellen sich darauf ein, daß sie in dem bevorstehenden

Kampf nicht ungeschoren davonkommen, aber sie tragen ihre Narben stolz wie einen Orden.

Konstruktive Denker sind keineswegs heillose Romantiker oder unverbesserliche Optimisten, sondern kreative Realisten.

Sie sind Gipfelstürmer, die sich vorgenommen haben, die höchsten Berge zu bezwingen. Und auf diesem Gebiet bewährt sich niemand, der realitätsfremd oder zu weich ist.

Gesucht: Personen, die Streß und Schmerz ertragen können. *Belohnung*: Stolz auf die eigene Leistung sowie ein erfülltes Leben. Bewerbungen werden *jetzt* entgegengenommen.

Konstruktiv denken heißt sich engagieren!

Erfolgreiche, konstruktiv denkende Menschen haben keine Angst davor, sich zu engagieren. Sie stürzen sich jedoch nicht tollkühn in ein Abenteuer. Sie haben beizeiten die richtigen Fragen gestellt, recherchiert, alle Möglichkeiten ausgelotet. Sie sind nicht zu stolz, einen Rückzieher zu machen, wenn andere vernünftige, verantwortungsvolle, risikobewußte Menschen sie auf Fußangeln aufmerksam machen, die ihnen entgangen sind. Aber sie sind sowohl begierig als auch bereit, sich voll und ganz auf das Gelingen ihres Vorhabens zu konzentrieren. Sie wissen, daß Träume nur durch Handeln verwirklicht werden. Eine Chance durchläuft wie ein neues Produkt vier verschiedene Stufen der Entwicklung: die Phase der Suche und Vorauswahl, die Phase der Prüfungen und Tests, die Phase der Investition und die Phase der erfolgreichen Realisierung.

Wenn Gott das Startzeichen gibt, wird der Träumer aktiv. Er prescht mit voller Kraft, totalem Einsatz und absoluter Konzentration los. Nur auf diese Weise kann er siegen.

Er ist motiviert zu *beginnen*
    – und er startet.

Er ist motiviert *weiterzumachen*
   – und er folgt dem eingeschlagenen Pfad.
Er ist motiviert, sich auf sein Ziel zu *konzentrieren*
   – und er ist voll und ganz bei der Sache.
Er ist motiviert, sein Ziel zu *erreichen*
   – und er führt zu Ende, was er begonnen hat.

Die diskrete, heimliche Affäre, die der konstruktive Denker mit seiner Vision hatte, wird publik gemacht. Er bekennt sich in aller Öffentlichkeit dazu und demonstriert damit die starke, unauflösliche Bindung an seinen Traum. Nur wenn er bereit ist, dieses Engagement vor Zeugen zu bekunden, wird er Menschen finden, die ihn ernst nehmen und unterstützen.

Sobald der Träumer den Kopfsprung ins eiskalte Wasser gewagt und sein Vorhaben angekündigt hat, erzielt er den ersten Durchbruch: Man beginnt über ihn zu reden.

,,Er will es versuchen!'' ,,Er könnte es schaffen!''

,,Er ist schließlich kein Spinner!''

,,Ich wette, er bringt es fertig!''

,,Ich glaube, er weiß etwas, was wir nicht wissen!''

Der Klatsch blüht; man hört vorwiegend positive Meinungen. Ist es da ein Wunder, daß der Träumer die Aufmerksamkeit solcher Menschen auf sich lenkt, die etwas von der Sache verstehen? Die Erfolg haben? Warum erstaunt es Sie zu hören, daß die Einflußreichen und Mächtigen mit ihm im Bunde sind? Sie werden magnetisch angezogen von der Kraft seines Engagements.

Konstruktiv denken heißt alles wagen!

Konstruktive Denker verpassen jedem Problem einen K.o.-Schlag, oder wie der Boxer Jackie Gleason zu sagen pflegte: ,,Pow, ein Volltreffer mitten in die Visage!'' Konstruktive Denker sind Sieger, Könner.

Sie müssen stolz sein, solche Menschen zu kennen. Sie werden demütig und bescheiden, wenn Sie selbst dazugehören. Ja, demütig. Nicht stolz? Auch das. Demut ist nicht der Gegensatz von Stolz, sondern das Bewußtsein, daß man anderen viel und Gott alles verdankt, auch den Erfolg, auf den man stolz ist.

Aber zunächst wollen wir wieder auf den Boden der Tatsachen zurückkehren und nochmals von vorne beginnen. Sie fragen sich:

Wohin aus dem Abseits?

Und meine Antwort lautet: Wohin Sie wollen!

Im Sumpfland von Louisiana, dem Bayou, lebte eine französische Dame, die sich durch ihre positive Lebenseinstellung auszeichnete. Sie liebte ihre Heimat, im Gegensatz zu ihren Nachbarinnen, die sich ständig darüber beklagten, „in dieser öden Provinz" zu leben.

Eines Tages reichte es ihr. Sie nahm die unleidlichen, ewig nörgelnden Urenkelinnen der französischen Siedler beiseite und hielt ihnen eine Standpauke: „Wir leben im Sumpfland, wie ihr wißt. Die Gräben des Sumpfes münden in den Fluß, der Fluß verbreitert sich zum Strom, der Strom endet im Golfstrom und der Golfstrom fließt ins Meer. Das Meer grenzt an die Ufer vieler Kontinente. Jede von euch besitzt ein Boot. Es steht euch frei, damit zu fahren, wohin ihr wollt!"

Nun stellt sich eine tiefgründigere Frage: Wohin Sie aus dem Abseits gehen können, ist klar, aber wann sollten Sie aufbrechen?

Beginnen Sie, sich in der Kunst des konstruktiven Denkens zu üben, wie ein Spitzensportler, der sein tägliches Trainingspensum absolviert, wie ein Musiker, der vor dem großen Auftritt immer wieder seine Noten durchspielt, oder eine Schauspielerin, die sich ihren Text einprägt.

Ich war sehr stolz, als ich Milton Berle für meine Sonntagspredigt im Fernsehen als Gast verpflichten konnte. „Bringen Sie die Zuschauer zum Lachen, Milton", bat ich ihn, als wir den Ablauf der Sendung besprachen. ,,Sie sind von Gott auserwählt, mit Ihrem Humor Kummer und Streß zu bekämpfen.''

Er nahm meine Worte ernst und beugte sich im Sessel so weit vor, daß seine Augen dicht vor meinen waren. Er legte die Fingerspitzen gedankenvoll gegeneinander, als würde er beten. Seine Augen funkelten vor Vergnügen. ,,Okay, Reverend, die Show ziehen wir gemeinsam ab!''

Er skizzierte in groben Zügen, was er zu sagen plante und wie ich darauf reagieren sollte. Er entwarf ein scharfsinniges, gut durchdachtes Szenario und legte seine Zeilen und meine Antworten fest. Es war wundervoll. Ich habe noch nie einen professionellen Schauspieler gesehen, der seinen Text so hervorragend beherrschte, der sich so gut und bis ins kleinste Detail vorbereitet hatte. Er nahm den kurzen Dialog mit mir und dem Publikum so ernst, als gäbe er eine Galavorstellung vor der königlichen Familie.

Genauso engagiert und leidenschaftlich müssen wir unsere gedanklichen Prozesse üben, trainieren, einstudieren. Konzentrieren Sie sich auf den entscheidenden Moment, den Auftakt. Verpassen Sie Ihre große Chance nicht, indem Sie zaudern. Gehen Sie an den Start – und zwar jetzt!

Sie wollen warten, bis sich der ,,Schmerz'' gelegt hat?

Sie wollen warten, bis Sie alle Fragen beantworten können?

Sie wollen warten, bis Sie absolut sicher sind, daß Sie nie wieder so verletzt oder ,,ausmanövriert'' werden wie beim letzten Mal?

Sie wollen erst dann an den Start gehen, wenn es keinen Zweifel mehr daran geben kann, daß Sie siegen?

Sie wollen erst dann den ersten Schritt tun, wenn Sie sich vergewissert haben, daß Sie Ihr Ziel auch erreichen?

Sie wollen erst dann handeln, wenn Sie sich inspiriert fühlen?

Ich bitte Sie, sich endlich aufzuraffen; Sie haben schon lange genug gewartet und in Selbstmitleid geschwelgt.

Wie − glauben Sie wohl − habe ich dieses Buch geschrieben? Ich hatte doch nicht den gesamten Text fix und fertig im Kopf! Ich habe einen Vertrag unterschrieben und mich damit verpflichtet, ein Buch abzuliefern, obwohl ich zu diesem Zeitpunkt nicht mehr als eine grobe Vorstellung vom Inhalt hatte. Mein Verleger wußte genau, wie er mich an die Arbeit treiben konnte. ,,Seht zu, daß Schuller den Vertrag unterzeichnet, und setzt ihm einen möglichst knappen Abgabetermin; dann muß er ran!''

Ich brauchte genau fünf Wochen, um meine Notizen, Ideen und Bruchstücke unveröffentlichter Gedanken und Eindrücke zu sammeln; dann fing ich an. Ich habe nicht auf eine mystische Eingebung gewartet oder mich der Illusion hingegeben, die guten Ideen müßten von alleine kommen. Ich habe mich jeden Tag in mein Arbeitszimmer begeben und an die Arbeit gemacht. Wenn mir absolut nichts einfiel, wenn in meinem Kopf totale Leere herrschte, wissen Sie, was ich dann getan habe? Ich holte mir ein neues, sauberes, frisches Blatt Papier und einen Stift und fing ganz einfach an zu schreiben. Es ist erstaunlich, was ein so simpler Trick bewirkt!

Ich konnte die Aufgabe nicht zuletzt deshalb zu Ende führen, weil ich mich gezwungen hatte zu beginnen. Wer anfängt, hat schon den halben Kampf gewonnen.

Wenn Sie wieder einen Traum haben, überwinden Sie das Abseits und Sie werden auf dem besten Weg sein, wieder ,,dazuzugehören'', nicht mehr ,,out'', sondern ,,in'' zu sein. Vergessen Sie nie: Ihr Leben hat seinen Sinn, denn es gibt soviel, was Sie Ihren Mitmenschen geben können!

Kapitel 8
In jedem Ende liegt ein neuer Anfang!

Die Parabel vom Samenkorn

Ein furchtbarer Orkan brach über das Land herein, ohne jede Vorwarnung. Er fegte über einen Rain, wo ein Büschel Gras wuchs, und entführte mutwillig ein winziges schutzloses Samenkorn. Er trug es weit fort, bis er des Abenteuers müde wurde und die unnütze Last zu Boden fallen ließ.

Das kleine Samenkorn fand sich in einem fremden, unbekannten Gefilde wieder. Allein und verloren rollte es über einen gepflasterten Gehsteig, bis es von einem Riß aufgehalten wurde. Ein Mensch kam des Weges; er sah das winzige Samenkorn nicht und trat mit dem Absatz seiner ledernen Stiefel darauf, preßte es tief in die Spalte. Es war gefangen, ein eingekerkerter Fremdling, achtlos weggeworfen, getrennt von den Seinen, allein, ohne Hilfe und ohne Hoffnung.

Und dann geschah es. Tief in seinem Herzen regte sich eine seltsame, mystische, wundervolle Lebenskraft, die den Tod, das zementierte Gefängnis und die ganze Welt herausforderte. Das kleine Samenkorn schwor sich: ,,Ich werde nicht sterben, ich will leben!''

Als der erste Tropfen Morgentau sanft in den Riß eindrang, hieß der kleine Fremdling das lebensspendende Naß willkommen. Staubkörnchen schlüpften, getragen von einer sanften Brise, in den Spalt und deckten das tapfer um sein Überleben kämpfende Samenkorn zu. Und wieder rief es aus: ,,Ich werde Wurzeln schlagen und wachsen!''

Vorsichtig und lautlos sprossen die ersten feinen, haarigen Wurzeln und suchten einen Halt in der ungewohnten, lebensfeindlichen Umgebung. In verborgenen Höhlen fanden sie Feuchtigkeit und staubige Nahrung. Das Samenkorn wuchs und schwoll an, getragen von dem Willen zu gedeihen, bis es eines Tages aufbrach und die neuen Triebe ihren Weg zum Licht suchten. Und an einem klaren sonnigen Morgen sproß ein Büschel Gras aus einem Riß im Gehweg vor meinem Haus, lächelte der Sonne zu, freute sich über den Regen, winkte dem Wind und rief stolz den Passanten entgegen: ,,Hier bin ich, Welt! Ich habe es geschafft, allen Widrigkeiten zum Trotz! Auch ihr verfügt über die Kraft, die dazu nötig ist!''

Wenn dieses winzige Samenkorn es geschafft hat, dann müßten Sie doch ebensoviel Stärke aufbringen, oder? Vielleicht hat es auch Sie in ein unbekanntes ödes Fleckchen Erde verschlagen, oder Sie haben das Gefühl, am Ende einer langen, ermüdenden Reise angekommen zu sein, am Nullpunkt zu stehen. Leiden Sie unter Depressionen und haben jegliche Hoffnung aufgegeben, weil Sie immer wieder Rückschläge hinnehmen mußten oder alle Versuche fehlgeschlagen sind? Vielleicht haben Sie schon mit Ihrem Leben abgeschlossen, Ihre Träume endgültig begraben. Die Zukunft erscheint Ihnen trostlos, feindlich und nicht wie ein Freund, den es zu gewinnen gilt.

Verzagen Sie nicht, sondern denken Sie stets daran:

In jedem Ende liegt ein neuer Anfang!

Was dem Ende gleichsehen mag, ist lediglich die Dunkelheit vor Anbruch eines neuen Tages, bevor ein neuer Traum erwacht, eine neue Herausforderung wartet, eine neue Chance sich bietet, ein neues Morgen beginnt. Sie haben die innere Kraft, die Endstation in eine Durchgangsstation zu verwandeln. Sie können dem Teufelskreis entrinnen und zu neuen

Ufern aufbrechen. Ebenso wie das Samenkorn die Mauern seines steinernen Gefängnisses überwand und seine Triebe der lichten neuen Welt entgegenstreckte, sind auch Sie fähig, sich aus Ihrem Tief zu befreien und einem neuen wundervollen Lebensabschnitt entgegenzugehen.

Neu zu beginnen. . . ist aufregend und möglich!

Nichts kann so frustrierend und lähmend sein wie die Gewißheit, noch einmal ganz von vorne beginnen zu müssen. All die Mühe und Arbeit, die man investiert hat . . . vergebens, sinnlos vergeudet! Welch unermeßlicher Verlust an Zeit, Geld und Energie!

Richtig?

Falsch!

Der Bau des Panamakanals wird immer eine Inspiration für jeden Menschen sein, der sich vor eine ungeheure Herausforderung gestellt sieht. Hätte nicht Generalmajor George Goethals die Leitung übernommen und die Bereitschaft gezeigt, immer wieder am Nullpunkt zu beginnen, wäre das ehrgeizige Projekt wahrscheinlich aufgegeben worden und als beispielloser Mißerfolg in die Geschichte eingegangen. Zu den zahllosen Schwierigkeiten, die es zu meistern galt, gehörte auch folgende:

Ein Abschnitt des Kanals ließ sich außerordentlich schwer ausheben. Es dauerte Monate, bis das Erdreich abgehoben und die Sektion fertiggestellt war. Dann brach die Konstruktion zusammen. Stellen Sie sich vor, wie entmutigend dieser Fehlschlag gewesen sein muß – Grund genug, um aufzugeben, die Koffer zu packen und nach Hause zu fahren.

Einer der Arbeiter überprüfte gemeinsam mit dem Generalmajor den Schaden und schüttelte ungläubig den Kopf. ,,Was machen wir jetzt, General?''

,,Wieder ausgraben'', lautete die Antwort.

Man begann also erneut zu graben. Am Ende konnte diese phantastische Wasserstraße für die Schiffahrt nutzbar gemacht und in den Dienst der Menschheit gestellt werden.

Es ist oft nicht leicht, wieder am Nullpunkt zu beginnen. Vielleicht wartet jetzt der schwierigste Abschnitt Ihres Lebens auf Sie. Aber denken Sie niemals, Ihre Mühe sei vergebens oder verschwendet gewesen! Sie können aus den Fehlern und der Erfahrung lernen, und nichts ist wertvoller als Wissen!

Das Evangelium nach Lukas berichtet, daß Jesus einst am See Genezareth predigte, wo sich das Volk um ihn drängte, um das Wort Gottes zu hören. Da sah Er zwei Schiffe am Ufer liegen; Petrus und die Fischer wuschen gerade ihre Netze. Da bestieg Jesus ein Boot und bat Petrus, es ein wenig vom Land abzustoßen, so daß er das Volk vom Schiff aus lehren konnte. Als er aufgehört hatte zu reden, sprach er zu Simon Petrus: ,,Fahre auf die Höhe und werfet eure Netze aus, daß ihr einen Zug tut!''

Und Simon antwortete: ,,Meister, wir haben die ganze Nacht gearbeitet und nichts gefangen.'' (Lukas 5.5)

Für den erfahrenen Fischer Petrus war die nächtliche Ausfahrt und die Heimkehr mit leeren Netzen ebenso bitter und frustrierend, als wenn eine Operndiva das hohe C nicht trifft oder ein Golfmeister mehr als die festgesetzte Schlagzahl braucht oder Norman Vincent Peale, ein Mann, der für seine positive Denkweise bekannt ist, sagen müßte: ,,Das kann ich nicht. Das geht nicht!''

Petrus hatte die ganze Nacht die Netze ausgeworfen, ohne einen einzigen Fisch zu fangen. Und nun riet ihm Jesus, es noch einmal zu versuchen!?

Wenn Sie die ganze Nacht gefischt und nichts gefangen haben, was tun Sie dann? Betrachten Sie die Situation aus der positiven Perspektive! Holen Sie niemals Ihre Netze ein, sondern werfen Sie sie an einer anderen Stelle aus!

Als Petrus die Worte des Herrn vernahm ,,Fahre auf die Höhe und werfet eure Netze aus, daß ihr einen Zug tut'',

reagierte er ungläubig. Es kann kein Zweifel daran bestehen, daß Petrus müde war und Jesu Rat ihm unverständlich
erschien; aber er tat, was der Herr ihn geheißen hatte. Und
plötzlich fingen sie eine große Menge Fische, und ihre Netze
begannen zu reißen, als sie die Boote damit beluden.

Wenn Sie vor der Aufgabe stehen, noch einmal von vorne
zu beginnen, sind Sie möglicherweise versucht, zynisch und
verbittert zu reagieren. Vielleicht haben Sie vor, die Schule
zu verlassen, weil Sie nicht wissen, was Ihnen das Lernen
einbringen soll. Vielleicht haben Sie sich geschworen, keine
einzige Zeile mehr zu schreiben, weil Ihre Manuskripte mit
einer höflichen Absage zurückgeschickt wurden. Vielleicht
denken Sie daran, den Kontakt zu jemandem abzubrechen,
weil Sie das Gefühl haben, unfair behandelt worden zu sein.
Vielleicht haben Sie sogar versucht, Bestätigung und Trost
in der Bibel zu finden, aber Ihr Netz ist leer geblieben.

Wenn Sie dazu neigen, Ihr Leben mit Zynismus oder als
etwas Sinnloses zu betrachten, lieber Leser, dann werde ich
Ihnen die Augen öffnen und Ihnen all die Möglichkeiten zeigen, die Ihnen helfen, Liebe und Freude zu finden. Wenn
Sie nach Selbstverwirklichung trachten, sollten Sie drei Dinge beachten: Erstens, achten Sie auf Ihren ärgsten Feind —
sich selbst. Zweitens, hören Sie auf den Rat von Menschen,
die positiv denken. Und drittens, werfen Sie Ihr Netz noch
einmal aus; versuchen Sie es wieder und wieder, bis Sie reiche Beute gemacht haben.

Es schwimmen noch andere Fische im Meer!

Hüten Sie sich vor negativen Gedanken wie: ,,Ich werde nie
jemanden finden, der mich liebt, für mich gibt es kein
Glück, keinen Erfolg.'' Wie Petrus sind Sie vielleicht versucht zu sagen: ,,Der See ist leer. Ich kann nicht glauben,
daß es noch Fische darin gibt.''

Tatsache ist, daß es sehr wohl noch Fische und für Sie ein

Morgen gibt. Niemand vermag mit Sicherheit zu sagen, wie groß die Ausbeute sein wird oder wie viele Tage uns noch bleiben, aber jeder beginnende Morgen bietet neue Möglichkeiten und lädt uns ein, sie zu erproben.

Wenn Sie einen geliebten Menschen verloren haben, dann denken Sie daran: Zahllose Menschen sitzen im gleichen Boot wie Sie! Auch sie fühlen sich einsam und sehnen sich nach jemandem, der zu ihnen gehört. Das beste Heilmittel gegen die Einsamkeit ist die Suche nach Menschen, die noch einsamer sind als Sie!

Wenn Sie arbeitslos sind, dann denken Sie daran: Es gibt noch andere Jobs, vielleicht sogar bessere als den Sie verloren haben!

Kürzlich erschien auf der Titelseite des *US News and World Report* ein Bericht unter der Schlagzeile: ,,Sie sind entlassen! Überlebenshandbuch für Ihren Neubeginn''. Dort hieß es: ,,In den vergangenen fünf Jahren wurden in amerikanischen Unternehmen nahezu eine Million Arbeitnehmer aus dem mittleren und Topmanagement mit drei oder mehr Jahren Berufserfahrung aus Rationalisierungsgründen entlassen. Bis 1990 werden schätzungsweise weitere 400 000 Arbeitslose hinzukommen.''

Diese Statistik erscheint auf den ersten Blick erschreckend und bedrohlich. In dem Artikel heißt es weiter: ,,In vielen Fällen erwies sich die Katastrophe jedoch als glückliche Fügung. Das vorhandene Datenmaterial läßt keine gesicherten Rückschlüsse zu, aber es scheint, als hätten viele stellungslose Führungskräfte einen neuen und höher dotierten Arbeitsplatz und ein Tätigkeitsfeld gefunden, das ihnen zudem größere Befriedigung bietet. In der Regel handelt es sich dabei um eine Stellung in kleineren Firmen, die ihnen eine gewichtigere Rolle bei der Entscheidungsfindung zugestehen. Nach dem Neubeginn scheinen die Betroffenen flexibler geworden zu sein und Arbeits- und Familienleben harmonischer miteinander verbinden zu können.''

Tatsache ist, daß im Durchschnitt rund 70 Prozent der

Entlassenen einen neuen Arbeitsplatz fanden. Das ist doch eine positive Entwicklung, oder? Sie macht Mut! Und was ist mit den übrigen 30 Prozent? Verschiedene Studien zeigten, daß viele eine „unbedeutendere Stellung" abgelehnt hatten, die ihnen vielleicht den Weg zu einer anspruchsvolleren und größeren Aufgabe geebnet hätte.

Holen Sie Ihre Angel nicht ein, sondern werfen Sie sie an anderer Stelle aus!

Werfen Sie sie mit Schwung aus und vergessen Sie den Köder nicht, ohne den kein Fisch anbeißt.

1948 löste ein Ingenieur namens Theodore Elliot ein Problem, das dem Binnenhandel in einer bestimmten Region der USA schon seit Jahrzehnten im Wege gestanden hatte. Seit langem wünschten sich die Farmer und Geschäftsleute eine Bahnlinie von New York nach Kanada. Um eine solche Trasse zu legen, mußte man eine Brücke über den Niagarafluß errichten. Die herkömmliche Brückenbautechnik erwies sich dazu als ungeeignet. Aber Theodore Elliott fand eine geniale Lösung − er entwickelte auf dem Reißbrett die erste freitragende Brücke. Er plante, zwei mächtige Pfeiler an beiden Ufern des Niagara zu errichten und daran ein mächtiges Kabel zu befestigen, das über den tosenden Fluß gespannt werden sollte, um die Brücke zu stützen.

Aber es gab ein großes Problem. Wo mit dem Bau beginnen? Man konnte die Arbeiten an dieser Stelle des Flusses weder vom Boot noch vom Ufer aus durchführen, das mit stark gezackten Felsen gesäumt war. Elliott wußte, wenn der Anfang gemacht war, hatte man die Hälfte der Arbeit schon geschafft.

Er beschloß, mit dem Verlegen des Kabels von einem Ufer zum anderen zu beginnen. „Ein Kabel, das aus 36 Stahlsträngen der Stärke 10 zusammengedreht ist, müßte dick und robust genug sein, um einen Korb mit zwei Arbeitern daranzuhängen. Die beiden könnten von einer Seite des Ufers auf die andere gelangen und mit dem Bau der Brücke beginnen", sagte er sich.

,,Aber wie spannt man ein stählernes Kabel dieser Dicke über einen Abgrund?" fragte jemand. ,,Man kann es schließlich nicht hinüberwerfen; dazu ist es viel zu schwer."

Elliott schien einen Augenblick lang verdutzt zu sein. Dann hatte er eine Idee: Er veranstaltete für die Kinder aus der Nachbarschaft einen Wettbewerb im Drachensteigen. Er setzte einen Preis von zehn Dollar für den Teilnehmer aus, dem es gelang, den Drachen auf die andere Seite des Ufers zu bringen, wo es vertäut werden konnte. Die Zahl der Teilnehmer war groß, denn zehn Dollar stellten für ein Kind damals viel Geld dar. Viele versuchten es vergebens, bis eines Tages ein elfjähriger Junge namens Homer Walsh sich den Südwind zunutze machte, der genau in Richtung auf das gegenüberliegende Ufer blies. Er ließ seinen Drachen steigen, und dieser stürzte nicht wie alle anderen über dem Wasser ab, sondern erreichte die Gegenseite. Der Freund des Jungen, der am anderen Ufer wartete, machte die Schnur fest. Homer erhielt den Preis.

Am nächsten Tag band Elliott die Drachenschnur mit einem schwereren Hanfseil zusammen, das er über den Abgrund zog. Dann verstärkte er es mit einem noch dickeren Seil, und an diesem befestigte er das Stahlkabel. Der Abgrund war Schritt für Schritt überbrückt worden, so daß die beiden Arbeiter von einer Uferseite zur anderen gelangen und mit dem Bau der freitragenden Brücke beginnen konnten.

Werfen Sie Ihr Netz in hohem Bogen aus. Schreiten Sie endlich zur Tat! Man fühlt sich völlig erschlagen, wenn man den ganzen Tag zu Hause vor dem Fernsehgerät hockt. Raffen Sie sich auf und unternehmen Sie etwas, das konstruktiver ist!

Seien Sie stolz auf das bisher Erreichte — Weinen Sie Verlorenem nicht nach!

Schöpfen Sie Mut! Sie haben noch all das, was wirklich zählt: die Freiheit, verschiedene Wege aus dem Abseits zu erkunden; die Freiheit, Ihre Reaktion auf die Ereignisse zu bestimmen; die Wahl, ob Sie ein bitterer oder ein besserer Mensch werden wollen; die Freiheit, einen durchschlagenden Erfolg zu erzielen. Es gibt noch immer:
— Zahllose Möglichkeiten!
— Übersehene oder unterschätzte phantastische Chancen!
— Vernachlässigte Fähigkeiten und Talente!
— Unausgeschöpfte Werte!
— Türen, die sich Ihnen öffnen!
Sie sehen, die Aussichten sind hervorragend! Und Sie verfügen sowohl über die Möglichkeiten als auch die innere Kraft, Ihren weiteren Lebensweg selbst zu bestimmen.

Rechnen Sie mit dem Erfolg!

Wenn Sie einen Tiefpunkt erreicht haben und die Umstände als eine unerträgliche Bürde empfinden oder einer Panik nahe sind, sollten Sie keinesfalls eine negative, unwiderrufliche Entscheidung treffen.

Wenn Sie an sich glauben, wird der Durchbruch gelingen! Sie werden die Mauer der Herausforderungen überwinden, mit der Sie sich augenblicklich konfrontiert sehen, oder den Teufelskreis der persönlichen Niederlagen durchbrechen, der Ihnen immer wieder Rückschläge beschert hat. Sie werden auf der anderen Seite ankommen und sich sagen: „Das war eine lehrreiche Erfahrung für mich!"

Aber vermutlich wollen Sie zunächst einmal wissen: Wann gelingt mir endlich der Durchbruch? Das kann heute, morgen oder übermorgen sein. Weder Sie noch ich können das wissen. Gott allein kennt die Antwort auf diese Frage.

Und dann fragen Sie sich vielleicht: Wie lange kann ich noch durchhalten? Viel länger, als Sie denken!

Jeder Psychiater wird es Ihnen bestätigen. ,,Zu uns kommen die Patienten monate-, oft jahrelang in die Therapie. Und eines Tages, ohne daß wir dazu einen konkreten Anstoß gegeben hätten, nimmt die graue Haut Farbe an, die teilnahmslosen Augen beginnen wieder zu funkeln! Das ist ein phänomenaler Augenblick, denn Hoffnung ist ein Phänomen. Wir wissen nicht, wer oder was den Funken der Hoffnung entzündet hat. Wir glauben nicht, daß wir das auslösende Moment waren. Wir wissen nur, was mit dem Menschen geschieht. Wenn jemand Hoffnung schöpft, erlebt er eine Wiedergeburt.''

Sie sichten einen Hoffnungsschimmer am Horizont, wenn Sie sich bewußtmachen, daß jeder neue Tag ein Anfang ist. Was wie das Ende erscheinen mag, ist nur dann das Ende, wenn Sie beschließen, daß Sie am Ende sind!

Gott hat mit Ihnen noch nicht abgeschlossen. Geben Sie Ihm − und sich selbst − die Chance, einen Durchbruch zu erzielen. Und denken Sie daran, handeln müssen SIE! Der große Tag wird vermutlich erst dann kommen, wenn Sie bereit sind, die Grenzen in Ihrem Leben zu überschreiten, die Sie sich selbst gesetzt oder für sich selbst akzeptiert haben.

Überwinden Sie Ihre Grenzen!

Wir alle haben uns bestimmte Grenzen gesetzt, die uns einschränken. Wenn wir eine Chance nicht erkannt oder nur mäßige Erfolge erzielt haben, könnte die Ursache in vorgefaßten Meinungen liegen, die sich als unsichtbare Barriere auf unserem Lebensweg erweisen. Die nachstehende Abbildung zeigt, was uns vom Durchbruch zurückhalten kann. Die Aufgabe besteht darin, alle neun Punkte mit vier geraden Linien zu verbinden, ohne den Stift abzusetzen.

Das scheint zunächst ,,unmöglich'' zu sein. Wie macht

man das Unmögliche möglich? Antwort: Lassen Sie die Grenzen hinter sich. Setzen Sie Ihren Stift nicht bei einem der eingezeichneten Punkte, sondern bei einem gedachten Punkt außerhalb der Grenzen an. Nur so können Sie alle Punkte mit einer Linie verbinden (Lösung auf Seite 242).

Durchbrechen auch Sie Ihre selbstgesetzten Grenzen. „Ich kann in dieser Stadt keinen Job finden." Nun, was hält Sie in der Stadt oder in einem Land? Suchen Sie sich dort Arbeit, wo es freie Stellen gibt. „Ich bin Tischler, und dieses Handwerk ist im Moment nicht gefragt." Warum klammern Sie sich an Ihre Tätigkeit? Nutzen Sie Ihre Freizeit, um einen neuen Beruf zu erlernen. Niemand hat Ihnen gesagt, daß Sie die Linie nicht über die neun Punkte hinaus ziehen dürfen. Diese Beschränkung haben Sie sich selbst auferlegt und somit das Rätsel unlösbar gemacht. Sie können die selbstgesetzten Grenzen überschreiten, wenn Sie beginnen, in größeren Dimensionen zu denken.

Stecken Sie in finanziellen Schwierigkeiten? Wahrscheinlich hindert Sie eine innere Hemmschwelle daran, mehr Geld zu verdienen.

Vor kurzem frühstückte ich mit einem Mitglied meiner Gemeinde in einem Restaurant. Ein Mann mit Aktentasche kam zur Tür herein und lotste seinen Begleiter zum Nebentisch.

Der Mann, der als zweiter den Raum betreten hatte, sagte: „Ich würde die Stellung gerne antreten."

241

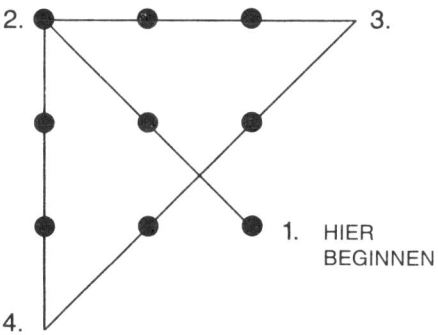

2.

3.

1. HIER
BEGINNEN

4.

„Wie haben Sie sich denn Ihr Gehalt vorgestellt?" fragte der Mann mit dem Aktenkoffer.

Der hoffnungsvolle Anwärter auf den Job erklärte: „Vierhundert Dollar würden mir reichen." Ich dachte, das ist ja traurig – traurig, weil er sich seine eigene Grenze gesetzt hatte und mit Sicherheit nie mehr verdienen würde.

Erscheint Ihnen ein solches Vorgehen in der heutigen Zeit unmöglich? Zugegeben, man braucht dazu eine gesunde Portion Selbstvertrauen. Wer Selbstvertrauen besitzt, kann jedes Hindernis überwinden, jeden Gipfel bezwingen, jede Grenze überschreiten, jede selbst oder von anderen auferlegte Beschränkung aufheben und über das Ende hinaus auf einen neuen Anfang, auf ein verheißungsvolles Morgen sehen.

Versperren Sie sich nicht den Ausblick auf das Morgen!

Hazel Wright war für ihre philantropische Neigung bekannt. Sie spendete großzügig für viele gute Zwecke, unter anderem auch eine Million Dollar für die Orgel der Crystal Cathedral, die zu den schönsten der Welt gehört und ihren Namen trägt.

Hazel liebte Musik und Tanz. Als sie noch gesund war, forderte sie mich einmal zum Tanzen auf. Ich erklärte ihr: „Hazel, selbst wenn ich es wollte – ich kann es nicht. Ich habe nie tanzen gelernt."

Später wurde sie schwerkrank. Sie litt an einem Tumor. Als die Krankheit weit fortgeschritten war, fiel sie, wie die Ärzte bestätigten, ins Koma. Wir alle rechneten mit ihrem baldigen Tod. Die Mitglieder meiner Gemeinde beteten für sie, genau wie ich. Ich stand oft an ihrem Bett und redete mit ihr, als ob sie mich hören und verstehen könnte. Da sah ich plötzlich den Anflug eines Lächelns auf ihrem Gesicht, und ich wußte, daß ihre Seele meine Botschaft erhalten hatte.

Und dann geschah das Wunder! Die Ärzte fanden keine Erklärung. Hazel erwachte aus dem Koma. Sie durfte das Krankenhaus verlassen, auch wenn sie noch immer bettlägerig und die medizinische Prognose hoffnungslos war.

Ich besuchte sie einige Tage vor ihrem Tod. Sie war sehr müde und ihr Blick stumpf. Ich nahm ihre zarten, knochigen Hände, hielt sie über dem Laken fest, sah sie an und sagte: „Ich weiß, daß Sie sich schon immer gewünscht haben, einmal mit mir zu tanzen. Wie wär's, Hazel?"

Ich schwenkte ihre Hände hin und her und summte dabei eine Melodie. Ihr Gesicht begann zu strahlen. Die Augen blitzten und funkelten, als wäre sie wieder ein junges Mädchen gewesen.

Ich fragte: „Hazel, was kann ich für Sie tun? Gibt es irgend etwas, das Sie sich wünschen?"

Sie erwiderte: „Oh ja. Ich hätte gerne einen Kalender für das kommende Jahr, einen großen, mit viel Platz für eigene Notizen."

Das ist *Hoffnung*! Solange Sie atmen, sollten auch Sie einen Kalender aufhängen mit ausreichend Platz für eigene Eintragungen. Ihr Weg ist nicht zu Ende, sondern weist lediglich ein paar Sperren auf. Ungeachtet dessen, wie unüberwindlich diese Barrieren auch scheinen mögen, es gibt immer eine Möglichkeit, sie zu durchbrechen, solange Sie die Hoffnung nicht aufgeben und der Zukunft mit Freude entgegengehen.

Morgen ist heute!

Ich finde den Gedanken verlockend, daß die Zukunft näher ist, als man denkt. Für viele von uns hat sie bereits begonnen. So widersprüchlich es auch klingen mag: *Morgen* ist *heute*!

Vor einigen Jahren unternahm ich eine Reise in das Heilige Land. Ich wohnte in einem Hotel am See Genezareth. Von dort rief ich meine Frau Arvella an, die in Kalifornien geblieben war. In Galiläa war es Dienstag, fünf Uhr morgens, in Kalifornien aufgrund der Zeitverschiebung Montag, neunzehn Uhr.

Meine Frau und ich tauschten kurz unsere Erlebnisse aus. Und statt mir auf Wiedersehen zu sagen, schloß Arvella mit den Worten: ,,Ich wünsche dir ein wundervolles Morgen.''

Ich sagte: ,,Aber morgen ist doch schon.'' Und so war es in der Tat. Mein Heute war ihr Morgen.

Morgen ist heute! Haben Sie keine Angst vor der Zukunft. Konzentrieren Sie sich auf die Gegenwart, denn auch Ihre Zukunft hat bereits begonnen. Was Sie heute denken und tun, entscheidet über das, was morgen sein wird. Und wie sich Ihr Leben und Ihre persönliche Entwicklung gestaltet, wird zu einem großen Teil von der Perspektive bestimmt, aus der Sie Gegenwart und Zukunft sehen. Deshalb planen Sie Ihren künftigen Lebensweg.

Heute ist ein neuer Tag!

Die Sonne scheint, der Himmel ist blau.
Ein neuer Tag bricht an — für Sie und für mich.
Jeder Sonnenaufgang birgt neue Möglichkeiten.
Mit dem Anbruch jedes neuen Morgens
werden neue Chancen geboren.

Wissen Sie, was morgen geschehen wird? Raten Sie!

- Wirksame Heilmethoden,
- großartige Erfindungen und
- Wunderheilmittel werden zu den Errungenschaften der
  Zukunft gehören.
- Tyrannische Gesetze werden abgeschafft,
- die Geheimnisse der Konfliktlösung entdeckt,
- neuartige Geschäfte organisiert und
- neue Karrieren aufgebaut werden.

Bereiten Sie sich auf das Morgen vor, denn Sie spielen darin
eine wichtige Rolle!

Kapitel 9
Erteilen Sie dem Versagen eine Absage!

Jetzt sind Sie bereit, dem Versagen eine endgültige Absage zu erteilen und den Erfolg zu begrüßen.

Wie heißt das magische Wort, das den Erfolg garantiert und das Versagen aus unserem Leben verbannt? − *Glaube.* Konstruktives Denken ist ein Synonym dafür.

Sie werden von positiven oder negativen Gedanken beherrscht. In Ihrem Gefühlsleben nimmt entweder die Angst oder der Glaube die Vorrangstellung ein und bestimmt Ihr Denken und Handeln. Wenn Sie nicht im Glauben leben, leben Sie in Furcht. Deshalb überlassen Sie niemals der Angst die Führungsrolle in Ihrem Dasein.

Die Angst ist ein unerläßlicher Bestandteil unseres Überlebensinstinkts. Aber zwanghafte Angst muß anders definiert werden: Hier handelt es sich um ein vages und ständig lauerndes Gefühl nahenden Unheils, gepaart mit innerer Unruhe und übertriebener Besorgnis. Zwanghafte Angst kann nicht als normal oder natürlich gelten. Sie stammt nicht von Gott, sondern basiert auf den ungläubigen Gedanken eines negativ eingestellten Menschen.

Dr. E. Stanley Jones, einer der brillantesten Denker unseres Jahrhunderts, hat einmal scharfsinnig bemerkt:

Ich weiß, daß ich innerlich auf den Glauben und nicht auf Furcht eingestellt bin. Meine Heimat ist nicht die Angst, sondern der Glaube. Besorgnis und Angst stellen aufgrund dieser Beschaffenheit Sand im Getriebe meines Lebens dar, während der Glaube Öl ist. Ich lebe besser mit Glauben und Zuversicht als mit Angst und Zweifeln. Angst und Zweifel lassen mich nach Atem ringen — sie sind nicht die Luft, an die ich gewöhnt bin. Glaube und Zuversicht schaffen eine Atmosphäre, die mich frei atmen läßt und heimatlich anmutet. Ein Arzt aus dem John-Hopkins-Hospital sagt: ‚Wir wissen nicht, warum ängstliche Menschen früher sterben als angstfreie, aber es ist eine unbestrittene Tatsache.‘ Ich bin nur ein einfacher Mensch, aber ich weiß: Wir sind innerlich — mit Nerven und Gewebe, Hirnzellen und Seele — für den Glauben und nicht für die Angst geschaffen. Gott hat uns so gewollt. In Angst zu leben heißt, wider die Realität zu leben.‘[13]

Keine Kraft, kein Gefühl ist lähmender als die Angst. Sie hält einen Vertreter ab, neue Kunden zu werben; einen jungen Mann, seiner Angebeteten einen Heiratsantrag zu machen; einen Arbeitslosen, zum Einstellungsgespräch zu erscheinen; einen Manager, eine wichtige Entscheidung zu treffen; einen Wahrheitssuchenden, sein Leben in Gottes Hand zu geben.

In dieser Welt, die geprägt ist von zahllosen menschlichen Ängsten, ist keine unseliger und selbstzerstörerischer als die Angst vor dem Versagen. Wehren Sie sich dagegen, von der Angst beherrscht zu werden. Verwerfen Sie so vernichtende Gedanken wie die Angst, Fehler zu machen.

Manche Menschen haben zeitlebens Angst. Sie wurden dazu erzogen, an allem zu zweifeln und jedem zu mißtrauen. Sie glauben, es sei klug, übervorsichtig zu sein. Im Verlauf ihrer persönlichen Entwicklung haben sie sich an eine tief verwurzelte pessimistische Denkweise gewöhnt.

Sie sind im Netz der Angst gefangen wie die arme Witwe in einem Märchen aus dem Orient. Sie hatte zwei Söhne, die ihren Unterhalt aus dem Handel bestritten, den sie trieben.

---

13 E. Stanley Jones, *Abundant Lives* (Nashville; Abingdon, 1976).

Tag für Tag war sie in Angst und Sorge, ob die Geschäfte gutgingen.

Der eine Sohn bot Regenschirme feil. Wenn die Mutter morgens aufwachte, galt ihr erster Blick dem Wetter. War der Himmel bewölkt und verhieß Regen, sagte sie sich freudig: ,,Heute wird er sicher Regenschirme verkaufen.''

Wenn die Sonne schien, fühlte sie sich den ganzen Tag lang unglücklich, weil sie fürchtete, niemand würde bei ihrem Sohn einen Regenschirm erwerben.

Der zweite Sohn der Witwe handelte mit Fächern. Jeden Morgen, wenn die Witwe zum Himmel blickte, die Sonne verborgen blieb und es nach Regen aussah, wurde die arme Frau trübsinnig und jammerte: ,,Heute wird niemand meinem Sohn einen Fächer abkaufen.''

Gleichgültig, wie das Wetter auch sein mochte − die arme Frau machte sich große Sorgen. Mit dieser Einstellung mußte sie so oder so verlieren.

Eines Tages traf sie eine Freundin, die ihr sagte: ,,Meine Liebe, du siehst das alles völlig falsch. In Wahrheit hast du nichts zu verlieren, sondern kannst nur gewinnen. Beide Söhne sorgen für deinen Lebensunterhalt. Wenn die Sonne scheint, kaufen die Leute Fächer; wenn es regnet, Regenschirme. Ob Sonne oder Regen, dein Einkommen ist in jedem Fall gesichert.''

Von nun an, so heißt es im Märchen, lebte die Frau glücklich und in Frieden.

Der Erfolgsprozeß erfordert von Ihnen die geistige Disziplin, auf die ständige Suche nach Fehlern und ,,Haken'' zu verzichten. Das ist mitunter nicht einfach, denn Sie haben vermutlich Ihr ganzes Leben damit zugebracht, ein ausgeklügeltes, dicht verwobenes Netz negativer Gedanken zu knüpfen und zu pflegen. Sich ,,bekehren'' zu lassen − das heißt, sich zu ,,ändern'' und geistig wiedergeboren zu werden − bedeutet, daß Sie Ihre bisherige Persönlichkeit wie eine zweite Haut abstreifen müssen. Vielleicht haben Sie dabei sogar das Gefühl, einen Abschnitt Ihres Lebens, der angefüllt war mit harter mühevoller Arbeit, hinter sich zu lassen.

Ich werde nie die Fahrt auf dem Nil zum Assuan-Staudamm vergessen, die ich gemeinsam mit meiner Frau unternahm. Dort sahen wir uns die Steinbrüche an, aus denen das Material für die wundervollen ägyptischen Obelisken stammte. Die weltweit bekannten Skulpturen wurden hier aus dem Granit gebrochen und von den ägyptischen Künstlern aus einem einzigen Block gemeißelt.

Leider sind diese Kunstwerke überall auf der Welt verstreut. Eines wurde nach London gebracht, ein anderes steht auf dem Petersplatz in Rom, ein weiteres in Paris und eines in Istanbul. Nur wenige sind in Ägypten geblieben, aber das größte und interessanteste von allen befindet sich noch vor Ort.

Die Ägypter haben Jahrzehnte gebraucht, um es aus dem Gestein zu brechen und seine ursprüngliche Form und Schönheit mit Meißel, Feile und Schleifsand wiederherzustellen. An der Basis mißt es rund 13 Quadratmeter, und es hat eine Höhe von etwa 42 Metern. Ich bin darübergegangen, denn es liegt noch immer dort. Warum? Bevor es aufgestellt werden sollte, nahmen es die Experten noch einmal gründlich in Augenschein und stellten fest, was niemandem aufgefallen zu sein schien: Im Granit zeigten sich Risse. Deshalb beschloß man, auf einen Transport zu verzichten.

Wenn Ihr Leben von Angst geprägt ist, hat es einen Riß bekommen, denn negatives Denken wird beherrscht von der Furcht vor Mängeln und Fehlern. Niemand vermag es aufzurichten, denn es könnte auseinanderbrechen. Kehren Sie deshalb schleunigst allen negativen Gedanken den Rücken. Zeigen Sie den Mut, Ihr Leben auf dem Glauben aufzubauen.

Vielleicht haben Sie Ihr Leben lang zu den Skeptikern, Zynikern, Agnostikern oder Freidenkern gehört. Dann ist es höchste Zeit zu erkennen, daß diese Einstellungsmuster Risse und Sprünge aufweisen.

Wenn Sie zu den Menschen zählen, die Gott und Jesus Christus ablehnen, die skeptisch und zynisch sind, die ohne Glauben und mit ständigen Zweifeln leben, sollten Sie Ihre Philosophie gründlich überprüfen. Sie wurden geschaffen, um zu glauben!

Wenn Sie bereit sind, dem Versagen eine Absage zu erteilen, werfen Sie Ihre Ängste über Bord. Angst beruht auf stillschweigenden Voraussetzungen, die unser Bild von der Realität verzerren. Betrachten wir beispielsweise die Angst vor dem Versagen. Sie basiert auf der stillschweigenden Annahme, daß ich etwas nicht schaffen, mich in eine peinliche Lage bringen, Spott ernten und tiefe Scham empfinden werde. Erklären Sie sich bereit, sich der Therapie des konstruktiven Denkens zu unterziehen, und fragen Sie sich: Warum schrecke ich vor dem Gedanken zurück, in Verlegenheit zu geraten? Bringt mich das vielleicht um? In Wahrheit ist die Wurzel Ihres Problems in der Angst zu suchen, daß Sie Ihre Selbstachtung und Ihr Selbstwertgefühl verlieren könnten, wenn man über Sie lacht.

Ein konstruktiver Denker wird Ihnen diese Verzerrung der Realität, verursacht durch eine stillschweigende negative Annahme, bewußtmachen. Er impft Ihnen den Glauben an sich selbst ein, der die Angst verdrängt und die deformierten unheilvollen Gedanken zurechtrückt. Er wird sagen: ,,Es könnte schiefgehen – und dennoch werden Sie stolz sein, es wenigstens versucht zu haben. Menschen, die positiv denken, werden Ihrem Mut und Unternehmungsgeist die gebührende Achtung zollen!''

Wir müssen lernen, unsere Angst durch den Glauben zu besiegen.

In der Bibel finden sich viele Gebote, die uns auffordern, Mut zu fassen. Irgend jemand hat einmal die Sprüche gezählt, die mit ,,Fürchte dich nicht. . .'' beginnen, und 365 gezählt – einen für jeden Tag des Jahres. Dazu gehören auch die folgenden:

,,Fürchte dich nicht. . . Wenn du durch Wasser gehst, will ich bei dir sein, daß dich die Ströme nicht ersäufen sollen; und wenn du ins Feuer gehst, sollst du nicht brennen. . . Denn ich bin der *Herr*. . . So fürchte dich nun nicht, denn ich bin bei dir." (Jesaja 43.1-3)

,,Siehe, ich habe dir geboten, daß du getrost und unverzagt seist. Laß dir nicht grauen und entsetze dich nicht; denn der *Herr*, dein Gott, ist mit dir in allem, was du tust und wirst." (Josua 1.9)

,,Denn Gott hat uns nicht gegeben den Geist der Furcht, sondern der Kraft und der Liebe und der Zucht." (2.Timotheus 1.7)

,,Wenn ihr Glauben habt wie ein Senfkorn, so könnt ihr sagen zu diesem Berge: Hebe dich von hinnen dorthin! So wird er sich heben; und euch wird nichts unmöglich sein." (Matthäus 17.20)

Sie können die Ängste, die das Versagen heraufbeschwören, mit Hilfe des konstruktiven Denkens oder dynamischen Glaubens aus Ihrem Leben verbannen. Der Glaube ist die Kraft, die Sie befreit für den Erfolg.

Schauen Sie sich die nachfolgende Tabelle auf Seite 253 an. Sie zeigt, wie der Glaube sich auf Ihr Leben auswirkt und Sie gegen alle negativen Gefühlen immun macht. Er setzt die Macht der positiven Gefühle frei, die Ihre Persönlichkeit vollständig und nachhaltig verändern.

Wenn Sie die Tabelle eingehend betrachten, werden Sie erkennen, warum der Glaube die unvergleichliche Macht besitzt, dem Leben eine positive Richtung zu geben. Der Glaube befreit von allen abwertenden, selbsterniedrigenden, negativen Gefühlen und ersetzt sie durch positive, die den Erfolg wie ein Magnet anziehen.

Lesen Sie zunächst die erste Spalte abwärts. Sie sehen, daß Glaube zum Träumen führt, Träumen zum Wünschen, Wünschen zum Beten, Beten zum Anfangen, Anfangen zum

Entscheiden, Entscheiden zum Planen, Planen zum Warten, Warten zu der Bereitschaft, Opfer zu bringen, Opferbringen zum Problemlösen, Problemlösen zur Anwartschaft auf den Erfolg. Dieser Prozeß könnte mit „Glaube an die Tiefenwirkung" bezeichnet werden.

Nun sehen Sie sich die zweite Spalte an. Glaube bringt eine Kraft namens Sinn hervor, Sinngebung führt zu Engagement, Engagement zu Hoffnung, Hoffnung zu Verpflichtung, Verpflichtung zu Leitlinien, Leitlinien zum Überdenken, Überdenken zu Geduld, Geduld zu Entschlossenheit, Entschlossenheit zu Kontrolle und Kontrolle zu Begeisterung.

Nun ist die dritte Spalte an der Reihe.

Ja, glauben heißt träumen. Durch das Träumen gibt man seinem Leben einen neuen Sinn und befreit sich von allem Unwesentlichen. Wenn der Blick für das Wesentliche geschärft ist, setzt man eine Kettenreaktion in Gang: Man befreit sich von Langeweile, danach von Angst, von Passivität, von Unschlüssigkeit, von Verwirrung, von Ungeduld, von Eigennutz, von Schwarzmalerei und schließlich von der Angst vor dem Versagen.

Glaube vertreibt die negativen Gefühle, die Sie hemmen, und ersetzt diese Barriere durch positive Kräfte, die Sie vorwärts- und aufwärtstreiben. Lesen Sie nun die letzte Spalte, um zu sehen, was der Glaube bewirken kann. Zunächst erwacht Ihr Interesse, dann fühlen Sie sich stimuliert, ermutigt, zum Höchsteinsatz bereit, sind eingeschworen auf Ihr Ziel, optimal vorbereitet, unbeirrbar, verläßlich, optimistisch und erfolgreich!

Und jetzt lesen Sie die Überschrift von links nach rechts:

Glaube verleiht Kraft; sie macht frei für den Erfolg.

Und nun sehen Sie, wie sich dieser Erfolgsprozeß im einzelnen vollzieht.

Glaube verleiht Kraft;
sie macht frei für den Erfolg!

GLAUBE verleiht	KRAFT; sie macht	FREI für den	ERFOLG
↓	↓	↓ von ↓	↓
Träumen →	Sinn →	Unwesentlichem →	Interesse
Wünschen	Engagement	Langeweile →	Stimulans
Beten	Hoffnung	Angst →	Ermutigung
Anfangen	Verpflichtung	Passivität →	Höchsteinsatz
Entscheiden	Leitlinien	Unschlüssigkeit →	Zielstrebigkeit
Planen	Überdenken	Verwirrung →	Optimale Vorbereitung
Warten	Geduld	Ungeduld →	Unbeirrbarkeit
Opferbereitschaft	Entschlossenheit	Eigennutz →	Verläßlichkeit
Problemlösen	Kontrolle	Schwarzmalerei →	Optimismus
Durchbruch	Begeisterung	Versagen →	Erfolg

Träumen → Sinn → Unwesentliches → Interesse

Träumen setzt eine Kraft namens Sinn frei, die Sie wiederum von allem Unwesentlichen befreit, das zum Versagen führt, und Ihr Interesse am Erfolg weckt.

Der Erfolgsprozeß nimmt folgenden Verlauf.

Wunsch → Engagement → Langeweile → Stimulans

Träumen heißt, sich etwas sehnlichst zu wünschen. Dadurch wird eine Kraft freigesetzt, die über bloßes Zweckdenken hinausgeht – das persönliche Engagement. Engagement befreit Sie von Langeweile und verstärkt Ihr Interesse, so daß Sie sich stimuliert fühlen.

Gebet → Hoffnung → Angst → Ermutigung

Wünschen führt zum Gebet; dadurch schöpft man Hoffnung, befreit sich von Ängsten und faßt Mut.

Sie sehen nun, wie der Erfolgsprozeß verläuft und für Sie arbeitet. Er ist wie ein Samenkorn, das zu einer Pflanze heranwächst, die Knospen trägt und ihre Blütenpracht entfaltet. Der Glaube führt uns aus der Phase des Betens in die Phase der Aktion.

Anfang → Verpflichtung → Passivität → Höchsteinsatz

Ermutigt gehen Sie an den Start. Damit haben Sie eine Kraft freigesetzt, die Sie vorwärts treibt, Ihnen eine Verpflichtung auferlegt. Diese Verpflichtung reißt Sie aus Ihrer Passivität. Sie sind bereit, den Höchsteinsatz zu wagen und sich auf die nächste Phase des Erfolgs vorzubereiten.

Die Entwicklung ist deutlich an der folgenden Zeile abzulesen.

Entscheidung → Leitlinien → Unschlüssigkeit →
Zielstrebigkeit

Nun ist Ihr Glaube ausschlaggebend, denn Sie haben eine Entscheidung getroffen. Leitlinien beginnen sich klar abzuzeichnen, die Sie von Ihrer Unschlüssigkeit befreien und in Ihrer Zielstrebigkeit bestärken.

Und jetzt schauen Sie sich an, was passiert!

Planung → Überdenken → Verwirrung →
optimale Vorbereitung

Der Glaube führt Sie in die Planungsphase und veranlaßt Sie, Ihren Kurs nochmals zu überdenken, jeden einzelnen Schritt festzulegen und Ordnung in Ihre wirren Gedanken zu bringen. Nun fühlen Sie sich optimal vorbereitet und gewappnet. Sie machen phantastische Fortschritte im Erfolgsprozeß.

Ihr Glaube durchläuft nun die ,,Testphase''.

Warten → Geduld → Ungeduld → Unbeirrbarkeit

Sie sehen sich mit Schwierigkeiten konfrontiert, die Ihren Erfolg gefährden könnten. Ihr Glaube wird nun einer harten Geduldsprobe unterzogen. Geduld ist eine Kraft, die Sie von gefährlicher und möglicherweise tödlicher Ungeduld befreit, Sie unbeirrbar und standhaft auf Ihrer Marschroute hält.

Und wohin führt diese Route? Lesen Sie weiter.

Opferbereitschaft → Entschlossenheit → Eigennutz →
Verläßlichkeit

Opferbereitschaft – dazu gehört ein starker Glaube. Er stellt die treibende Kraft in dieser Phase des Erfolgsprozesses dar. Wenn Sie bereit sind, Zeit und Energie zu opfern, stärken Sie Ihre Entschlossenheit und sind gefeit gegen die Versuchung, sich aus Eigennutz einen möglichst schnellen und billigen ,,Abgang'' zu verschaffen. Aufgeben? Sie nicht! Sie bleiben bei der Sache, geben Ihrem Ziel nicht den Laufpaß; Sie sind verläßlich!

Nun müssen Sie Ihren Glauben beweisen, indem Sie Probleme lösen (statt vor ihnen davonzulaufen).

Problemlösung → Kontrolle → Schwarzmalerei →
Optimismus

Problemlösungen gestatten ein hohes Maß an Kontrolle. Wenn Sie alles im Griff haben, besteht kein Grund mehr, die Welt in düsteren Farben zu sehen, und Sie entwickeln sich zum Optimisten.

Durchbruch → Begeisterung → Versagen → Erfolg

Glauben heißt nun, auf den nahen Durchbruch zu warten. Dabei entwickelt sich eine Eigenschaft, die besondere Schubkraft besitzt: Begeisterung. Sie wissen, daß Sie nicht mehr versagen können und der Erfolg Ihnen sicher ist. Sie sehen jetzt: Der *Glaube* ist eine Kraft, die befreit. Sie erkennen, daß der Erfolgsprozeß die Bereitschaft voraussetzt zu glauben, seinen Glauben zu leben und sein Leben positiv zu gestalten, um von einer Ebene zur nächsthöheren zu gelangen.

Kapitel 10
Wiedergeburt und Hoffnung

Ich habe zwei Reisen nach Minneapolis, Minnesota, unternommen, um meinen Freund Hubert H. Humphrey zu besuchen, der an Krebs erkrankt war. Man hatte ihm mitgeteilt, daß er nur noch wenige Monate zu leben habe. Seine Familie lud mich ein. Gemeinsam wollten wir versuchen, ihn zu überreden, noch einmal nach Washington zu fahren. Er war immer eine Kämpfernatur gewesen, aber nun schien er besiegt. Für ihn gab es keine Hoffnung mehr, nur noch abgrundtiefe Verzweiflung.

,,Hubert", fragte ich ihn, ,,wie hast du es geschafft, nach den Wahlniederlagen ein Comeback zu starten?" Er hatte deren einige erlebt, wobei die spektakulärste wohl die gegen Richard Nixon im Kampf um das Präsidentschaftsamt war.

,,Bring mir bitte mein Notizbuch, Muriel", rief Hubert seiner Frau zu. Sie gab ihm ein kleines schwarzes Bändchen. Es war gespickt mit Zetteln, die über den Rand hinaushingen wie die Spitzen eines Unterrocks. Das ausgebeulte Buch wurde in der Mitte von einem Gummiband zusammengehalten. Mit seinen abgemagerten schwachen Fingern löste Hubert vorsichtig das Band und gewährte uns Einblick in seine Aufzeichnungen. Sie stellten die Summe eines Lebens dar – zündende Ideen, positive Gedankenfragmente, inspirierende Zitate. ,,Oh, hier ist der Bibelvers, den du mir geschickt hast, Bob, als ich in der Kettering-Klinik in New York lag", rief er aus. ,,Meine Mitarbeiter brachten mir einen dicken Ordner mit Telegrammen und Genesungswünschen. Deines lag obenauf, direkt über dem Präsident Carters. Hier ist es. ‚Lieber Hubert, halte durch. Gib niemals auf, bis Gott dich ruft. ‚Denn ich weiß wohl, was ich für Gedanken über euch habe, spricht der HERR: Gedanken des Friedens und nicht des Leides, daß ich euch gebe das Ende, des ihr wartet.' (Jeremia 29.11) Das ist ein großartiger Bibelvers, Bob!"

Nun sah ich, daß sich Hoffnung in ihm zu regen begann. Er wirkte wieder lebhafter. Und bevor es mir bewußt wurde, sagte ich: ,,Muriel, ich denke, ihr werdet noch einmal nach Washington zurückkehren.''

Am nächsten Tag legte Präsident Carters Air Force One einen Zwischenstopp in Minneapolis ein und nahm Hubert Humphrey mit nach Washington, wo man ihn mit den höchsten Ehrungen auszeichnete, die je einem Amerikaner zu Lebzeiten zuteil wurden. Huberts Erfolg kannte kein Ende und keine Grenzen; seine persönlichen Niederlagen betrachtete er niemals als Sackgasse.

Einige Monate später zog sich Hubert unbemerkt aus dem öffentlichen Leben zurück. In meinem sonnendurchfluteten Büro in Kalifornien erreichte mich die telefonische Bitte der Familie, die Trauerrede in Minneapolis zu halten. Die Temperaturen lagen bei null Grad, als sich die Teilnehmer aus allen Teilen der USA in der Friedhofskapelle einfanden. Billy Graham war da, Präsident Jimmy Carter, die wortführenden Senatoren aus beiden politischen Lagern, berühmte Hollywoodstars. Alle drei großen Fernsehsender übertrugen die Trauerfeier live, so daß zehn Millionen Zuschauer sie am Fernsehschirm mitverfolgen konnten. Nun war es an der Zeit, meine Rede zu halten. Die Worte, die ich im Gedenken an Hubert Humphrey sprach, enthalten eine Botschaft der Hoffnung und eine Mahnung, die meinen und Ihren Lebensweg begleiten soll: ,,Am Ende seines Lebens konnte er mit Stolz zurückblicken, Liebe um sich und Hoffnung vor sich sehen.''

Ein Zeitungsreporter meinte später: ,,Hubert Humphrey hat den Kampf gegen den Krebs verloren.'' Ein Zyniker würde mir vorhalten: ,,Er hat bis zum Ende gehofft, aber er hat sich falsche Hoffnungen gemacht.'' Wirklich? In Wahrheit war jeder Tag, an dem er die Hoffnung nicht aufgab, ein Tag, an dem er lebte!

Konstruktiven Denkern wurde mehr als einmal von Zynikern und Kritikern vorgeworfen, falsche Hoffnungen zu wecken. Ein vorschnelles Urteil, wie ich meine, denn Hoffnung ist — ob sie sich erfüllt oder nicht — niemals vergeblich oder ein Versprechen, das sich nicht halten läßt. Wer Hoffnung hat, wird umgehend belohnt, denn er wird aus seiner Verzweiflung herausgerissen.

Nur der gegenwärtige Augenblick läßt gesicherte Aussagen zu, und deshalb ist die Hoffnung an sich eine unmittelbare Belohnung. Die morbiden Gedanken werden im Keim erstickt und machen einer freundlicheren, lichteren Perspektive Platz. Das Gestern ist Vergangenheit; das Morgen wird vielleicht niemals beginnen. Wenn mir das Heute bleibt, das ich mit Freude und Glanz füllen kann, führe ich doch ein erfülltes Leben! Es gibt keine falsche Hoffnung, wenn Sie uns aus tiefster Verzweiflung zu erlösen und einen einzigen kurzen Augenblick lang in höhere Sphären zu entführen vermag.

,,Aber als Hubert Humphrey starb, fand sein Erfolg schließlich doch ein Ende, oder?" könnten Sie sagen. Ich bin der Überzeugung, das dem nicht so ist, aber die Antwort liegt bei Ihnen und hängt davon ab, ob Sie das Leben und den Tod aus der positiven oder negativen Perspektive betrachten. Ist er gestorben oder wurde er für das ewige Leben wiedergeboren? Stirbt ein Kind, wenn es den Mutterleib verläßt? Erzählen Sie ihm, daß es in eine Welt voller Farben, Geräusche und Menschen eintreten wird. Wenn Sie mit dem Ungeborenen Kontakt aufnehmen könnten, würde es vermutlich fragen: ,,Was sind Farben? Geräusche? Menschen?" Und Sie könnten ihm nur die Botschaft übermitteln: ,,Du mußt glauben und vertrauen. Du verläßt eine Welt, um in eine andere hineingeboren zu werden."

Eine Menschenmenge hat sich am Kai versammelt, um die Reisenden zu verabschieden, während das Schiff und die Passagiere anderswo sehnlichst erwartet und willkommen geheißen werden.

Ich möchte Sie daher mit einem Gedanken vertraut machen, der eine ganz besondere Herausforderung darstellt:

Ich lade Sie ein, sich dem Kreis der positiv denkenden Menschen anzuschließen und unserem Meister zu folgen, den ich für den größten konstruktiven Denker aller Zeiten halte: Jesus Christus.

ER hat gesagt: ,,Wenn du den Glauben hast wie ein Senfkorn und sagtest zum Berge, hebe dich von hinnen . . . so wird dir nichts unmöglich sein!'' Er hat uns gelehrt, daß Erfolg kein Ende und keine Grenzen kennt. Er wird ,,dort'' auf uns warten, um uns unsere Sünden zu vergeben und uns an seiner Seite in der ewigen Seligkeit willkommen zu heißen. Sich selbst und anderen zu vergeben, das bedeutet, dem Versagen ein für allemal abschwören. So stelle ich mir den Himmel vor.

Wahre Errettung ist eine echte Chance!

Praktizierende Christen bringen ihre natürliche Begeisterung und ihre überschäumende Lebensfreude trotz aller Unwägbarkeiten im Alltag zum Ausdruck. Sie schenken anderen nicht nur ihre Zeit, Energie und Liebe, sondern auch einen Teil ihrer selbst. Wenn man sie nach den Motiven für ihre Nächstenliebe fragte, würden sie vermutlich mit einem Bibelzitat antworten: ,,Denn also hat Gott die Welt geliebt, daß er seinen eingebornen Sohn gab, auf daß alle, die an ihn glauben, nicht verloren werden, sondern das ewige Leben haben.'' (Johannes 3.16) Sie sprechen von Erlösung, Auferstehung und Rettung der Seelen.

Was bedeutet ,,Rettung''?

Nun, ob Sie es bemerkt haben oder nicht — Gott hat Sie vermutlich schon vor vielen tragischen Vorfällen bewahrt. Sie wissen wahrscheinlich gar nicht, was Ihnen alles erspart geblieben ist. Nur selten haben wir Gelegenheit zu sehen, welchen Schicksalsschlägen wir dank der göttlichen Vorsehung entgangen sind.

Ich erinnere mich zum Beispiel an die Zeit, als ich gemeinsam mit Billy Graham einen Stadtbummel in Las Vegas unternahm. Ich hatte ein Zimmer im MGM-Grand Hotel reserviert. Ein Mitarbeiter Grahams holte mich am Flughafen ab und eröffnete mir: ,,Ich hoffe, es ist Ihnen recht, aber wir haben Sie umgebucht und im Hilton einquartiert. Billy Graham möchte Sie in seiner Nähe haben, und außerdem ist der Weg zum Kongreßzentrum von dort aus kürzer.''

Ich übernachtete also im Hilton. Am nächsten Morgen wurde ich Zeuge, wie das MGM bis auf die Grundmauern niederbrannte. Einhundertsieben Menschen kamen dabei ums Leben. Ich danke Gott; ER hat verhindert, daß ich mich in dieser Nacht dort aufhielt.

Im April 1986 spürte ich wieder einmal Gottes schützende Hand und die rettende Vorsehung. Meine Frau und ich hielten uns in London auf; wir waren auf der Durchreise nach Afrika, wo wir an einer Synode teilnehmen wollten. Einige Tage zuvor hatten die USA Libyen bombardiert. Meine Gemeinde betete vor unserer Abreise um eine sichere Heimkehr.

Unser Hotel lag in der Nähe der amerikanischen Botschaft. Da wir in Los Angeles keine Zeit mehr gehabt hatten, die Flugscheine umschreiben zu lassen, erklärte ich Arvella, ich wolle einen Spaziergang zum Stadtbüro der Fluggesellschaft unternehmen. Um vier Uhr nachmittags schlenderte ich die Oxford Street zum British Airways-Gebäude hinunter, das auch American Airlines und American Express beherbergt. Dort eröffnete man mir, ich könne die Tickets in rund vierzig Minuten mitnehmen. Ich setzte mich also hin und blätterte in einer Reisebroschüre, um mir die Wartezeit zu vertreiben.

Etwa 45 Minuten später erhielt ich die Flugscheine. Um Viertel vor fünf verließ ich das Büro der British Airways. Um vier Uhr in der darauffolgenden Nacht wurde das Gebäude in die Luft gejagt; es blieb buchstäblich nichts mehr davon übrig. Vielleicht haben Sie die Schreckensmeldung damals gehört oder gelesen. Nach Meinung der Experten befand sich die Bombe bereits an Ort und Stelle, als ich mich in dem Gebäude aufhielt. Und noch erstaunlicher ist, daß sie glaubten, sie hätte um vier Uhr nachmittags anstatt um vier Uhr morgens hochgehen sollen. Gottes Gnade ist zu verdanken, daß sich nachts niemand dort aufhielt, daß kein Mensch dabei zu Schaden kam und auch ich überlebte.

Gott rettet uns auf mannigfaltige Weise. Den meisten von uns ist gar nicht bewußt, was uns erspart bleibt. Manche wissen es: Sie haben durch Unfall oder Krankheit ein Bein oder einen Arm verloren – aber sie leben! Für sie ist es nicht schwer zu glauben, daß Gott uns liebt.

Gott hat uns gerettet – öfter, als wir denken, und auf Wegen, die unergründlich sind. Das Wort ,,gerettet'' erscheint an zahllosen Stellen in der Bibel. Da heißt es zum Beispiel:

,,Singet dem Herrn, alle Lande, verkündiget täglich sein Heil!'' (1 Chronik 16.23)
,,Und sie wird einen Sohn gebären, des Namen sollst du Jesus heißen, denn er wird sein Volk retten von ihren Sünden''. (Matthäus 1.21)

Rettung – ein Wort, das ein Leben völlig verändert. Aber was bedeutet es für uns, gerettet zu werden? Folgende Tabelle soll der Veranschaulichung dienen.

Rettung führt zur Krönung des Erfolges!

Gottes Liebe erlöst uns	und führt uns
von zynischen Gedanken . . .	zum konstruktiven Denken
von blinden Zweifeln . . .	zu augenöffnendem Glauben
von abwehrender Furcht . .	zu offener Liebe
von falschem Stolz . . .	zu echter Bescheidenheit
von ehrlosem Leugnen . . .	zu ehrlichem Eingeständnis

von erdrückender Schuld . .	zu befreiender Sühne
von der Verdammnis . . .	zur Vergebung
von der Einsamkeit . . .	zur Gemeinsamkeit
von Scham . . .	zum Ruhm
von Selbstsucht . . .	zur Selbstachtung
von düsteren Stimmungen . . .	zu wahrer Motivation
von Schwäche . . .	zur Stärke
von Verderbtheit . . .	zur Tugendhaftigkeit
von der Verzweiflung . . .	zur Hoffnung.

Kein Wunder, daß wir uns wie neugeboren und erfüllt von Hoffnung fühlen, wenn Gott uns erlöst und errettet.

Vom Zynismus zu konstruktivem Denken

Zynismus ist Arroganz, das elitäre Denken eines Menschen, der sich zu intelligent und brillant wähnt, um sich voll und ganz für eine Sache zu engagieren. Er sieht die Welt mit so kritischen Augen, daß er bei jedem positiven Vorschlag automatisch in Abwehrstellung geht und nur Negatives vorzubringen vermag.

Rettung naht, wenn wir uns vornehmen, unsere zynische Haltung aufzugeben, und statt dessen beginnen, positiv zu denken. Die schrittweise Anpassung unserer Denkmuster, die uns erlaubt, auch die positiven Seiten eines Vorschlags oder einer Situation zu bedenken, ist der erste Schritt auf dem Weg zur Erlösung.

Vielleicht müssen auch Sie sich eingestehen, daß Sie zu den Zynikern gehören. Wenn von Wiedergeburt die Rede ist, führen Sie möglicherweise an: ,,Ach, die Christen und ihr Gerede von der Auferstehung! Das ist doch nur ein Lippenbekenntnis. Die lieben Gott und ihren Nächsten bei weitem nicht so, wie sie vorgeben. Ich kenne einige von der Sorte, und die sind nicht anders als ich.''

Irrtum, es gibt einen Unterschied! Sie leben im Glauben,

während Ihr Dasein von Mißtrauen beherrscht wird. Sie sind bereit zu glauben, während Sie sofort Zweifel hegen. Wenn Sie zu den Zynikern gehören, müssen Sie zuerst bereit sein, es sich selbst einzugestehen. Nur wenn Sie Ihre bissig-spöttische Haltung aufgeben, werden Sie lernen, konstruktiv zu denken. Dieser Wandel ist eine unabdingbare Voraussetzung für den Prozeß der inneren Befreiung und Erlösung.

Von blinden Zweifeln zum augenöffnenden Glauben

Der Zyniker würde sagen: ,,Ein Christ glaubt blind.'' Er vertritt die Meinung, daß nur der etwas verstehen und offenen Auges betrachten kann, der von vornherein alles in Frage stellt. Er irrt sich gewaltig.
- Zweifel macht blind für die Chancen, die uns das Leben bietet.
- Der Glaube öffnet uns die Augen für die zahllosen Möglichkeiten, die zur Wahl stehen.

Von abwehrender Furcht zu offener Liebe

Der Nichtgläubige neigt zu Zynismus, blinden Zweifeln und einer Abwehrhaltung, die er nicht aufzugeben vermag. Er fürchtet sich davor, bekehrt zu werden. Er mißtraut der Wiedergeburt. Er scheut die religiöse Bindung. Und er hat Angst, seine Gefühle zu offenbaren.

Gott allein kann Sie von dieser Furcht und Ihrer selbstgewählten Isolation erlösen und Sie für die Liebe empfänglich machen. Wenn Sie diesen Schritt wagen, werden Sie feststellen, daß Sie noch weinen können. Man braucht Mut, um das Geschenk der Liebe anzunehmen.

Vom falschen Stolz zu echter Bescheidenheit

Ein Mensch, der seinen falschen Stolz abgelegt hat, ist fähig, mit echter Bescheidenheit zu sagen:

- ,,Ich weiß, daß ich vieles nicht weiß. Vielleicht kannst du diese Wissenslücke füllen?"
- ,,Ich dachte, ich hätte eine Antwort auf alle Fragen, aber jetzt bin ich mir nicht mehr sicher, ob es die richtige ist."
- ,,Mein Professor war ein überzeugter Atheist. Ich hielt ihn für klug. Ich muß zugeben, daß ich mich getäuscht haben könnte."

Bescheidenheit bedeutet Ehrlichkeit. Nur wer bescheiden ist, hat einen sicheren Weg entdeckt, die Wahrheit herauszufinden. Falscher Stolz kann dazu beitragen, daß Fehler und Irrtümer nie korrigiert werden und sich verewigen.

Von ehrlosem Leugnen zum ehrlichen Eingeständnis

Wenn Sie Ihren falschen Stolz abgelegt haben und zu echter Bescheidenheit gelangt sind, bleiben Sie von der Neigung verschont, Ihre Ehre durch Leugnen zu retten. Wir sprechen hier nicht von einem berechtigten Dementi, das dazu dient, die eigene Unschuld zu beweisen, sondern davon, daß jemand die Wahrheit abstreitet, etwa von einem Alkoholiker, der seine Sucht wider besseren Wissens leugnet. Sie können den Schritt vom ehrlosen Leugnen zum freimütigen Eingeständnis vollziehen, wenn Sie sich sagen: ,,Ich brauche Hilfe, denn ich bin ein unvollkommener Mensch."

Ein freimütiges, ehrliches Eingeständnis wird in der Bibel Sündenbekenntnis genannt. ,,Wenn wir aber unsere Sünden bekennen, so ist Er treu und gerecht, daß Er uns die Sünden vergibt und reinigt uns von aller Untugend. (Erster Brief des Johannes, 1.9)

Erlöst: Von Schuld zur Sühne

Keine emotionale Erfahrung ist so heilsam für Geist und Seele, als wenn man uns aus ganzem Herzen verzeiht, uns die Gelegenheit gibt, Fehler und Sünden wiedergutzumachen, unser Ansehen und unsere Ehre wiederherzustellen.

Daran sollten Sie stets denken! Jeder Mensch mit Gewissen fühlt sich schuldig, wenn er weiß, daß er einen Fehler begangen hat. Jesus vergibt uns unsere Schuld, wenn wir ihn als Retter akzeptieren.

Von der Verdammnis zur Vergebung

Wenn Sie von Ihrer Schuld befreit worden sind und Verzeihung erlangt haben, wartet nicht Verdammnis, sondern Vergebung auf Sie. Sie wissen für den Rest Ihres Lebens, daß Gott Sie nicht heute oder morgen noch jemals sonst verurteilen wird. Selbst wenn andere Ihnen widersprechen, Sie nicht verstehen oder hart kritisieren, besteht kein Grund zur Verzweiflung, solange Sie sicher sein können, daß Gott Sie nicht verdammt, sondern Ihnen vergibt.

Von der Einsamkeit zur Gemeinsamkeit

Sie fühlen sich nicht länger verloren und isoliert, sondern sind durch ein unauflösliches Band mit anderen Menschen verbunden. Wer sich nicht retten lassen will, bleibt in seiner Grundhaltung ein Zyniker. Aufgrund seiner Zweifel ist er blind für eine positive Beziehung. Er wirkt wie erstarrt in seiner Abwehrhaltung, die geprägt ist von Angst, falschem Stolz und ehrlosem Leugnen. Ständig quälen ihn Schuldgefühle und die unbewußte Ahnung, verdammt zu sein. Ein solcher Mensch sucht nicht offen, ehrlich und aus eigenem Impuls die Freundschaft anderer.

Gottes Liebe bewahrt Sie vor der Einsamkeit und befähigt Sie, eine dauerhafte, fruchtbare Beziehung zu IHM und Ihren Mitmenschen einzugehen. Wenn Gott Sie errettet hat, fühlen Sie sich eins mit IHM und nicht fern von IHM. In der Bibel wird dieser Einklang als Versöhnung bezeichnet.

Man nennt Christus auch den Versöhner. Er bringt uns Gott näher. Versöhnung im biblischen Sinn bedeutet Einssein mit Gott. Wenn ich errettet, mit Gott versöhnt bin, bin ich eins mit Gott. Ich gehöre zur Gemeinschaft der Gläubigen, der aus ihrer Einsamkeit Erlösten, der für die Gemeinsamkeit Geretteten.

Von Scham zum Ruhm

Wenn ich mich frei von Scham fühle, erlebe ich eine geistige Wiedergeburt, die mir zum Ruhm gereicht. Es gibt nichts mehr, dessen ich mich schämen müßte, denn ich weiß, ich bin ein Geschöpf Gottes, das ER in seiner unendlichen Liebe erschaffen hat. Ich bin mit einem Geist ausgestattet, der Gottes Gedanken aufnehmen kann, mit einem Herzen, das so lieben kann wie Jesus, mit Händen, die zum Helfen geschaffen sind, und mit Lippen, die eine Botschaft der Hoffnung übermitteln und Mut zusprechen können.

In der Bibel steht geschrieben, daß wir von unserer Scham erlöst und zum Ruhm geführt werden: ,, . . . welches ist Christus in euch, die Hoffnung der Herrlichkeit." (Kolosser 1.27)

Ich habe einen Vortrag zu diesem Thema anläßlich einer Tagung der American Psychiatric Association (Gesellschaft für Psychiatrie) in Los Angeles gehalten. Die versammelten Experten zeigten sich von dieser Botschaft stark beeindruckt. Ich erwähne das aus einem bestimmten Grund: Kein Psychiater, kein Experte, niemand kann Ihren Geist, Ihre Gefühle und Ihre Seele wirksamer vor Schaden bewahren als Gott.

Von Selbstsucht zur Selbstachtung

Gott erlöst uns von Scham und führt uns zum Ruhm. Er befreit uns auch von unserer Selbstsucht, so daß wir eine gesunde Selbstachtung erlangen. Egoistische, auf sich selbst konzentrierte Menschen beharren darauf, daß alles nach ihren Vorstellungen ablaufen sollte. Sie bestehen auf ihrem Willen, weil sie hoffen, dafür belohnt zu werden. Der unersättliche Hunger nach Lob und Anerkennung befriedigt ihr Ego. Selbst Scham und Schuldgefühle dienen selbstsüchtigen Zwecken. Diese Menschen glauben, es bestünde nicht der mindeste Grund, sich zu schämen, wenn sie ihr Ego ungehindert ausleben – im Gegenteil, Ruhm und Ehre sei ihnen dadurch gewiß. Aber sie täuschen sich. Sie verkennen sich selbst und ihre Situation. Sie wollen nicht sehen, daß sie sich in einer Sackgasse befinden, auf ein leeres Versprechen bauen.

Wenn Sie sich nicht auf Ihr Ego konzentrieren, sondern Gottes Freundschaft suchen, werden Sie die Selbstsucht überwinden und zu gesunder Selbstachtung gelangen.

Von düsteren Stimmungen zu wahrer Motivation

Wenn Sie
- Ihren Zynismus überwunden und gelernt haben, konstruktiv zu denken,
- Ihre Zweifel überwunden und gelernt haben, Ihre Augen zu öffnen und zu glauben,
- Ihre Angst und Abwehrhaltung überwunden und gelernt haben, Liebe zu empfangen,
- Ihren falschen Stolz überwunden und gelernt haben, echte Bescheidenheit zu üben,
- Ihre Neigung zu ehrlosem Leugnen überwunden und gelernt haben, Fehler freimütig einzugestehen,
- Ihre Schuld überwunden und gelernt haben zu sühnen,
- Ihre Angst vor der Verdammnis überwunden und gelernt haben, daß Gott Ihnen vergibt,
- Ihre Einsamkeit überwunden und gelernt haben, daß es Gemeinsamkeit gibt,
- Ihre Scham überwunden und gelernt haben, daß Ihnen dafür Gottes Ruhm gebührt,
- Ihre Selbstsucht überwunden und gelernt haben, sich selbst zu achten,

dann sind Ihre Gefühle geläutert und aufnahmebereit für eine großartige Idee, einen wundervollen Traum!

Gott hat seinen Platz in Ihrem Leben gefunden und offenbart Ihnen, was Sie erreichen und aus sich machen können. Plötzlich erwacht in Ihnen eine Ahnung von dem Beitrag, den ER von Ihnen erwartet.

Von der Schwäche zur Stärke

Die Begeisterung erweist sich nun als Triebfeder Ihres Handelns. Sie können auf jeden Druck von außen verzichten. Diese Begeisterung braucht keine Durchhalteparolen von anderen. Sie wird zu einer inneren Kraft, die Sie befähigt, Standhaftigkeit zu beweisen. Sie sind aus Ihrer Schwäche erlöst und in eine Position der Macht katapultiert worden.

Wenn Sie eine Vision von den großartigen Dingen haben, die Gott in Ihrem und durch Ihr Leben bewirken kann, werden Sie beginnen, an den Bibelvers zu glauben: ,,Ich vermag alles durch den, der mich mächtig macht, Christus.'' (Philipper 4.13)

Rettung bedeutet, daran zu glauben, daß jeder Mensch seinen Beitrag leisten kann.

Als ich zu Beginn der sechziger Jahre zum erstenmal Südkorea besuchte, wuchs dort kein einziger grüner Baum. Nach dem Krieg hatte die Bevölkerung alle Blätter abgepflückt und gegessen. Danach wurde die Rinde abgeschält und zu Suppe verarbeitet. Schließlich schnitt man noch die Zweige und Äste ab und verwendete sie als Brennholz, um bei Temperaturen von minus zwanzig Grad nicht zu erfrieren.

Niemand besaß ein Fahrrad, geschweige denn ein Auto. Die Menschenmenge wälzte sich zu Fuß durch die Straßen. Und Sie haben das Gefühl, in der Falle zu sitzen? Auf diese Menschen mochte das zutreffen, aber sie gaben die Hoffnung nicht auf!

In Korea sind beachtliche Fortschritte erzielt worden. Die einst so schwache Nation nimmt mittlerweile eine starke wirtschaftliche Position ein. Und wie wurde dieser spektakuläre Wandel erreicht? Die Koreaner glaubten fest daran, daß sie es schaffen würden. Sie begannen über ihre Entwicklungsmöglichkeiten nachzudenken und mobilisierten ihr Potential, um ihre Ziele zu verwirklichen. Kein Volk arbeitet härter als die Koreaner. „Im Vergleich dazu wirken die Japaner faul," hört man immer wieder von weltweit anerkannten Wirtschaftsexperten.

Von ewiger Verdammnis zum ewigen Leben

Was ist Verdammnis?
- Verdammnis bedeutet, die gottgegebenen Möglichkeiten zu ignorieren oder zu vernachlässigen. Das ewige Leben erlangt man nur, wenn man danach trachtet, zu dem Menschen zu werden, den Gott in uns sieht.
- Verdammnis bedeutet, ein Leben zu führen, das sich nur auf das Ich und die Erfüllung der eigenen Bedürfnisse konzentriert.

Das Leben von Sir James Young Simpson hatte einen Sinn (nicht unbedingt perfekt, aber produktiv). Er hinterließ der Welt ein unschätzbar wertvolles Geschenk – die Anästhesie. Wenn Sie die Bedeutung dieser Gabe anzweifeln, sollten Sie sich vor Augen halten, mit welch unvorstellbaren Schmerzen ein chirurgischer Eingriff vor der Erfindung der Narkose verbunden war.

Sir James wurde 1811 in Schottland als achtes Kind eines Bäckers geboren. Seine Eltern hatten für ihren hochbegabten Sohn eine akademische Laufbahn vorgesehen. Er besuchte schon mit vierzehn Jahren die Universität von Edinburgh. 1830 wurde er Mitglied des Royal College of Surgeons, durfte aber seines Alters wegen noch nicht praktizieren. Er nahm deshalb eine Assistentenstelle bei Dr. Thomas, einem Pathologen, an; dieser regte ihn dazu an, sich auf die Geburtshilfe zu spezialisieren.

Dr. Simpson sah Tag für Tag die Schmerzen, die chirurgische Eingriffe, aber auch ein normaler Geburtsvorgang verursachten, und sann auf Abhilfe. Als 1847 in den USA erstmals Operationen mit Äther durchgeführt wurden, griff Dr. Simpson die Neuerung auf. Er verzichtete jedoch bald wieder auf dieses Experiment wegen der schädlichen Nebenwirkungen.

Das Chloroform blieb nicht Dr. Simpsons einziger Beitrag zum medizinischen Fortschritt. Er befaßte sich außerdem intensiv mit der Entwicklung der medizinischen Einrichtungen in den Krankenhäusern und der Krankenpflege.

Auf die Frage eines Journalisten, welche seiner Entdeckungen er für die größte halte, antwortete Sir James Y. Simpson: ,,Daß ich einen Retter habe!''

Von der Verzweiflung zur Hoffnung

Erlösung bedeutet, einen Weg aus der Verzweiflung zu finden und neue Hoffnung zu schöpfen, fest daran zu glauben, daß man sein Schicksal − komme, was da wolle, selbst der Tod − zu besiegen vermag.

Vielleicht fragen Sie mich nun: ,,Dr. Schuller, glauben Sie an den Himmel? Glauben Sie, daß es die Hölle gibt?''

Wir kennen weder Himmel noch Hölle aus eigener Erfahrung. Die Bibel gibt uns einige vage Hinweise auf das, was uns erwartet, aber die Deutung der Einzelheiten bleibt unserer Phantasie überlassen. Auch ich kann Ihnen nicht sagen, wie man sich den Himmel oder die Hölle vorzustellen hat.

Eines weiß ich jedoch: Es gibt jemanden, der sich auf diesem Gebiet bestens auskennt. Ich wende mich, wenn es um ein spezifisches Thema geht, lieber an einen Fachmann. Nur wenn ich mich an die richtige Adresse wende, kann ich sicher sein, daß ich nicht irgendeine, sondern die richtige Antwort auf meine Fragen erhalte.

Vor einiger Zeit unternahm ich eine kurze Reise mit dem Flugzeug. Auf dem Rückweg erwarb ich in einem Süßwarengeschäft am Flughafen ein Mitbringsel für meine Frau Arvella, die Süßes liebt, vor allem Nüsse in Schokolade. Als ich den Fannie-Mae-Laden betrat, wurde ich von der Verkäuferin freundlich begrüßt. Außer mir befand sich nur noch eine Kundin im Laden, eine ältere Frau mit einer Reisetasche und einem kleinen Koffer. Sie sah sich gerade die Auslagen an.

Da sie sich offenbar noch nicht entscheiden konnte, fragte ich die Verkäuferin: ,,Haben Sie eine Pfundpackung Nüsse mit Schokoladenglasur?''

,,Natürlich'', mischte sich die Kundin ein. ,,Hier bekommt man alle Süßigkeiten in der gewünschten Menge !''

Ich sah die Verkäuferin an, denn sie war doch diejenige, die mir Auskunft geben konnte. ,,Ja'', erklärte sie mir. ,,Wir können Ihnen Nüsse jeder Art und in jeder gewünschten Menge zusammenstellen.''

,,Haben Sie auch eine Pfundpackung Nüsse mit Karamelfüllung und Schokoladenglasur?'' wollte ich wissen.

Wieder unterbrach die Kundin. ,,Ja, die gibt es in Ein- und in Dreipfundschachteln.''

Ich sah die Verkäuferin an und wartete auf ihre Antwort. Schließlich wollte ich es aus berufenem Munde hören und gab mich nicht mit der zweifelhaften Meinung einer Frau zufrieden, die wie ich Kunde war. Die Verkäuferin warf einen kurzen irritierten Blick auf die Dame mit dem Koffer und sagte: ,,Ja, wir führen Ein- und Dreipfundschachteln.''

Und wieder gab die Kundin ungebetene Ratschläge: ,,Warum probieren Sie nicht einmal Nüsse mit Cremefüllung? Colonial ist eine hervorragende Marke.''

Ich dachte mir, wer arbeitet hier eigentlich für wen? Es war zum Verzweifeln! ,,Wie teuer ist die Schachtel Colonial?'' fragte ich.

Die Verkäuferin nannte mir den Preis, und die Kundin fügte hinzu: ,,In der Schachtel ist wirklich alles, was das Herz begehrt: Nüsse in Karamel, schokoladenüberzogene Haselnüsse, Cashewnüsse, Walnüsse und Erdnüsse, alles in einer hübschen Geschenkpackung.'' Dann sah sie die Verkäuferin an und sagte: ,,Oh, ich muß mich beeilen, sonst verpasse ich mein Flugzeug.''

Die Frau nahm ihr Gepäck und ging. Wir atmeten erleichtert auf.

Kaum hatte sie den Laden verlassen, da drehte sich die Verkäuferin um und rief durch die angelehnte Tür, die zu einem Nebenraum führte: ,,Alles in Ordnung, Mädels, ihr könnt herauskommen. Fannie Mae ist weg!''

,,Das soll wohl ein Witz sein'', sagte ich ungläubig.

,,Ich mache keinen Scherz'', erhielt ich zur Antwort. ,,Das war wirklich Fannie Mae. Das ist allerdings nicht ihr richtiger Name. Kurz nach der Heirat verstarb ihr Mann und hinterließ ihr einen Süßwarenladen. Sie beschloß, etwas aus ihrem Leben zu machen, und erprobte neue Rezepte und Verpackungen. Inzwischen gibt es 117 Fannie-Mae-Filialen in sämtlichen Staaten der USA. Sie nennt sie ihre 117 Kinder und besteigt regelmäßig das Flugzeug, um sie alle zu besuchen.''

Die wahre Expertin war also Fannie Mae, aber ich hatte mich geweigert, ihr zuzuhören. Sie kannte alle Rezepte und den Warenbestand, und ich war törichterweise der Meinung gewesen, die Verkäuferin − die wohl nie im Leben Schokolade selbst hergestellt hatte − sei kompetent!

Wenn Sie etwas über Gott, das Leben, das Gebet, die Rettung Ihrer Seele, den Himmel und die Hölle wissen wollen, dann wenden Sie sich an einen echten Fachmann. Pfarrer, Theologen und Psychologen sind bestenfalls Stellvertreter. Die wahre Autorität auf diesem Gebiet ist Jesus Christus.

Was weiß ich vom Himmel, von der Hölle? Habe ich Angst vor dem Tod? Ich weiß lediglich, daß ich nicht alleine bin und gute Verbindungen zum Jenseits habe, wie immer es auch aussehen mag. Jesus leitet mich auf meinem Weg. Er ist mein Retter. Er ist auch für mich am Kreuz gestorben und wiederauferstanden. Er ist mein Freund. Ich wurde aus tiefster Verzweiflung erlöst. Ich darf hoffen! Das ist Rettung. Das kann Gottes Liebe auch bei Ihnen bewirken.

Als sein fünftes Kind Molly geboren wurde, entdeckte der Psychiater Michael McCulloch plötzlich, daß er zuviel Zeit auf seine Karriere, aufs Geldverdienen und auf den Kauf neuer, noch imposanterer Häuser verschwendet hatte. Eines Tages sah er seine Tochter an und sagte: „Ich habe überhaupt nicht richtig bemerkt, wie meine Kinder heranwuchsen."

Einer der Ärzte des Krankenhauses, in dem Michael früher praktiziert hatte, lud ihn und seine Frau zum Essen zu sich nach Hause ein. Der Gastgeber und seine Frau erklärten Jane und Michael, daß auch sie mit ihrem Leben unzufrieden gewesen waren und das Gefühl hatten, einer Illusion nachzujagen. Sie luden die McCullochs zur Bibelstunde ein. Kurze Zeit nach dem ersten Besuch ging Michael regelmäßig zur Kirche und fand seinen Glauben wieder. Dieser Glaube war die Rettung für ihn und seine Familie.

Eines Tages stand er früh auf und verließ das Haus, als noch alle schliefen. Er ging schwimmen, danach in die Kirche und anschließend in die Praxis.

Jane beschrieb später den Ablauf des Tages, den sie nie vergessen wird: „Mein Sohn Ray stand auf und fuhr zur Arbeit auf einer nahegelegenen Ranch. Amy, Molly und ich blieben zu Hause. Mir ging es an diesem Tag nicht gut, und ich lag im Wohnzimmer auf der Couch, während sich Molly im Fernsehen die Sesamstraße ansah. Ich ging in die Küche und schaltete das Radio ein. Plötzlich wurde die Sendung unterbrochen, und ich hörte die Meldung, daß ein Psychiater aus Portland in seiner Praxis in der Innenstadt ermordet worden war.

„In Portland haben viele Psychiater ihre Praxis in unmittelbarer Nähe des Krankenhauses. Als ich die Nachricht hörte, versuchte ich mir einzureden, daß es ja auch noch andere gab, die in der Innenstadt praktizierten. Aber ich hatte ein mulmiges Gefühl und dachte immer nur an Michael. Deshalb rief ich in seiner Praxis an, um sicherzugehen, daß alles in Ordnung sei. Aber der Anrufbeantworter war eingeschaltet, und ich wurde nervös, weil es inzwischen schon halb elf war. Erst da begann ich mir wirklich Sorgen zu machen.

Ich sprach eine Nachricht auf Band, aber dann sagte ich mir: ‚Das hat keinen Zweck, ich muß es auf andere Weise versuchen.' Ich rief die Praxis über eine zweite Nummer an und wurde mit dem Empfang verbunden. Ich sagte: ‚Hier ist Jane McCulloch. Kann ich bitte mit Michael sprechen? Ich habe gerade gehört, daß jemand erschossen wurde, und möchte wissen, ob alles in Ordnung ist.'

Die Frau bat mich, einen Augenblick zu warten. Sie hatte nicht gesagt, daß es Michael gutgehe. In diesem Augenblick wurde mir klar, daß es Michael gewesen sein mußte, der erschossen worden war. Dann kam einer von den Partnern meines Mannes ans Telefon und stammelte: ‚ . . . Michael ist tot.' "

Ich fragte Jane: ,,Wie sind Sie damit fertig geworden?"

,,Das Leben ist wie ein Fragebogen, in dem mehrere Antworten zulässig sind. Als ich den Hörer auflegte, habe ich mich diesem Test unterzogen. Jeder durchläuft ihn, ob bewußt oder unbewußt. Wenn einem etwas ähnlich Schlimmes widerfährt, sollte man sich fragen: ‚Stehe ich das durch?' Oder man sagt sich: ‚Ich weiß, daß es hart wird, aber ich schaffe es.'

Ich stellte mir diese Fragen, und als Molly in die Küche kam, war ich mir sicher, wie die Antwort lauten würde. Es gab nur einen einzigen Weg: Nach vorne zu schauen."

,,Dr. Schuller", fuhr Jane fort, ,,Sie wissen, daß das Leben wie ein Mosaik ist. Michael und ich haben den Petersdom in Rom besucht und dort die herrlichen Mosaiken bewundert. Manche der Steinchen sind von einem tiefen Schwarz, andere hell und leuchtend. Das Leben ist für mich wie ein solches Mosaik. Sein Schöpfer hat die einzelnen Steinchen ausgesucht und zu einem wundervollen Bild zusammengesetzt. Manchmal fragen wir IHN, warum uns gerade jetzt dieses Steinchen zugedacht wurde. Und ER antwortet: ‚Jane McCulloch, das geht dich nichts an. Ich habe das Steinchen genau dort eingepaßt, wo es hingehört. Du solltest das tun, wozu du auf Erden bist. Überlaß es mir, die

Dinge zu regeln, welche die Ewigkeit betreffen. Frage nicht nach dem Warum.'''

Heute gibt es einen Michael-McCulloch-Gedächtnisfonds. Durch ihn lebt der Ermordete weiter. Ein Teil des Geldes erhielt die Crystal Cathedral, die es an die Hungernden und Bedürftigen weiterleitete. Weihnachten erhielten Hunderte von Kindern, die in den schlimmsten Elendsquartieren Südkaliforniens leben, Nahrungsmittel aus diesem Fonds, der an Michael McCulloch und seine Nächstenliebe erinnert.

Sein Leben ist nicht zu Ende, sondern währt im Jenseits wie im Diesseits weiter. Sie sehen, Erfolg kennt keine Grenzen und Fehlschläge sind nicht die Endstation.

Nachwort

Auch Sie können Ihre Träume verwirklichen. Sie sind am Ball. Sie entscheiden, wo Sie in fünf, zehn oder zwanzig Jahren stehen werden. Ich habe Sie auf Ihrem Weg zum Erfolg bis hierher geleitet; den Rest müssen Sie alleine gehen.

Wie realisieren Sie Ihre Träume? Sie beginnen, konstruktiv zu denken. Sie haben einen wundervollen Traum. Wo finden Sie Ihren Traum? Im Gebet. Jesus hat gesagt: ,,Bittet, so wird euch gegeben; suchet, so werdet ihr finden; klopfet an, so wird euch aufgetan.'' (Matthäus 7.7) Wenn Sie beten, offenbart sich Gott auch in Ihrem Leben. ,,Denn in ihm leben, weben und sind wir.'' (Apostelgeschichte 17.28) Die Bibel analysiert die menschliche Lebens- und Schaffenskraft völlig richtig, wenn sie sagt: ,,In Ihm leben wir . . . '' ER gibt uns einen Traum, und dieser erfüllt uns mit Leben. ,,In Ihm weben wir . . . '' drängen vorwärts, handeln mutig und entschlossen, und zwar jetzt! ,,In Ihm sind wir . . . '' entdecken unsere wahre Identität als Mitstreiter Christi auf Erden.

Und nun machen Sie sich auf den Weg! – Wie?

Manche Menschen schleppen die Füße nach.

Manche Menschen schlendern.

Manche Menschen schreiten mit großen Schritten aus.

Manche Menschen laufen, rennen oder stürmen voran.

Wenn Sie sich selbst und Ihre Träume verwirklichen wollen, ist eines absolut unerläßlich, Zielstrebigkeit. Das Geheimnis des Erfolges liegt im menschlichen S-T-R-E-B-E-N! Machen Sie sich dieses magisches Wort bewußt, spüren Sie die Energie, die es vermittelt, und verankern Sie es unauslöschlich in Ihrem Gedächtnis. Laden Sie Ihre positiven Gefühle mit der Kraft auf, die im Ringen um den Erfolg, im STREBEN liegt, und Sie werden Ihr Ziel erreichen.

STREBE: S – Starten mit kleinen Schritten
            T – Taktisch überlegen
            R – Radius erweitern
            E – Effektiv investieren
            B – Bildhaft denken
            E – Expandieren

S: Starten mit kleinen Schritten

Beginnen Sie zu träumen und zu beten; Geld ist in der Startphase von sekundärer Bedeutung. Nur auf diese Weise lassen sich Ihre Träume verwirklichen. Streben Sie danach, Ihr Ziel zu erreichen, aber machen Sie sich mit kleinen gemächlichen Schritten auf den Weg. Preschen Sie nicht ungestüm und unüberlegt vorwärts. Bleiben Sie auf dem Boden der Realität und vergewissern Sie sich, daß Ihr Plan „steht", daß Sie die Marschroute und das Ziel kennen. Beißen Sie kein zu großes Stück vom Kuchen ab; Sie könnten daran ersticken. Beginnen Sie verhalten und arbeiten Sie sich Schritt für Schritt vor.

T: Taktisch überlegen

„Unmöglich!" Schenken Sie diesem unheilvollen Wort keinen Glauben. Vielleicht müssen Sie Ihre Pläne überarbeiten, neue Prioritäten setzen, Ihre Strategie überdenken, Ihr Machtzentrum verlagern, Denkmuster abstreifen, aus Ihren Grenzen ausbrechen, aber *unmöglich* ist nichts!

Sie sagen: „Ich habe einen Traum, aber er wird immer ein Traum bleiben." Und ich antworte Ihnen, daß Sie nur noch nicht gelernt haben, wie man ihn verwirklicht. Sie müssen Kontakt mit Menschen aufnehmen, die kompetenter sind als Sie oder einfallsreicher, um eine völlig neue Strategie zu entwickeln, die Sie Ihrem Ziel näher bringt."

Sie sagen: „Ich würde meinen Traum liebend gerne in die Praxis umsetzen, aber es ist nicht möglich, Dr. Schuller."

Und ich antworte Ihnen, daß Sie lediglich einige Probleme lösen müssen. Unter Umständen sind Sie gezwungen, die eine oder andere schwere Entscheidung zu treffen oder sich ein neues Nahziel zu setzen."

Sie sagen: „Ich habe einen Traum, aber er läßt sich nicht realisieren, weil mir dazu das nötige Geld fehlt." Und ich antworte Ihnen, daß Sie ihn sehr wohl verwirklichen können. Beschaffen Sie sich das erforderliche Kapital. Arbeiten Sie noch härter, um mehr Geld zu verdienen, verzichten Sie auf unnötige Ausgaben, streichen Sie alles aus Ihrem Budget, was überflüssig ist – aber erzählen Sie mir nicht, die Verwirklichung Ihres Traumes scheitere an Geldmangel, denn das ist kein akzeptabler Grund!

R: Den Radius erweitern

Lassen Sie Ihrer Vorstellungskraft mehr Spielraum. Sie können mehr sein, als Sie sind, ein höheres Ziel erreichen, nach den Sternen greifen. Je weiter Sie Ihre Hände ausstrecken, desto größer ist Ihre Reichweite.

Ich habe meinen Kindern immer wieder gesagt: Wer in einer Schulaufgabe eine gute Note erhalten will, muß sich bemühen, eine Spitzennote zu schreiben.

E: Effektiv investieren

Nun sollten Sie Ihre finanziellen Mittel und Ihre ganze Energie sammeln. Rechnen Sie damit, daß Sie auch Ihren guten Ruf in das Vorhaben einbringen müssen. Aber überlegen Sie gründlich, wie Sie Ihr Geld, Ihre Gefühle, Ihre Kraft und Ihr Ansehen investieren wollen. Sehen Sie sich die Leute genau an, mit denen Sie sich einlassen. Wichtig ist vor allem Ihre persönliche Integrität. „Wo euer Schatz ist, ist auch euer Herz", sagt Jesus. Sobald Sie Ihre Reputation und Ihren Besitz in einen Traum investiert haben, sind Sie auch bestrebt, ihn zu realisieren.

B: Bildhaft denken

Stellen Sie sich Ihr Ziel bildhaft vor. Ich kann mir meinen neuesten Traum in allen Einzelheiten vergegenwärtigen: die Kapelle, die im Glockenturm neben der Crystal Cathedral entstehen wird. Ich sehe die mächtigen Glocken vor mir, höre ihr Läuten, blicke auf die Gemeinde, versunken im Gebet. Dieses Bild ist so klar und anschaulich, als ob es Wirklichkeit wäre.

E: Expandieren mit Umsicht

Nun gilt es, Ihre Basis zu verbreitern. Sie sollten expandieren, aber mit Weitsicht und der Aussicht auf Erfolg. Sie können sich nicht auf Ihren Lorbeeren ausruhen. Sie müssen dafür sorgen, daß Sie sich weiterentwickeln, sonst beginnen Sie zu sterben.

Sie haben es geschafft? Ihren Traum verwirklicht? Dann halten Sie nach einem Weg Ausschau, der es Ihnen ermöglicht zu wachsen, zu expandieren, einen neuen Traum träumen! ,,*Denn in Ihm leben, weben und sind wir.*'' Vergewissern Sie sich, daß Gott in Ihnen lebt und Sie mit Gott leben.

Schlußgebet

Herr, laß Dein Herz in meinem ruhen. Denn in Dir lebe ich, werde vom Tode befreit und zum Leben voll Freude erweckt.

Deine Verheißung erlöst mich von Mißmut und schenkt mir Hoffnung.

Deine Vergebung erlöst mich aus meiner Scham und führt mich zum Ruhm.

Deine Gnade erlöst mich von meiner Schwäche und führt mich zur Stärke.

Deine göttliche Vorsehung erlöst mich vom Versagen und führt mich zum Gelingen!

Ich danke Dir, Herr. Amen.